매일 영어 루틴 올인원

넥서스콘텐츠개발팀 지음 | 김일승 강의

1

넥서스

구성 및 특징

2주에 1권씩, 3개월 영어 루틴 만들기

★

무료 음성강의 & 원어민 MP3

김일승 선생님의 해설 강의와 원어민 mp3를 활용하여 책을 더 알차게 공부해 보세요.

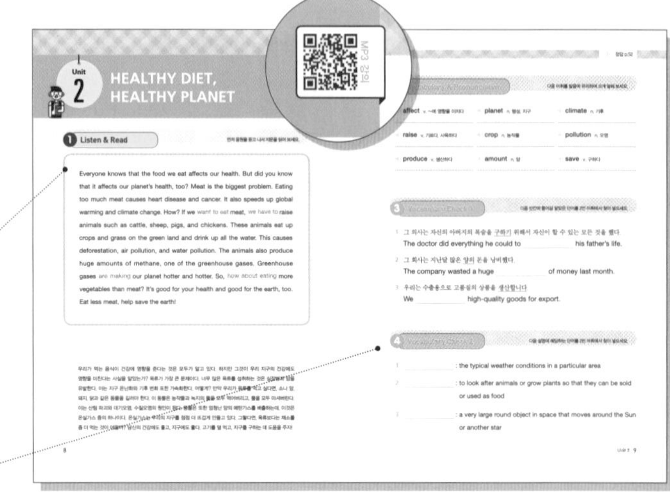

1 Listening / Reading

다양한 주제의 흥미로운 영어 지문을 원어민 mp3를 활용하여 듣고, 직접 소리 내어 읽어 보세요.

2 Vocabulary

지문에서 나온 단어들을 정확하게 발음해 보고, 문장에서 어떻게 쓰이는지 확인해 보세요.

3 Speaking

지문에서 배운 표현을 활용하여 speaking 연습을 해 보세요.

4 Writing

지문에서 나온 문법 사항을 활용하여 writing 연습을 해 보세요.

무료 MP3 & 해설 강의 듣는 방법

원어민 MP3 듣기

- 스마트폰으로 책 속의 QR코드를 인식하세요.
- PC에서 MP3 다운받기 www.nexusbook.com

저자 해설 강의 듣기

- 스마트폰으로 책 속의 QR코드를 인식하세요.
- 오디오클립에서 **매일 영어 루틴 올인원** 을 검색하세요.

audioclip.naver.com

차례

《매일 영어 루틴 올인원》을 시작하는 동기나 각오를 적어 주세요.
이 책을 완주할 때까지 매일 읽어 보세요.

Unit 1

NO PHONE ZONE

1 Listen & Read

먼저 음원을 듣고 나서 지문을 읽어 보세요.

We all use cellular phones. They are a necessity in today's modern world. However, you should always be polite when you use your cellular phone in a public place. First, don't speak too loudly. Phone technology is much better than it used to be. You don't need to yell into your phone! Second, turn off your phone when you go into a movie theater. You will disturb people if your phone rings. Third, don't use your cellular phone while you are driving a car. It can be dangerous and might result in a car accident. Finally, it's rude to take a call when you are in a conversation with somebody. Instead, let your voicemail system take the message, and call back at a more appropriate time.

우리는 모두 휴대 전화를 사용한다. 휴대 전화는 오늘날 현대 세계에서 필수품이다. 그러나 공공장소에서 휴대 전화를 사용할 때는 언제나 예의를 지켜야 한다. 첫째, 너무 큰 소리로 이야기하지 마라. 전화 기술은 전보다 훨씬 더 좋아졌다. 전화기에 대고 소리를 지를 필요가 없다! 둘째, 영화관에 가면 전화기를 꺼라. 당신의 전화기가 울리면 사람들을 방해하게 될 것이다. 셋째, 운전을 하는 동안에는 휴대 전화를 사용하지 마라. 그것은 위험하고 교통사고를 유발할 수 있다. 마지막으로, 누군가와 대화하는 도중에 휴대 전화를 받는 것은 무례한 일이다. 대신에, 음성메일 시스템이 메시지를 받게 하고, 더 적당한 시간에 전화하라.

정답 p.52

2 Vocabulary & Pronunciation

다음 어휘를 발음에 유의하며 크게 말해 보세요.

necessity n. 필수품, 필요(성)	**modern** a. 현대의	**polite** a. 예의 바른, 공손한
public a. 공공의	**yell** v. 고함치다	**disturb** v. ~을 방해하다
rude a. 무례한	**conversation** n. 대화	**appropriate** a. 적절한

3 Vocabulary Check 1

다음 빈칸에 들어갈 알맞은 단어를 2번 어휘에서 찾아 넣으세요.

1 어떤 공공장소에서든지 흡연은 허용되면 안 된다.
Smoking should never be allowed in any ______________ places.

2 그는 윗사람에게 항상 공손하다.
He is always ______________ to his superiors.

3 장례식에 빨간 옷을 입고 가는 것은 적절하지 않다.
It isn't ______________ to wear something red to a funeral.

4 Vocabulary Check 2

다음 설명에 해당하는 단어를 2번 어휘에서 찾아 넣으세요.

1 ______________ : something that you need to have in order to live

2 ______________ : to interrupt someone so that they cannot continue what they are doing

3 ______________ : speaking or behaving in a way that is not polite and is likely to offend or annoy people

5 Speak

다음 표현을 활용하여 말해 보세요.

1 You don't need to ~ **~할 필요가 없다**

You don't need to lose weight. 너는 살을 뺄 필요가 없어.

You don't need to apologize. 너는 사과할 필요가 없어.

You don't need to change your plans. 너는 계획을 변경할 필요가 없어.

2 turn off ~ **~을 끄다**

Please turn off the radio. 라디오 좀 꺼 주세요.

How do I turn off the TV? 이 TV는 어떻게 끄나요?

Why did you turn off the light? 왜 불을 껐나요?

6 Speaking Check

위의 표현을 참고하고 다음 주어진 단어를 활용하여 문장을 말해 보세요.

1 너는 그 카메라를 가져올 필요가 없어. (bring, the camera)

2 너는 그 책을 살 필요가 없어. (buy, the book)

3 너는 그 백신 주사를 맞을 필요가 없다. (get, the vaccine shot)

4 에어컨 좀 꺼 주세요. (please, the AC)

5 당신의 전화 좀 꺼줄 수 있나요? (could you, your phone)

6 컴퓨터를 왜 껐나요? (why did you, the computer)

7 Write

다음 문법 사항을 활용하여 영작 연습을 해 보세요.

1 be동사 + better than ~ ~보다 더 낫다

Health is better than wealth. 건강이 부보다 더 낫다.

Prevention is better than cure. 예방이 치료보다 더 낫다.

My plans are better than yours. 내 계획이 당신의 계획보다 더 낫다.

Tips be동사(~이다/ ~가 있다)의 현재형은 주어가 'I'일 때 am, 3인칭 단수일 때, is 나머지는 are를 쓴다.

2 let + A + 동사원형 A가 ~하게 해주다

Please let us finish the meal. 우리가 식사를 마칠 수 있게 해주세요.

Tony let me use his laptop. Tony는 내가 그의 노트북 컴퓨터를 쓸 수 있게 해준다.

I can't let you go like this. 이렇게 널 보낼 수 없어.

Tips 동사 let의 과거형과 과거분사형은 동사원형과 동일하다. (let–let–let)

8 Writing Check

위의 문법 사항을 활용해 다음 문장을 영작해 보세요.

1 내가 너의 오빠보다 더 낫다. (brother)

2 걷는 것이 뛰는 것보다 더 낫다. (walking, running)

3 TV보는 것보다 책을 읽는 것이 더 낫다. (reading books, watching TV)

4 그들은 항상 네가 먼저 시작할 수 있도록 해준다. (always, start first)

5 선생님은 우리가 한국어로 말할 수 있도록 해주실 거야. (the teacher, will, speak in Korean)

6 제가 그녀와 이야기할 수 있게 해주세요. (please, talk to)

Unit 2 HEALTHY DIET, HEALTHY PLANET

1 Listen & Read

먼저 음원을 듣고 나서 지문을 읽어 보세요.

Everyone knows that the food we eat affects our health. But did you know that it affects our planet's health, too? Meat is the biggest problem. Eating too much meat causes heart disease and cancer. It also speeds up global warming and climate change. How? If we want to eat meat, we have to raise animals such as cattle, sheep, pigs, and chickens. These animals eat up crops and grass on the green land and drink up all the water. This causes deforestation, air pollution, and water pollution. The animals also produce huge amounts of methane, one of the greenhouse gases. Greenhouse gases are making our planet hotter and hotter. So, how about eating more vegetables than meat? It's good for your health and good for the earth, too. Eat less meat, help save the earth!

우리가 먹는 음식이 건강에 영향을 준다는 것은 모두가 알고 있다. 하지만 그것이 우리 지구의 건강에도 영향을 미친다는 사실을 알았는가? 육류가 가장 큰 문제이다. 너무 많은 육류를 섭취하는 것은 심장병과 암을 유발한다. 이는 지구 온난화와 기후 변화 또한 가속화한다. 어떻게? 만약 우리가 육류를 먹고 싶다면, 소나 양, 돼지, 닭과 같은 동물을 길러야 한다. 이 동물은 농작물과 녹지의 풀을 모두 먹어버리고, 물을 모두 마셔버린다. 이는 산림 파괴와 대기오염, 수질오염의 원인이 된다. 동물은 또한 엄청난 양의 메탄가스를 배출하는데, 이것은 온실가스 중의 하나이다. 온실가스는 우리의 지구를 점점 더 뜨겁게 만들고 있다. 그렇다면, 육류보다는 채소를 좀 더 먹는 것이 어떨까? 당신의 건강에도 좋고, 지구에도 좋다. 고기를 덜 먹고, 지구를 구하는 데 도움을 주자!

2 Vocabulary & Pronunciation

다음 어휘를 발음에 유의하며 크게 말해 보세요.

affect v. ~에 영향을 미치다	**planet** n. 행성, 지구	**climate** n. 기후
raise v. 기르다, 사육하다	**crop** n. 농작물	**pollution** n. 오염
produce v. 생산하다	**amount** n. 양	**save** v. 구하다

3 Vocabulary Check 1

다음 빈칸에 들어갈 알맞은 단어를 2번 어휘에서 찾아 넣으세요.

1 그 의사는 자신의 아버지의 목숨을 구하기 위해서 자신이 할 수 있는 모든 것을 했다.
The doctor did everything he could to ______________ his father's life.

2 그 회사는 지난달 많은 양의 돈을 낭비했다.
The company wasted a huge ______________ of money last month.

3 우리는 수출용으로 고품질의 상품을 생산합니다.
We ______________ high-quality goods for export.

4 Vocabulary Check 2

다음 설명에 해당하는 단어를 2번 어휘에서 찾아 넣으세요.

1 ______________ : the typical weather conditions in a particular area

2 ______________ : to look after animals or grow plants so that they can be sold or used as food

3 ______________ : a very large round object in space that moves around the Sun or another star

5 Speak

다음 표현을 활용하여 말해 보세요.

1 We have to~ 우리는 ~해야 한다

We have to leave now. 우리는 지금 떠나야 해.

We have to work overtime. 우리는 연장 근무를 해야 해.

We have to eat the food. 우리는 음식을 다 먹어 치워야 해.

2 How about -ing ~? ~하는 게 어때?

How about drinking more water? 물을 더 마시는 게 어때?

How about taking the call? 전화 좀 받는 게 어때?

How about going to a movie? 영화 보러 가는 게 어때?

6 Speaking Check

위의 표현을 참고하고 다음 주어진 단어를 활용하여 문장을 말해 보세요.

1 우리는 설거지를 해야 해. (do the dishes)

2 우리는 상사에게 물어봐야 해. (ask the boss)

3 우리는 조용히 이야기해야 해. (talk quietly)

4 밖에서 기다리는 게 어때? (wait outside)

5 같이 저녁 먹는 게 어때? (have dinner together)

6 그에게 사실을 말하는 게 어때? (tell, the truth)

7 Write

다음 문법 사항을 활용하여 영작 연습을 해 보세요.

1 want + to 동사원형 ~하길 원하다

We want to eat less meat. 우리는 고기를 덜 먹길 원한다.

They want to raise more cows. 그들은 더 많은 젖소를 키우길 원한다.

The clerk wants to scan my QR code. 점원은 내 QR코드를 스캔하길 원한다.

Tips 주어가 3인칭 단수일 경우 동사에 -(e)s를 붙여 현재형을 만든다. (want → wants)

2 be동사의 현재형 + 동사의 -ing ~하고 있다

I am making spaghetti for dinner. 나는 저녁으로 스파게티를 만들고 있다.

My friends are waiting for me at the café. 내 친구들이 카페에서 나를 기다리고 있다.

The nurse is checking my blood pressure. 간호사가 나의 혈압을 확인하고 있다.

Tips 동사의 -ing형을 만들 때 -e로 끝나는 동사의 경우 e를 삭제하고 -ing를 붙인다. (make → making)

8 Writing Check

위의 문법 사항을 활용해 다음 문장을 영작해 보세요.

1 Emily는 너를 돕길 원한다. (help)

2 나의 부모님이 너를 만나길 원하신다. (parents, meet)

3 그는 너의 보고서를 읽길 원한다. (read, report)

4 Jeremy는 초콜릿 우유를 마시고 있다. (drink, chocolate milk)

5 나는 컴퓨터 게임을 하고 있다. (play, a computer game)

6 사람들은 수영장에서 수영하고 있다. (people, swim, in the pool)

Unit 3

HOW TO STAY GERM-FREE

1 Listen & Read

먼저 음원을 듣고 나서 지문을 읽어 보세요.

Your body is amazing and strong. But the tiniest things can harm you and make you sick. What are these tiny things? They are germs. You can't see them, but they are everywhere and they get inside you very easily. They cause the flu and many other illnesses. But you can protect yourself. How? By washing your hands! Germs hate soap and water. Most of all, they hate you rubbing your hands together in soapy water. So, do it whenever you can though you hate washing them. Do it before you eat, after you use the toilet, and whenever you sneeze or cough. Also, keep your desk and keyboard clean. Germs love dirty keyboards. When you eat at your desk, you drop little bits of food. Germs really love these. So, try not to eat at your desk. Keep clean and stay free of germs!

당신의 몸은 놀랍고 튼튼하다. 하지만 아주 미세한 것이 당신에게 해를 끼치고 당신을 아프게 할 수 있다. 이 작은 것들은 무엇일까? 그것들은 세균이다. 당신은 세균을 볼 수 없지만, 그것들은 어디에든 있다. 또한, 세균은 당신의 몸 안으로 매우 쉽게 들어간다. 그것들은 감기와 다른 많은 질병을 일으킨다. 하지만 당신은 스스로를 보호할 수 있다. 어떻게? 손을 씻음으로써! 세균은 비누와 물을 싫어한다. 무엇보다도 세균은 비눗물에 손을 비벼서 씻는 것을 싫어한다. 그러니 비록 당신이 씻는 것을 싫어하더라도 당신이 할 수 있을 때마다 손을 씻어라. 먹기 전에, 화장실을 사용한 후에, 재채기나 기침을 할 때마다 손을 씻어라. 또한, 책상과 키보드를 깨끗이 해라. 세균은 더러운 키보드를 정말 좋아한다. 책상에서 음식을 먹으면 당신은 음식을 약간 흘리게 된다. 세균은 이것을 정말로 좋아한다. 그러니 책상에서 먹지 않도록 노력해라. 청결을 유지하고 세균이 없는 상태를 유지하라.

2 Vocabulary & Pronunciation

다음 어휘를 발음에 유의하며 크게 말해 보세요.

tiny a. 아주 작은	**harm** v. 해를 끼치다	**germ** n. 세균
protect v. 보호하다, 지키다	**most of all** 무엇보다도	**rub** v. 문지르다, 비비다
sneeze v. 재채기하다	**drop** v. ~을 떨어뜨리다	**free of** ~이 없는

3 Vocabulary Check 1

다음 빈칸에 들어갈 알맞은 단어를 2번 어휘에서 찾아 넣으세요.

1 이 탄산음료는 설탕이 들어있지 않다.
This soda is ____________ sugar.

2 너의 더러운 손으로 눈을 비비지 마.
Please don't ____________ your eyes with your dirty hands.

3 그 기사는 그의 명성에 해를 끼치기 위한 것이었다.
The article was meant to ____________ his reputation.

4 Vocabulary Check 2

다음 설명에 해당하는 단어를 2번 어휘에서 찾아 넣으세요.

1 ____________ : to keep someone or something safe from harm, damage, or illness

2 ____________ : extremely small

3 ____________ : a very small living thing that can make you ill

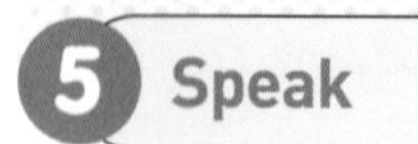

다음 표현을 활용하여 말해 보세요.

1 whenever you can **네가 할 수 있을 때마다**

Get some rest whenever you can. 네가 할 수 있을 때마다 휴식을 취해라.

You should talk with your kid whenever you can. 네가 할 수 있을 때마다 아이와 대화를 해야 해.

You need to drink water whenever you can. 네가 할 수 있을 때마다 물을 마셔야 해.

2 try not to **~하지 않도록 해라**

Try not to buy unnecessary products. 불필요한 제품을 사지 않도록 해라.

Try not to make any quick decisions. 섣부른 결정을 내지 않도록 해라.

Try not to eat spicy foods late at night. 밤늦게 매운 음식을 먹지 않도록 해라.

위의 표현을 참고하고 다음 주어진 단어를 활용하여 문장을 말해 보세요.

1 네가 할 수 있을 때마다 그에게 문자를 보내. (text)

2 네가 할 수 있을 때마다 영어로 말을 해. (speak in English)

3 네가 할 수 있을 때마다 어머니께 전화 드려야 해. (should, call your mother)

4 같은 실수를 하지 않도록 해라. (make the same mistake)

5 소문에 신경 쓰지 않도록 해라. (pay attention to the rumors)

6 내가 말한 것을 잊지 않으려고 해라. (forget, what I said)

7 Write

다음 문법 사항을 활용하여 영작 연습을 해 보세요.

1 hate + 동사의 -ing ~하는 것을 싫어하다

We hate getting up early. 우리는 일찍 일어나는 것을 싫어한다.

My sisters hate doing the laundry. 내 언니들은 빨래하는 것을 싫어한다.

Jenny hates working alone. Jenny는 혼자 일하는 것을 싫어한다.

2 동사원형 ~ ~해라

Go to your room. 네 방으로 가라.

Keep it down, please. 조용히 좀 해주세요.

Be nice to your buddies. 네 친구들에게 잘 대해줘.

Tips 정중함을 더하기 위해 쓰는 please는 문장의 앞이나 뒤에 쓴다. (Keep it down, please. = Please keep it down.)

Tips 형용사만으로 명령문을 만들 수 없으므로 be동사의 도움을 받아야 한다. (Happy! → Be happy!)

8 Writing Check

위의 문법 사항을 활용해 다음 문장을 영작해 보세요.

1 나는 그와 함께 일하는 게 싫어. (work, with)

2 Patrick은 중국 음식 먹는 것을 싫어한다. (eat, Chinese)

3 어떤 사람들은 혼자서 영화 보러 가는 것을 싫어한다. (some people, go to the movies, alone)

4 너희 둘이 그만둬. (knock it off, two)

5 당신이 결정한 것을 재고해 주세요. (please, reconsider, decision)

6 너의 목표에 대해 현실을 직시해라. (realistic, about, goals)

Unit 4

YOUR HANDS CAN TELL

1 Listen & Read

먼저 음원을 듣고 나서 지문을 읽어 보세요.

Doctors of oriental medicine usually look carefully at your hands. Why do they do this? Because your hands can show the condition of your health. What exactly can your hands tell a doctor? Let's take a look. First, let's look at your fingers. Do they seem bigger than usual? It could mean that you ate too much salty food recently. However, if you didn't, then maybe there's something wrong with your thyroid gland. Next, let's take a look at your fingernails. Healthy fingernails are smooth, even, and pink. If your fingernails are yellow and too thick, it can mean there's a disease in your lungs. Fingernails with dark-colored tips can mean you have diabetes. Look at your hands every day. They are great friends when it comes to your health.

*thyroid gland 갑상샘 **diabetes 당뇨병

한의사들은 대개 당신의 손을 주의 깊게 살펴본다. 그들은 왜 이렇게 할까? 왜냐하면 손이 건강 상태를 보여주기 때문이다. 손이 의사에게 정확하게 무엇을 말할 수 있을까? 한번 살펴보자. 먼저, 손가락을 살펴보자. 손가락이 평소보다 크게 보이는 것 같은가? 그것은 최근에 너무 짠 음식을 많이 먹었다는 뜻일 수 있다. 하지만, 그렇지 않았다면, 아마도 갑상샘에 뭔가 문제가 있을 수 있다. 다음으로 손톱을 살펴보자. 건강한 손톱은 매끄럽고, 고르고, 분홍색이다. 만약 손톱이 노랗고 너무 두껍다면 폐에 병이 있다는 뜻일 수도 있다. 손톱 끝이 거무칙칙하면 당뇨병을 앓고 있다는 뜻일 수 있다. 매일 손을 살펴봐라. 건강에 관한 한 그들은 훌륭한 친구이다.

2 Vocabulary & Pronunciation

다음 어휘를 발음에 유의하며 크게 말해 보세요.

condition n. 상태	**seem** v. ~인 것 같이 보이다	**usual** a. 평소의
recently ad. 최근에	**smooth** a. 매끄러운	**even** a. 평평한, 고른
thick a. 두꺼운	**disease** n. 질병	**when it comes to A** A에 관한 한

3 Vocabulary Check 1

다음 빈칸에 들어갈 알맞은 단어를 2번 어휘에서 찾아 넣으세요.

1 그의 책장은 두껍고 오래된 책들로 가득했다.
His bookshelves were filled with ____________ old books.

2 교육에 관한 한 그녀가 전문가이다.
____________________________ education, she is an expert.

3 내 친구 중 하나가 희귀한 질병을 앓았다.
A friend of mine suffered from a rare ____________.

4 Vocabulary Check 2

다음 설명에 해당하는 단어를 2번 어휘에서 찾아 넣으세요.

1 ____________ : flat and level, with no parts that are higher than other parts

2 ____________ : happening, done, or existing most of the time or in most situations

3 ____________ : not long ago, especially a few days, weeks, or months ago

5 Speak

다음 표현을 활용하여 말해 보세요.

1 there's something wrong with ~ **~에 무언가가 잘못되었다**

There's something wrong with the password. 비밀번호에 무언가가 잘못되었다.

There's something wrong with your car. 네 차에 무언가가 잘못되었다.

There's something wrong with my computer. 나의 컴퓨터에 무언가가 잘못되었다.

2 have + 질병 **(질병)에 걸리다**

I am not a smoker, but I have lung cancer. 나는 흡연자는 아니지만 폐암에 걸렸다.

If you have coronavirus, stay alone in your house. 코로나에 걸리면 집에서 혼자 지내세요.

My dog doesn't eat well because she has dementia. 나의 개는 치매에 걸려서 잘 먹지 않는다.

*dementia 치매

6 Speaking Check

위의 표현을 참고하고 다음 주어진 단어를 활용하여 문장을 말해 보세요.

1 내 핸드폰에 무언가가 잘못 되었어. (phone)

2 당신의 서류에 무언가가 잘못 되었습니다. (document)

3 그의 답에 무언가가 잘못 되었어. (answer)

4 나는 당뇨가 있어요. (diabetes)

5 나는 독감에 걸려서 추워요. (feel cold, because, the flu)

6 나는 주의력결핍 과잉행동장애가 있어서 집중을 못해요. (ADHD, so, can't, stay focused)

7 Write

다음 문법 사항을 활용하여 영작 연습을 해 보세요.

1 let's + 동사원형 ~하자

Let's go get some coffee. 커피 마시러 가자.

Let's wrap up the meeting. 회의를 마무리 합시다.

Let's take the subway. 지하철을 타고 가자.

2 there is[there's] + 단수명사/셀 수 없는 명사 ~이 있다

There is a package on your desk. 당신의 책상에 소포가 하나 있어요.

There is some water in the bottle. 병 안에 물이 좀 들어 있어요.

Never forget that there is always hope. 희망이 항상 있다는 것을 결코 잊지 마세요.

Tips let's는 let us의 줄임말이다.

8 Writing Check

위의 문법 사항을 활용해 다음 문장을 영작해 보세요.

1 경찰에게 연락하자. (call, the police)

2 급여를 올려달라고 요청하자. (ask, for a raise)

3 소개는 생략합시다. (skip, the introduction)

4 문에 누군가가 있어요. (someone, at the door)

5 이 문장에 오타가 있어요. (a typo, in this sentence)

6 그녀의 마음에는 사랑이 가득해요. (so much love, in her heart)

Unit 5

AN IMMORTAL MARINE CREATURE

1 Listen & Read

먼저 음원을 듣고 나서 지문을 읽어 보세요.

Would you like to live forever? What can live forever? Vampires can. So can elves. But they only exist in books and movies. Scientists know one animal in the real world that can live forever. That unique creature is the immortal jellyfish. Immortal jellyfish live in warm oceans all over the world. They can change themselves into tiny eggs. Then they grow and change into tiny polyps. Next, they change into 1 mm jellyfish with eight tentacles. Finally, they become 4.5 mm jellyfish with 90 tentacles. After that, they start the cycle all over again. They never have to die. To never die; how great that would be!

당신은 영원히 살고 싶은가? 무엇이 영원히 살 수 있을까? 흡혈귀가 그렇다. 요정 역시 그렇다. 하지만 그들은 책과 영화에만 존재한다. 과학자들은 현실 세계에서 영원히 살 수 있는 하나의 동물을 알고 있다. 그 독특한 생명체는 불사 해파리(홍해파리)이다. 불사 해파리는 세계 도처의 따뜻한 바다에서 산다. 그들은 자신을 아주 작은 알로 바꿀 수 있다. 그 다음에 그들은 자라서 아주 작은 폴립으로 변한다. 그리고 그들은 여덟 개의 촉수를 가진 1밀리미터 크기의 해파리로 변한다. 마지막으로 그들은 아흔 개의 촉수를 가진 4.5밀리미터 크기의 해파리가 된다. 그런 뒤에 그들은 처음부터 다시 그 주기를 시작한다. 그들은 죽을 필요가 없다. 절대 죽지 않는 것, 얼마나 대단한가!

정답 p.53

2 Vocabulary & Pronunciation

다음 어휘를 발음에 유의하며 크게 말해 보세요.

forever ad. 영원히	**exist** v. 존재하다	**unique** a. 독특한, 특별한
creature n. 생명체	**immortal** a. 죽지 않는	**all over the world** 전 세계에
grow v. 자라다	**become** v. ~이 되다	**cycle** n. 주기, 순환

3 Vocabulary Check 1

다음 빈칸에 들어갈 알맞은 단어를 2번 어휘에서 찾아 넣으세요.

1 나는 좀비를 본 적이 없어서 그들이 존재한다고 생각하지 않는다.
I don't think zombies ______________ because I've never seen any.

2 우리는 영원히 젊은 상태로 있을 수 없다.
We can't stay young ______________.

3 그 끔찍한 바이러스가 전 세계에 퍼졌다.
The horrible virus has spread ______________.

4 Vocabulary Check 2

다음 설명에 해당하는 단어를 2번 어휘에서 찾아 넣으세요.

1 ______________ : very special or unusual

2 ______________ : anything that is living, such as an animal, fish, or insect, but not a plant

3 ______________ : living or continuing forever

5 Speak

다음 표현을 활용하여 말해 보세요.

1 Would you like to ~? ~하실래요?

Would you like to leave a message? 메시지를 남기시겠습니까?

Would you like to try our new burger? 저희의 새로운 버거를 먹어보실래요?

Would you like to make a reservation? 예약을 하시겠습니까?

2 all over again 처음부터 다시

I washed my car all over again. 나는 처음부터 다시 내 차를 세차했다.

Please fill out this form all over again. 이 서식을 처음부터 다시 작성해 주세요.

We must go through the process all over again. 우리는 처음부터 다시 그 과정을 거쳐야 해요.

6 Speaking Check

위의 표현을 참고하고 다음 주어진 단어를 활용하여 문장을 말해 보세요.

1 상품의 새로운 소식을 받아보시겠습니까? (receive, product updates)

2 창가 옆에 앉으시겠습니까? (have a seat, by the window)

3 잠깐 휴식을 취하시겠어요? (take a short break)

4 그거 처음부터 다시 해 주세요. (please, do, it)

5 밴드는 그 노래를 처음부터 다시 연주하고 있어요. (the band, play, the song)

6 그들은 그 액션 장면을 처음부터 다시 찍었어요. (film, the action scene)

7 Write

다음 문법 사항을 활용하여 영작 연습을 해 보세요.

1 so can + 주어 **(주어)도 할 수 있다**

Mark can play the piano. So can I. Mark는 연주할 수 있어. 나도 할 수 있어

I can speak Spanish. So can my mom. 나는 스페인어를 할 수 있어. 우리 엄마도 할 수 있어.

They just broke the record, and so can we. 그들은 방금 기록을 경신했고 우리도 할 수 있다.

2 How + 형용사/부사 + 주어 + 동사! **(주어)는 매우 ~하구나!**

How silly I am! 내가 참 어리석구나!

How strange it is! 그것은 참 이상하구나!

How quickly she understands! 그녀는 매우 빨리 이해하는구나!

8 Writing Check

위의 문법 사항을 활용해 다음 문장을 영작해 보세요.

1 나는 하루에 200달러를 버는데 너도 그렇게 할 수 있어. (make, $200, a day, and)

2 당신은 할인을 받을 수 있고 당신의 가족도 그렇습니다. (can, get a discount, and, family)

3 우리는 토요일마다 일할 수 있고 Julie도 마찬가지예요. (can work, on Saturdays, and)

4 그녀의 목소리는 정말 놀랍구나! (amazing, voice)

5 그는 매우 빠르게 헤엄치는구나! (fast, swim)

6 너는 참 재능이 있구나! (talented)

Unit 6

INTERESTING FACTS ABOUT ANIMALS

1 Listen & Read

먼저 음원을 듣고 나서 지문을 읽어 보세요.

We all know that birds sing. What other animals can sing? Of course, humans can. What about mice? Have you ever heard a mouse sing? We are not talking about mice in cartoons. Mice in cartoons sing all the time. Mickey Mouse, especially, loves to sing. But real mice can't sing, can they? As a matter of fact, they can! Recently, scientists at the University of Florida discovered that mice can sing. But not all mice are singers. The only mice that sing are male. The mice sing to attract female partners. The female mice prefer high voices, so they listen to the songs and then choose the highest voices. Therefore, the male who sings the highest wins the most female partners. Next time you see a mouse, maybe you can hear it sing.

우리는 모두 새가 노래한다는 것을 알고 있다. 그밖에 다른 동물도 노래할 수 있을까? 물론, 인간은 할 수 있다. 쥐는 어떨까? 쥐가 노래하는 것을 들어본 적이 있는가? 만화에 나오는 쥐를 말하는 것이 아니다. 만화 속의 쥐는 항상 노래를 부른다. 특히, 미키 마우스는 노래하는 것을 정말 좋아한다. 하지만 현실의 쥐는 노래를 할 수 없다, 그렇지 않은가? 사실, 쥐는 할 수 있다! 최근에 플로리다 대학의 과학자들이 쥐가 노래를 할 수 있다는 것을 발견했다. 하지만 모든 쥐가 노래하는 것은 아니다. 노래를 할 수 있는 쥐는 수컷뿐이다. 수컷은 암컷 짝의 마음을 끌기 위해 노래를 부른다. 암컷 쥐는 높은 목소리를 선호해서, 노래를 듣고 가장 높은 목소리를 선택한다. 그래서 가장 고음으로 노래하는 수컷이 가장 많은 암컷 짝을 차지한다. 다음에 쥐를 보면 아마 당신은 쥐가 노래 부르는 것을 들을 수 있을지도 모른다.

정답 p.53

2 Vocabulary & Pronunciation

다음 어휘를 발음에 유의하며 크게 말해 보세요.

all the time 내내, 언제나	**real** a. 실제의, 현실의	**discover** v. 발견하다
male a. 수컷의 n. 수컷	**attract** v. 마음을 끌다	**female** a. 암컷의 n. 암컷
prefer v. 선호하다	**choose** v. 선택하다	**therefore** ad. 그래서, 때문에

3 Vocabulary Check 1

다음 빈칸에 들어갈 알맞은 단어를 2번 어휘에서 찾아 넣으세요.

1 Tim이 전화해서 병가를 냈어요. 그래서 Jane이 대신 그 회의에 참석했어요.
Tim called in sick. ________________, Jane attended the meeting instead.

2 그 놀이공원은 매년 수백만의 관광객을 끌어모은다.
The amusement park ________________ millions of tourists every year.

3 그는 스케이트보드를 항상 연습한다.
He practices skateboarding ________________.

4 Vocabulary Check 2

다음 설명에 해당하는 단어를 2번 어휘에서 찾아 넣으세요.

1 ______________ : to like one thing or person better than another

2 ______________ : actually existing or happening

3 ______________ : to find someone or something, either by accident or because you were looking for them

5 Speak

다음 표현을 활용하여 말해 보세요.

1 We are not talking about ~ 우리는 ~에 관해 얘기하고 있는 것이 아니다

We are not talking about your mistake. 우리는 너의 실수에 관해 얘기하고 있는 게 아니다.

We are not talking about the sales figures. 우리는 판매 수치에 관해 얘기하고 있는 게 아니에요.

We are not talking about the marketing team. 우리는 마케팅 팀에 관해 얘기하고 있는 것이 아닙니다.

2 Next time you ~ 다음에 당신이 ~하면

Next time you see him, give me a call. 다음에 당신이 그를 보게 되면 제게 전화 주세요.

Next time you find an error, please let me know. 다음에 당신이 오류를 발견하면 제게 알려 주세요.

Next time you need a hand, just text me. 다음에 당신이 도움이 필요하면 그냥 저에게 문자하세요.

6 Speaking Check

위의 표현을 참고하고 다음 주어진 단어를 활용하여 문장을 말해 보세요.

1 우리는 너의 남자친구에 관해 얘기하는 게 아니다. (boyfriend)

2 우리는 재미있는 것에 관해 얘기하는 게 아니다. (something, fun)

3 우리는 싱가포르 출장에 관해 얘기하는 게 아니에요. (the business trip, to, Singapore)

4 다음에 실수하게 되면 그것에 대해 거짓말하지 마. (make a mistake, please, don't, lie, about)

5 다음에 네가 여기에 오면 우린 아주 즐겁게 보낼 거야. (are, here, will, have a blast)

6 다음에 술을 마시면 택시를 타고 집에 오세요. (have a drink, take a taxi, home)

7 Write

다음 문법 사항을 활용하여 영작 연습을 해 보세요.

1 Have + you + (ever) + 과거분사(p.p.)~? ~한 적이 있나요?

Have you ever seen a ghost? 당신은 귀신을 본 적이 있나요?

Have you ever tried Vietnamese food? 당신은 베트남 음식을 먹어본 적이 있나요?

Have you ever met someone famous? 당신은 유명한 사람을 만나본 적이 있나요?

2 hear + A + 동사원형 A가 ~하는 것을 듣다

Nobody hates to hear a baby laugh. 아기가 웃는 것을 듣기 싫어하는 사람은 없다.

I heard someone run upstairs. 나는 누군가가 위층으로 뛰어올라가는 것을 들었어.

She didn't hear her children go out. 그녀는 자신의 아이들이 밖에 나가는 것을 듣지 못했다.

Tips 동작이 진행 중임을 강조하거나 일부만 들은 경우, 동사의 -ing를 쓴다. (I heard you cry. → I heard you crying.)

8 Writing Check

위의 문법 사항을 활용해 다음 문장을 영작해 보세요.

1 당신은 MBTI 테스트를 해본 적이 있나요? (take, an MBTI test)

2 당신은 해외에서 공부를 한 적이 있나요? (study, overseas)

3 당신은 직장에서 해고를 당한 적이 있나요? (get, fired, from a job)

4 우리는 그들이 항상 싸우는 것을 들어요. (fight, all the time)

5 나는 그들이 내 뒷담화를 하는 것을 들었다. (talk, behind my back)

6 너는 그가 연설하는 것을 들어봐야 해. (should, give, a speech)

THE PENGUIN'S NOSE KNOWS

Listen & Read

먼저 음원을 듣고 나서 지문을 읽어 보세요.

Penguins live in small family groups within big penguin colonies. They have to swim far away to find food for their babies. There can be thousands of babies in a penguin colony. All the babies look the same. So how can penguins tell which babies are theirs? How do they find their babies again? They don't use their sense of sight. Instead, they use their sense of smell. Penguins can tell their family members by their smell. This is how penguin families stay together. More importantly, this is how penguins find a safe partner. Family members should never mate with each other. Luckily, they can smell the difference.

펭귄은 큰 펭귄 무리 안에서 작은 가족 집단으로 살고 있다. 펭귄은 새끼를 위한 음식을 찾으러 멀리까지 수영을 해야 한다. 펭귄 무리 안에는 수천 마리의 새끼가 있을 수 있다. 모든 새끼 펭귄은 똑같아 보인다. 그렇다면 펭귄은 어떤 새끼 펭귄이 자신의 새끼인지 알 수 있을까? 펭귄은 어떻게 자신의 새끼를 다시 찾아낼까? 그들은 시각을 이용하지 않는다. 대신, 그들은 후각을 이용한다. 펭귄은 냄새로 자신의 가족 구성원을 구별한다. 이렇게 해서 펭귄 가족은 함께 지낼 수 있다. 더 중요한 것은 이렇게 해서 펭귄이 안전한 짝을 찾는다는 것이다. 가족 구성원은 결코 서로 짝을 맺으면 안 된다. 다행스럽게도 그들은 냄새의 차이를 구별할 수 있다.

2 Vocabulary & Pronunciation

다음 어휘를 발음에 유의하며 크게 말해 보세요.

live v. 살다	**colony** n. 집단 거주지, 식민지	**far away** 멀리 떨어진
tell v. 알다, 말하다, 구별하다	**sense** n. 감각	**stay** v. 지내다, 머무르다
safe a. 안전한	**each other** 서로	**difference** n. 차이, 다름, 변화

3 Vocabulary Check 1

다음 빈칸에 들어갈 알맞은 단어를 2번 어휘에서 찾아 넣으세요.

1 그는 내 인생에 어떠한 변화도 가져오지 않았다.
He didn't make any ________________ to my life.

2 Tom은 유머 감각이 뛰어나다.
Tom has a good ________________ of humor.

3 우리에게 서로가 있으면 우린 모든 것을 가진 거야.
When we have ________________, we have everything.

4 Vocabulary Check 2

다음 설명에 해당하는 단어를 2번 어휘에서 찾아 넣으세요.

1 ____________ : to be able to see how one person or thing is different from another

2 ____________ : to continue to be in a particular place for a period of time without moving away

3 ____________ : not in danger of being harmed, lost, or stolen

5 Speak

다음 표현을 활용하여 말해 보세요.

1 thousands of ~ **수천의 ~**

Thousands of his fans gathered in the lobby. 그의 수천 명의 팬이 로비에 모였다.

The war created thousands of orphans. 그 전쟁은 수천 명의 고아를 만들었다.

My brother and I live thousands of miles apart. 나의 형과 나는 수천 마일 떨어져서 산다.

2 this is how ~ **이렇게 해서 ~하다**

This is how I met your mother. 이렇게 해서 내가 너의 엄마를 만났단다.

This is how they became the worst nation. 이렇게 해서 그들이 최악의 국가가 되었다.

This is how we closed the deal. 이렇게 해서 우리가 그 계약을 체결했습니다.

*close the deal 계약을 체결하다

6 Speaking Check

위의 표현을 참고하고 다음 주어진 단어를 활용하여 문장을 말해 보세요.

1 나의 동영상은 수천 개의 댓글을 받았다. (video clip, receive, comments)

2 그의 빠른 결정은 수천 명의 목숨을 살렸다. (quick, decision, save, lives)

3 수천 명의 이주자들이 불법적으로 국경을 넘었다. (migrants, cross, the border, illegally)

4 이렇게 해서 인스타그램에 사진을 올리는 거예요. (you, post, photos, on Instagram)

5 이렇게 해서 제가 그 고객을 설득시켰습니다. (convince, the client)

6 이렇게 해서 그녀는 피해자에게 접근했습니다. (approach, the victim)

7 Write

다음 문법 사항을 활용하여 영작 연습을 해 보세요.

1 to 동사원형 ~하기 위해서

They left early to catch the train. 그들은 기차를 잡기 위해서 일찍 떠났다.

He bought a ring to propose to her. 그는 그녀에게 청혼하기 위해서 반지를 샀다.

Emma googled it to get more information. Emma는 더 많은 정보를 얻기 위해 그것을 웹에서 검색했다.

2 should + never + 동사원형 결코 ~하면 안 된다

You should never ignore your child. 당신의 아이를 결코 무시하면 안 됩니다.

We should never drink and drive. 우리는 절대 음주 운전을 하면 안 돼요.

Leaders should never favor one person. 리더는 절대 한 사람만 편애해서는 안 된다.

*drink and drive 음주 운전하다

8 Writing Check

위의 문법 사항을 활용해 다음 문장을 영작해 보세요.

1 나는 이메일을 쓰기 위해 컴퓨터를 켰다. (turn on, the computer, write, an e-mail)

2 그들은 새로운 것을 발견하기 위해 달에 로켓을 보냈다. (send, a rocket, to the Moon, discover, something, new)

3 그녀는 사과를 하기 위해서 선물을 하나 샀다. (buy, a gift, to make an apology)

4 Kate와 나는 결코 다시 사귀면 안 돼. (get back, together)

5 너는 절대 엄마에게 말대꾸하면 안 돼. (talk back, to your mom)

6 아이들은 결코 이 끔찍한 소설을 읽으면 안 된다. (kids, read, this, horrible, novel)

Unit 8 BEE STRONG

1 Listen & Read

먼저 음원을 듣고 나서 지문을 읽어 보세요.

Elephants in cartoons are always scared of mice. It's funny to see a big elephant scared of a tiny mouse. But is it true? Actually, no. Elephants aren't scared of mice. But they are scared of something much smaller. They are scared of bees! Why? Because a bee sting is very painful. Bees sting elephants in their eyes, mouth, and trunk. And swarming bees can kill baby elephants. So, elephants run away from angry bees. That's why some farmers use loudspeakers. They play swarming bee sounds through them. The sound scares hungry elephants and keeps them away from the crops.

만화 속의 코끼리는 항상 쥐를 무서워한다. 큰 코끼리가 아주 작은 쥐를 무서워하는 걸 보는 것은 재미있다. 하지만 이게 사실일까? 실제로는 아니다. 코끼리는 쥐를 무서워하지 않는다. 그렇지만 그들은 훨씬 더 작은 어떤 것을 무서워한다. 그들은 벌을 무서워한다! 왜냐하면, 벌침이 몹시 아프기 때문이다. 벌은 코끼리의 눈과 입, 코에 벌침을 쏜다. 그리고 떼 지어 다니는 벌은 새끼 코끼리를 죽일 수도 있다. 그래서 코끼리들은 성난 벌에게서 도망간다. 그것이 바로 몇몇 농부들이 확성기를 사용하는 이유이다. 그들은 떼 지어 다니는 벌의 소리를 확성기를 통해 재생시킨다. 그 소리는 굶주린 코끼리에게 겁을 줘서 농작물에 가까이 가지 않게 한다.

2 Vocabulary & Pronunciation

다음 어휘를 발음에 유의하며 크게 말해 보세요.

scare v. ~을 겁나게 하다	**true** a. 사실인, 진실의	**actually** ad. 실제로
sting n. 찌르기, 침 v. 쏘다	**painful** a. 고통스러운	**swarm** v. 떼를 지어 다니다
run away 도망치다	**farmer** n. 농부	**through** prep. ~을 통해

3 Vocabulary Check 1

다음 빈칸에 들어갈 알맞은 단어를 2번 어휘에서 찾아 넣으세요.

1 그는 실제로 그 질문이 무엇을 묻고 있는지 이해하지 못했다.
He didn't ______________ understand what the question was asking.

2 그 환자는 고통스러운 수술을 받아야 했다.
The patient had to go through a ______________ operation.

3 쥐는 괜찮은데 바퀴벌레는 정말 무서워요.
I don't mind rats, but cockroaches really ______________ me.

4 Vocabulary Check 2

다음 설명에 해당하는 단어를 2번 어휘에서 찾아 넣으세요.

1 ______________ : to touch your skin or make a very small hole in it so that you feel a sharp pain

2 ______________ : someone who owns or manages a farm

3 ______________ : based on facts and not imagined or invented

5 Speak

다음 표현을 활용하여 말해 보세요.

1 be scared of ~ ~을 두려워하다

I am scared of the dark. 나는 어둠을 두려워해요.

We are scared of failure. 우리는 실패를 두려워합니다.

Sam is scared of talking to people. Sam은 사람들과 말하는 것을 두려워한다.

2 that's why ~ 그래서 ~하다

That's why I go to the gym before work. 그래서 제가 출근 전에 운동하러 가는 거예요.

That's why we don't hang out anymore. 그래서 우리가 더 이상 어울려 다니지 않는 것이다.

That's why he didn't show up at the meeting. 그래서 그가 회의에 나타나지 않았던 것이다.

6 Speaking Check

위의 표현을 참고하고 다음 주어진 단어를 활용하여 문장을 말해 보세요.

1 아이들은 귀신을 두려워한다. (kids, ghosts)

2 그는 대중 앞에서 연설하는 것을 두려워한다. (speaking in public)

3 많은 학생은 뒤처지는 것은 두려워한다. (many, students, falling behind)

4 그래서 저는 항상 현금을 들고 다녀요. (always, carry cash, on, me)

5 그래서 Esther가 그 파일을 요구한 것이에요. (request, the file)

6 그래서 우리가 제시간에 거기에 도착하지 않은 것입니다. (didn't, arrive, on time)

7 Write

다음 문법 사항을 활용하여 영작 연습을 해 보세요.

1 It's + 형용사 + to 동사원형(진주어) (진주어)가 ~이다

It's important to meet these requirements. 이 필요조건을 충족하는 것이 중요하다.

It's wrong to judge a book by its cover. 겉만 보고 판단하는 것은 잘못된 것이다.

It's hard to get in touch with him. 그와 연락하는 것은 어렵다.

Tips (대)명사와 is를 줄여 it's, that's, he's, John's 등으로 쓸 수 있다. 단 this's는 존재하지 않는다.

2 much / a lot + 형용사의 비교급 훨씬 더 ~한

Our new design is much better. 우리의 새로운 디자인이 훨씬 더 좋네요.

You look a lot taller today. 너 오늘 키가 많이 더 커 보인다.

This problem is much simpler than it looks. 이 문제는 보기보다 훨씬 더 간단해요.

Tips 일반적으로 2음절 이하의 형용사는 -(e)r을 붙여 비교급을 만든다. (cool → cooler)

8 Writing Check

위의 문법 사항을 활용해 다음 문장을 영작해 보세요.

1 개를 목줄을 하지 않은 채로 두는 것은 불법입니다. (illegal, have, your dog, off leash)

2 좋은 조언을 거절하는 것은 어리석은 것이다. (stupid, refuse, good advice)

3 매일 비타민을 복용하는 것은 필요하다. (necessary, take, vitamins, daily)

4 Lily와 Clara는 나보다 훨씬 더 똑똑하다. (a lot, smarter, than)

5 보드카는 소주보다 훨씬 더 강하다. (vodka, much, stronger, than, soju)

6 나는 요즘 몸이 훨씬 더 무겁게 느껴져. (feel, much, heavier, these days)

Unit 9

THE HEALING POWER OF COLORS

1 Listen & Read

먼저 음원을 듣고 나서 지문을 읽어 보세요.

Try to imagine a world without colors. How dull! How depressing! What's worse, it would also be dangerous. Just think of all the accidents at traffic lights. Clearly, colors are more than just pretty. They also help keep us safe. But did you know that colors have healing powers, too? It's true. Colors affect our bodies and our moods. For instance, blue and gray colors are calming. Feeling calm helps you sleep well. That's why lavender is a popular color for bedrooms. It's a mixture of blue and gray. Green is another color that's calming. It's especially good for headaches. So, if your head hurts, go somewhere that's really green. Walking in a forest or park is ideal. How about yellow? It's the color of sunshine. And just like the sun, it brings energy and good cheer. To give your spirits a lift, try sitting near bright yellow things. What special powers colors have! Take a look at your favorite color. How does it make you feel?

색이 없는 세상을 상상해 봐라. 얼마나 지루한가! 얼마나 우울한가! 더 나쁜 것은 위험해질 수도 있다. 신호등에서 있을 모든 사고를 한번 생각해 봐라. 분명히, 색은 단순히 예쁜 것 이상이다. 색은 우리가 안전하도록 도와준다. 하지만 색에 치유 능력이 있다는 것도 알고 있었는가? 사실이다. 색은 우리의 몸과 기분에 영향을 준다. 예를 들어, 파란색과 회색은 차분하게 해 준다. 차분한 기분은 잠을 잘 자도록 도와준다. 그래서 라벤더색이 침실용으로 인기 있다. 라벤더색은 파란색과 회색이 혼합된 색이다. 녹색은 차분하게 해 주는 또 다른 색이다. 녹색은 특히 두통에 좋다. 그래서 만약 머리가 아프면 실제로 녹색인 공간으로 가봐라. 숲속이나 공원에서 산책하는 것이 이상적이다. 노란색은 어떨까? 노란색은 햇빛의 색이다. 마치 해처럼, 힘과 좋은 기운을 가져다준다. 기운을 북돋기 위해 한번 밝은 노란색 물건 근처에 앉아 봐라. 색은 정말 특별한 능력을 가지고 있지 않은가! 여러분이 가장 좋아하는 색을 한번 봐라. 어떤 기분을 느끼게 해 주는가?

2 Vocabulary & Pronunciation

다음 어휘를 발음에 유의하며 크게 말해 보세요.

imagine v. 상상하다	**depressing** a. 우울하게 만드는	**dangerous** a. 위험한
accident n. 사고	**heal** n. 치유하다	**for instance** 예를 들어
calm v. 진정시키다	**hurt** v. 아프다, 아프게 하다	**ideal** a. 이상적인, 완벽한

3 Vocabulary Check 1

다음 빈칸에 들어갈 알맞은 단어를 2번 어휘에서 찾아 넣으세요.

1 그녀는 진통제를 먹은 후, 허리가 더 이상 아프지 않았다.
After she took painkillers, her back didn't ____________ anymore.

2 네가 나를 위해 일하는 게 상상이 안 가.
I can't ____________ you working for me.

3 블랙아이스는 겨울에 도로를 매우 위험하게 만든다.
Black ice makes the roads very ____________ in winter.

4 Vocabulary Check 2

다음 설명에 해당하는 단어를 2번 어휘에서 찾아 넣으세요.

1 ____________ : the best or most suitable that something could possibly be

2 ____________ : making you feel very sad

3 ____________ : an event in which a car, train, plane, etc. is damaged and often someone is hurt

5 Speak

다음 표현을 활용하여 말해 보세요.

1 think of ~ ~을 생각해라

Please think of your children. 당신의 아이들을 생각하세요.

Think of all the mistakes you have made. 당신이 지금껏 한 실수를 생각해 보세요.

Think of any other way to finish it. 그것을 끝낼 수 있는 다른 방법을 생각해 보세요.

2 be good for ~에 좋다/도움이 되다

Competition is good for consumers. 경쟁은 소비자들에게 도움이 된다.

Working from home is good for business as well. 재택근무가 사업에도 도움이 된다.

Nuts are good for our brain health. 견과류는 우리의 뇌 건강에 좋다.

6 Speaking Check

위의 표현을 참고하고 다음 주어진 단어를 활용하여 문장을 말해 보세요.

1 기금을 마련할 방법을 생각해 보세요. (a way, to, raise money)

2 환경과 다른 사람들을 생각하세요. (the environment, others)

3 당신의 행동의 결과를 생각해 보세요. (the consequences, actions)

4 온라인 학습은 학생들에게 도움이 된다. (online learning, students)

5 아이스브레이킹은 대화를 여는 데 좋다. (icebreakers, open up, a conversation)

6 CNN 뉴스를 보는 것은 당신의 영어 실력을 키우는 데 좋다. (watching, news, improve, English)

7 Write

다음 문법 사항을 활용하여 영작 연습을 해 보세요.

1 try + to 동사원형 **~ 하려고 노력하다**

I try to help people in need. 나는 어려움에 처한 사람들을 도우려고 노력한다.

He tries to look confident. 그는 자신감 있어 보이려고 노력한다.

Ms. Peterson tried to reach you. Peterson 양이 당신에게 연락하려고 했어요.

2 try + 동사의 -ing **(시험 삼아) ~ 해보다**

Try using glue instead. 대신 풀을 써 보세요.

She tries wearing high heels once in a while. 그녀는 가끔 하이힐을 신어 본다.

The tourists tried making kimchi. 그 관광객들은 김치 만들기를 해봤다.

Tips try같이 「자음+y」로 끝나는 동사는 y를 빼고 -ies, -ied를 붙여 3인칭 단수 현재형과 과거형을 만든다.

8 Writing Check

위의 문법 사항을 활용해 다음 문장을 영작해 보세요.

1 그 선생님은 자신의 목소리를 제어하려고 노력했다. (teacher, control, his voice)

2 그는 그 낯선 사람으로부터 날 보호하려고 노력했다. (protect, from, stranger)

3 혼자서 상황을 수습하려고 노력해 보세요. (handle, the situation, by yourself)

4 퇴근 후에 수영하는 것을 해보세요. (swim, after work)

5 나의 고양이는 싱크대에서 물을 마시려고 시도했다. (cat, drink, from the sink)

6 그 노신사는 전화로 사진 보내는 것을 시도해 보셨다. (old man, send, photos, from his phone)

AN AMAZING GEOLOGICAL PHENOMENON

1 Listen & Read

먼저 음원을 듣고 나서 지문을 읽어 보세요.

Did you ever see a volcano erupt? An erupting volcano is an impressive sight! Volcanoes are actually mountains. But unlike regular mountains, magma, hot liquid rock, is under them. When the pressure builds inside of the volcano, it erupts. The eruption sends gases, ash, and rock up into the air. Red hot lava is very dangerous, and it can destroy everything in its path. In fact, some volcanic eruptions did destroy entire forests! If you're interested in seeing one, you should visit Hawaii. The world's largest active volcano, Mauna Loa, is in Hawaii.

여러분은 화산이 폭발하는 것을 본 적이 있는가? 폭발하는 화산은 인상적인 광경이다! 화산은 사실 산이다. 그러나 일반적인 산과는 달리 뜨거운 액체 상태의 암석인 마그마가 그 아래에 존재한다. 화산 내부의 압력이 증가하면 폭발한다. 폭발과 함께 가스, 재, 암석이 공중으로 분출된다. 붉은색의 뜨거운 용암은 매우 위험하며, 용암이 흐르는 길 위에 있는 모든 것을 파괴할 수도 있다. 실제로 몇몇 화산 폭발은 숲 전체를 파괴했다! 여러분이 화산 폭발을 구경하고 싶다면, 하와이를 방문해야 한다. 세계 최대의 활화산인 마우나로아(Mauna Loa)는 하와이에 있다.

2 Vocabulary & Pronunciation

다음 어휘를 발음에 유의하며 크게 말해 보세요.

volcano n. 화산	**erupt** v. 폭발하다, 분출하다	**impressive** a. 인상적인
regular a. 일반적인	**liquid** n. 액체 a. 액체 형태의	**pressure** n. 압력, 압박
path n. 길	**destroy** v. 파괴하다	**entire** a. 전체의

3 Vocabulary Check 1

다음 빈칸에 들어갈 알맞은 단어를 2번 어휘에서 찾아 넣으세요.

1 이 차는 일반적인 엔진 오일 이상의 것이 필요하다.
This car needs something more than just ______________ engine oil.

2 이 새로운 접근법이 인상적인 결과를 낳을 것입니다.
This new approach will produce some ______________ results.

3 누군가가 우리 대화의 전부를 녹음했어요.
Someone recorded our ______________ conversation.

4 Vocabulary Check 2

다음 설명에 해당하는 단어를 2번 어휘에서 찾아 넣으세요.

1 ______________ : to explode and send smoke, fire, and rock into the sky

2 ______________ : the force that a liquid or gas produces when it presses against an area

3 ______________ : to damage something so badly that it cannot be used

5 Speak

다음 표현을 활용하여 말해 보세요.

1 In fact 사실은

In fact, I have another appointment then. 사실은 그 시간에 또 다른 일정이 있어요.

In fact, Elliot is married with two children. 사실은 Elliot은 결혼해서 아이가 둘 있어.

In fact, you didn't get the promotion this time. 사실은 당신은 이번에 승진하지 못 했어요.

2 be interested in ~ ~에 관심이 있다

I am interested in Korean culture. 나는 한국 문화에 관심이 있어요.

We are interested in purchasing an electric car. 우리는 전기 차 구매에 관심이 있어요.

The Kims are interested in moving downtown. 김씨네 가족은 시내로 이사 가는 것에 관심이 있다.

6 Speaking Check

위의 표현을 참고하고 다음 주어진 단어를 활용하여 문장을 말해 보세요.

1 사실은 그녀가 회의실에서 기다리고 있어요. (wait, in the meeting room)

2 사실은 나는 진실을 말할 용기가 없어요. (have, the courage, to, tell the truth)

3 사실은 그는 자신의 예약을 확인하지 않았어요. (confirm, reservation)

4 누군가가 당신의 작품에 관심이 있어요. (someone, work)

5 그들은 투자하는 데 관심이 있다. (making, investments)

6 그 회사는 더 많은 이민자를 고용하는 데 관심이 있다. (company, hiring, more, immigrants)

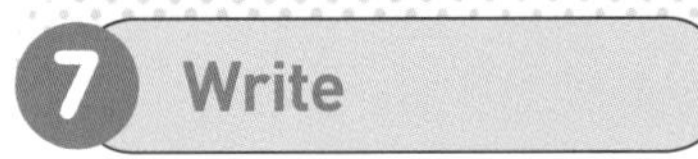

7 Write

다음 문법 사항을 활용하여 영작 연습을 해 보세요.

1 see + A + 동사원형 A가 ~하는 것을 보다

I see them play every day. 나는 매일 그들이 노는 것을 본다.

My uncle saw you fall on the ground. 우리 삼촌이 네가 바닥에 쓰러지는 것을 보았어.

We didn't see them dance on the stage. 우리는 그들이 무대에서 춤추는 것을 못 봤어.

Tips 동사 see의 과거형은 saw, 과거 분사형은 seen이다. (see–saw–seen)

2 do/does/did + 동사원형 정말 ~하다/했다

You do know how to solve this. 너는 이것을 해결하는 방법을 정말로 알고 있잖아.

Lucas does understand the whole process. Lucas는 모든 과정을 정말로 이해하고 있어.

I did stay late at work last night. 난 어제 정말 밤늦게까지 회사에서 일했어.

8 Writing Check

위의 문법 사항을 활용해 다음 문장을 영작해 보세요.

1 우리 모두는 그가 길에서 우는 것을 봤어요. (all, cry, in the street)

2 나의 부모님은 내 아기가 자라는 것을 못 보셨다. (parents, baby, grow up)

3 나는 그들이 오늘 밤에 축하하는 것을 보고 싶다. (want, celebrate, tonight)

4 그들은 정말 온종일 밭에서 일합니다. (work, all day, in the field)

5 Rachel은 정말로 좋은 의사소통 능력을 갖추고 있어. (have, good, communication skills)

6 너는 정말 나한테 10달러를 빌려 갔어. (borrow, $10, from)

Unit 11 HIP-HOP – ALWAYS STAYING HIP

Listen & Read

먼저 음원을 듣고 나서 지문을 읽어 보세요.

Hip hop is a style of music. It began in African-American communities of New York City during the early 1970s. The origins of this type of music developed from several other genres of music. They include disco, reggae, funk, and so on. Hip hop artists mix rhymes over rhythmic beats to create their songs. Hip hop music is now very popular among young people all over the world. But hip hop culture has influenced more than just music. We can see its impact on the fashion industry, the art world, and even modern dance.

힙합은 음악의 한 형태이다. 힙합은 1970년대 초 뉴욕의 아프리카계 미국인 공동체에서 시작되었다. 이러한 형태의 음악의 기원은 몇몇 다른 장르의 음악에서 발전되었다. 그것은 디스코, 레게, 펑크 등이다. 힙합 음악가들은 리듬감 있는 박자에 노랫말을 섞어서 자신들의 노래를 만들어낸다. 힙합 음악은 지금 전 세계 젊은이들 사이에서 큰 인기이다. 그러나 힙합 문화의 영향력은 단지 음악에 그치지 않았다. 우리는 힙합 문화가 패션산업, 예술계, 그리고 심지어 현대무용에 주는 영향도 볼 수 있다.

정답 p.55

2 Vocabulary & Pronunciation

다음 어휘를 발음에 유의하며 크게 말해 보세요.

community n. 공동체, 집단	**origin** n. 기원	**develop** v. 발전하다
genre n. 장르	**include** v. 포함하다	**mix** v. 섞다
rhyme n. 운, 라임	**create** v. 창조하다, 만들다	**industry** n. 산업

3 Vocabulary Check 1

다음 빈칸에 들어갈 알맞은 단어를 2번 어휘에서 찾아 넣으세요.

1 그 도시는 조선 산업에 의존하고 있다.
The city is dependent on the shipbuilding ______________.

2 그들은 여기에 자신들의 공동체를 형성했다.
They have built their own ______________ here.

3 가격에 취급 배송 비용이 포함되어 있나요?
Does the price ______________ shipping and handling?

4 Vocabulary Check 2

다음 설명에 해당하는 단어를 2번 어휘에서 찾아 넣으세요.

1 ______________ : the place or situation in which something begins to exist

2 ______________ : to grow or change into something bigger, stronger, or more advanced

3 ______________ : a particular type or style of literature, art, film or music that you can recognize because of its special features

5 Speak

다음 표현을 활용하여 말해 보세요.

1 and so on 기타 등등

This robot can cook, do the laundry, and so on. 이 로봇은 요리와 빨래 등을 할 수 있어요.

We teach you how to read, speak, write, and so on. 우리는 읽고, 말하고, 쓰는 법 등을 가르쳐요.

I have to pack clothes, books, snacks, and so on. 나는 옷, 책, 간식 등을 챙겨야 해요.

2 all over the world 전 세계(에)

She has friends all over the world. 그녀는 전 세계에 친구가 있어요.

They traveled all over the world. 그들은 전 세계를 돌아다녔다.

People all over the world love pizza. 전 세계의 사람들은 피자를 매우 좋아한다.

6 Speaking Check

위의 표현을 참고하고 다음 주어진 단어를 활용하여 문장을 말해 보세요.

1 쇼핑몰은 대개 상점, 식당, 카페 등을 갖추고 있다. (shopping malls, usually, have, stores, restaurants, cafés)

2 너는 소설, 신문, 잡지 등을 읽어야 한다. (should, read, novels, newspapers, magazines)

3 나는 수영, 하이킹, 조깅 등과 같은 활동적인 취미를 좋아해. (love, active, hobbies, like, swimming, hiking, jogging)

4 또 다른 바이러스 변종이 전 세계에 퍼질 것이다. (another, virus variant, will, spread)

5 그들의 운동화는 전 세계에서 판매됩니다. (sneakers, be, sold)

6 그 TV쇼는 전 세계 시청자의 관심을 끌고 있다. (TV show, gather, attention, from viewers)

7 Write

다음 문법 사항을 활용하여 영작 연습을 해 보세요.

1 have/has + 과거분사(p.p.) **~했다, ~해 왔다, ~한 적이 있다**

I have done it. 내가 그것을 했어요.

She has worked for years. 그녀는 수년 동안 일해 왔다.

We have met before. 우리는 전에 만난 적이 있어요.

2 can + 동사원형 **~할 수 있다, ~해도 된다**

Dave can edit videos. Dave는 동영상을 편집할 수 있다.

You can come in now. 이제 들어오셔도 됩니다.

Everyone can overcome their fears. 모두 자신의 두려움을 극복할 수 있어요.

8 Writing Check

위의 문법 사항을 활용해 다음 문장을 영작해 보세요.

1 제가 그 문서를 삭제했어요. (delete, document)

2 그들은 지난해 이후로 캐나다에서 살고 있다. (live, in Canada, since, last year)

3 Jeremy는 아프리카 국가를 방문한 적이 한 번 있다. (visit, an African country, once)

4 이번에는 나를 믿어도 돼. (trust, this time)

5 Kyle은 그 새로운 부서를 관리할 수 있습니다. (manage, new, department)

6 Rose가 공항에 그 고객들을 모시러 갈 수 있어요. (pick up, clients, at the airport)

Unit 12 19TH CENTURY AMERICAN HISTORY

1 Listen & Read

먼저 음원을 듣고 나서 지문을 읽어 보세요.

In the middle of the 19th century, gold was discovered in California. The discovery created excitement. Close to 30,000 men, women, and children traveled to California to find their fortune. The Gold Rush even attracted a lot of people from Latin America, Europe, and China. Many small towns such as San Francisco quickly became larger because these treasure seekers needed a place to live. The population of San Francisco increased from about 1,000 in 1848 to 25,000 in 1850. In the end, a few people could make a lot of money, but most others returned home without any gold at all. The Gold Rush in California ended around 1855.

*The Gold Rush 골드러시(새로 발견된 금광으로 사람들이 몰려드는 것)

19세기 중반, 캘리포니아에서 금이 발견되었다. 이 발견은 사람들을 흥분시켰다. 거의 3만 명에 이르는 남자, 여자, 그리고 아이들이 부를 좇아 캘리포니아로 향했다. 골드러시는 많은 남미인, 유럽인, 그리고 중국인들까지도 끌어들였다. 이 보물을 찾는 사람들이 살 곳이 필요했기 때문에 샌프란시스코 같은 작은 마을은 급속히 커졌다. 샌프란시스코의 인구는 1848년에 1,000명에서 1850년에 25,000명으로 늘었다. 결국, 몇몇 사람들은 많은 돈을 벌 수 있었다. 그러나 대부분의 다른 사람들은 금을 하나도 건지지 못한 채 집으로 돌아갔다. 캘리포니아의 골드러시는 1855년경에 끝났다.

2 Vocabulary & Pronunciation

다음 어휘를 발음에 유의하며 크게 말해 보세요.

discovery n. 발견	**excitement** n. 흥분, 동요	**travel** v. 여행하다, 이동하다
fortune n. 큰 재물, 부	**treasure** n. 보물	**seeker** n. 수색자
population n. 인구	**increase** v. 증가하다	**return** v. 돌아가다, 복귀하다

3 Vocabulary Check 1

다음 빈칸에 들어갈 알맞은 단어를 2번 어휘에서 찾아 넣으세요.

1 그들은 숨겨진 보물을 찾기 위해 캘리포니아로 갈 것이다.
They will ____________ to California to look for hidden treasure.

2 한국은 대략 5천만 명의 인구를 가지고 있다.
South Korea has a ____________ of around fifty million.

3 그 교수의 과학적 발견은 중요하다.
The professor's scientific ____________ is important.

4 Vocabulary Check 2

다음 설명에 해당하는 단어를 2번 어휘에서 찾아 넣으세요.

1 ____________ : a group of valuable things such as gold, silver, jewels, etc.

2 ____________ : a very large amount of money

3 ____________ : to go or come back to a place where you were before

5 Speak

다음 표현을 활용하여 말해 보세요.

1 a lot of ~ 많은 ~

Matt has a lot of problems. Matt는 많은 문제가 있어.

Kate made a lot of mistakes. Kate는 많은 실수를 했지.

We spend a lot of money on groceries. 우리는 식료품에 많은 돈을 쓴다.

2 make money 돈을 벌다

My new idea will make money in no time. 나의 새로운 아이디어는 순식간에 돈을 벌 거야.

He makes money by repairing phones. 그는 핸드폰을 수리해서 돈을 벌어요.

We made a lot of money from the business. 우리는 그 사업으로 많은 돈을 벌었다.

*in no time 순식간에

6 Speaking Check

위의 표현을 참고하고 다음 주어진 단어를 활용하여 문장을 말해 보세요.

1 우리는 많은 시간을 인터넷에서 쓴다. (spend, time, on the Internet)

2 그 폭발은 쇼핑몰에 있는 많은 사람을 죽였다. (explosion, kill, people, at the mall)

3 지도자들은 많은 중요한 결정을 한다. (leader, make, important, decisions)

4 그의 새로운 발견은 미래에 많은 돈을 벌어다 줄 수 있다. (new, discovery, can, in the future)

5 그들은 온라인 마케팅을 통해 돈을 벌었다. (through, online marketing)

6 주식시장에서 돈을 버는 것은 쉽지 않다. (it, not, easy, to, on the stock market)

7 Write

다음 문법 사항을 활용하여 영작 연습을 해 보세요.

1 be동사 + 과거분사(p.p.) **~되다, ~당하다**

The door is locked. 문이 잠겼어요.

The product was made in China. 그 제품은 중국에서 만들어졌어요.

Several shots were fired by the guards. 몇 발의 총알이 경비원들에 의해 발사되었다.

2 명사 + to 동사원형 **~할 (명사)**

She packed a couple of books to read. 그녀는 읽을 책 몇 권을 챙겼다.

Netflix offers various TV shows to enjoy. 넷플릭스는 즐길 수 있는 다양한 TV쇼를 제공한다.

I have a business report to finish. 나는 마쳐야 할 사업보고서가 있어.

8 Writing Check

위의 문법 사항을 활용해 다음 문장을 영작해 보세요.

1 그 편의점은 어제 강도를 당했다. (convenience store, rob, yesterday)

2 내 모든 이메일이 그 인턴에 의해서 삭제되었다. (all of, e-mails, delete, by, intern)

3 매년 광대한 산림 지대가 화재로 파괴된다. (every year, large areas of forests, destroy, in fires)

4 나는 네게 말할 좋은 소식이 있어. (have, some, good news, tell)

5 제가 마실 것 좀 얻을 수 있을까요? (can, get, something, drink)

6 우리는 온종일 밖에서 볼 일이 있었다. (have, errands, run, all day)

정답

Unit 1 p.5~7

3. Vocabulary Check 1

1 public　2 polite　3 appropriate

4. Vocabulary Check 2

1 necessity　2 disturb　3 rude

6. Speaking Check

1 You don't need to bring the camera.
2 You don't need to buy the book.
3 You don't need to get the vaccine shot.
4 Please turn off the AC.
5 Could you turn off your phone?
6 Why did you turn off the computer?

8. Writing Check

1 I am better than your brother.
2 Walking is better than running.
3 Reading books is better than watching TV.
4 They always let you start first.
5 The teacher will let us speak in Korean.
6 Please let me talk to her.

Unit 2 p.9~11

3. Vocabulary Check 1

1 save　2 amount　3 produce

4. Vocabulary Check 2

1 climate　2 raise　3 planet

6. Speaking Check

1 We have to do the dishes.
2 We have to ask the boss.
3 We have to talk quietly.
4 How about waiting outside?
5 How about having dinner together?
6 How about telling him the truth?

8. Writing Check

1 Emily wants to help you.
2 My parents want to meet you.
3 He wants to read your report.
4 Jeremy is drinking chocolate milk.
5 I am playing a computer game.
6 People are swimming in the pool.

Unit 3 p.13~15

3. Vocabulary Check 1

1 free of　2 rub　3 harm

4. Vocabulary Check 2

1 protect　2 tiny　3 germ

6. Speaking Check

1 Text him whenever you can.
2 Speak in English whenever you can.
3 You should call your mother whenever you can.
4 Try not to make the same mistake.
5 Try not to pay attention to the rumors.
6 Try not to forget what I said.

8. Writing Check

1 I hate working with him.
2 Patrick hates eating Chinese.
3 Some people hate going to the movies alone.
4 Knock it off, you two.
5 Please reconsider your decision.
6 Be realistic about your goals.

Unit 4 p.17~19

3. Vocabulary Check 1

1 thick 2 When it comes to 3 disease

4. Vocabulary Check 2

1 even 2 usual 3 recently

6. Speaking Check

1 There's something wrong with my phone.
2 There's something wrong with your document.
3 There's something wrong with his answer.
4 I have diabetes.
5 I feel cold because I have the flu.
6 I have ADHD, so I can't stay focused.

8. Writing Check

1 Let's call the police.
2 Let's ask for a raise.
3 Let's skip the introduction.
4 There is[There's] someone at the door.
5 There is[There's] a typo in this sentence.
6 There is[There's] so much love in her heart.

Unit 5 p.21~23

3. Vocabulary Check 1

1 exist 2 forever 3 all over the world

4. Vocabulary Check 2

1 unique 2 creature 3 immortal

6. Speaking Check

1 Would you like to receive product updates?
2 Would you like to have a seat by the window?
3 Would you like to take a short break?
4 Please do it all over again.
5 The band is playing the song all over again.
6 They filmed the action scene all over again.

8. Writing Check

1 I make $200 a day, and so can you.
2 You can get a discount, and so can your family.
3 We can work on Saturdays, and so can Julie.
4 How amazing her voice is!
5 How fast he swims!
6 How talented you are!

Unit 6 p.25~27

3. Vocabulary Check 1

1 Therefore 2 attracts 3 all the time

4. Vocabulary Check 2

1 prefer 2 real 3 discover

6. Speaking Check

1 We are not talking about your boyfriend.
2 We are not talking about something fun.
3 We are not talking about the business trip to Singapore.
4 Next time you make a mistake, please don't lie about it.
5 Next time you are here, we will have a blast.
6 Next time you have a drink, take a taxi home.

8. Writing Check

1 Have you ever taken an MBTI test?
2 Have you ever studied overseas?
3 Have you ever gotten fired from a job?
4 We hear them fight all the time.
5 I heard them talk behind my back.
6 You should hear him give a speech.

Unit 7 p.29~31

3. Vocabulary Check 1

1 difference 2 sense 3 each other

4. Vocabulary Check 2

1 tell 2 stay 3 safe

6. Speaking Check

1 My video clip received thousands of comments.
2 His quick decision saved thousands of lives.
3 Thousands of migrants crossed the border illegally.
4 This is how you post photos on Instagram.
5 This is how I convinced the client.
6 This is how she approached the victim.

8. Writing Check

1 I turned on the computer to write an e-mail.
2 They sent a rocket to the Moon to discover something new.
3 She bought a gift to make an apology.
4 Kate and I should never get back together.
5 You should never talk back to your mom.
6 Kids should never read this horrible novel.

Unit 8 p.33~35

3. Vocabulary Check 1

1 actually 2 painful 3 scare

4. Vocabulary Check 2

1 sting 2 farmer 3 true

6. Speaking Check

1 Kids are scared of ghosts.
2 He is scared of speaking in public.
3 Many students are scared of falling behind.
4 That's why I always carry cash on me.
5 That's why Esther requested the file.
6 That's why we didn't arrive there on time.

8. Writing Check

1 It's illegal to have your dog off leash.
2 It's stupid to refuse good advice.
3 It's necessary to take vitamins daily.
4 Lily and Clara are a lot smarter than me.
5 Vodka is much stronger than soju.
6 I feel much heavier these days.

Unit 9 p.37~39

3. Vocabulary Check 1

1 hurt 2 imagine 3 dangerous

4. Vocabulary Check 2

1 ideal 2 depressing 3 accident

6. Speaking Check

1 Think of a way to raise money.
2 Think of the environment and others.
3 Think of the consequences of your actions.
4 Online learning is good for students.
5 Icebreakers are good for opening up a conversation.
6 Watching CNN news is good for improving your English.

8. Writing Check

1 The teacher tried to control his voice.
2 He tried to protect me from the stranger.
3 Try to handle the situation by yourself.
4 Try swimming after work.
5 My cat tried drinking from the sink.
6 The old man tried sending photos from his phone.

Unit 10 p.41~43

3. Vocabulary Check 1

1 regular 2 impressive 3 entire

4. Vocabulary Check 2

1 erupt 2 pressure 3 destroy

6. Speaking Check

1 In fact, she is waiting in the meeting room.
2 In fact, I don't have the courage to tell the truth.
3 In fact, he didn't confirm his reservation.
4 Someone is interested in your work.
5 They are interested in making investments.
6 The company is interested in hiring more immigrants.

8. Writing Check

1 We all saw him cry in the street.
2 My parents didn't see my baby grow up.
3 I want to see them celebrate tonight.
4 They do work all day in the field.
5 Rachel does have good communication skills.
6 You did borrow $10 from me.

Unit 11 p.45~47

3. Vocabulary Check 1

1 industry 2 community 3 include

4. Vocabulary Check 2

1 origin 2 develop 3 genre

6. Speaking Check

1 Shopping malls usually have stores, restaurants, cafés, and so on.
2 You should read novels, newspapers, magazines, and so on.
3 I love active hobbies like swimming, hiking, jogging, and so on.
4 Another virus variant will spread all over the world.
5 Their sneakers are sold all over the world.
6 The TV show is gathering attention from viewers all over the world.

8. Writing Check

1 I have deleted the document.
2 They have lived in Canada since last year.
3 Jeremy has visited an African country once.
4 You can trust me this time.
5 Kyle can manage the new department.
6 Rose can pick up the clients at the airport.

Unit 12 p.49~51

3. Vocabulary Check 1

1 travel 2 population 3 discovery

4. Vocabulary Check 2

1 treasure 2 fortune 3 return

6. Speaking Check

1 We spend a lot of time on the Internet.
2 The explosion killed a lot of people at the mall.
3 Leaders make a lot of important decisions.
4 His new discovery can make a lot of money in the future.
5 They made money through online marketing.
6 It is[It's] not easy to make money on the stock market.

8. Writing Check

1 The convenience store was robbed yesterday.
2 All of my e-mails were deleted by the intern.
3 Every year, large areas of forests are destroyed in fires.
4 I have some good news to tell you.
5 Can I get something to drink?
6 We had errands to run all day.

매일 영어 루틴
올인원(All-in-one)

지은이 넥서스콘텐츠개발팀
강의 김일승
펴낸이 임상진
펴낸곳 (주)넥서스

초판 1쇄 인쇄 2022년 12월 26일
초판 1쇄 발행 2023년 1월 5일

출판신고 1992년 4월 3일 제311-2002-2호
주소 10880 경기도 파주시 지목로 5
전화 (02)330-5500 팩스 (02)330-5555

ISBN 979-11-6683-424-0 13740

가격은 뒤표지에 있습니다.
잘못 만들어진 책은 구입처에서 바꾸어 드립니다.

www.nexusbook.com

매일 영어 루틴 올인원

넥서스콘텐츠개발팀 지음 | 김일승 강의

2

넥서스

구성 및 특징

2주에 1권씩, 3개월 영어 루틴 만들기

★

무료 음성 강의 & 원어민 MP3

김일승 선생님의 해설 강의와 원어민 mp3를 활용하여 책을 더 알차게 공부해 보세요.

1 Listening / Reading

다양한 주제의 흥미로운 영어 지문을 원어민 mp3를 활용하여 듣고, 직접 소리 내어 읽어 보세요.

2 Vocabulary

지문에서 나온 단어들을 정확하게 발음해 보고, 문장에서 어떻게 쓰이는지 확인해 보세요.

3 Speaking

지문에서 배운 표현을 활용하여 speaking 연습을 해 보세요.

4 Writing

지문에서 나온 문법 사항을 활용하여 writing 연습을 해 보세요.

무료 MP3 & 해설 강의 듣는 방법

원어민 MP3 듣기

- 스마트폰으로 책 속의 QR코드를 인식하세요.
- PC에서 MP3 다운받기 www.nexusbook.com

저자 해설 강의 듣기

- 스마트폰으로 책 속의 QR코드를 인식하세요.
- 오디오클립에서 **매일 영어 루틴 올인원** 을 검색하세요.

 audioclip.naver.com

차례

《매일 영어 루틴 올인원》을 시작하는 동기나 각오를 적어 주세요.
이 책을 완주할 때까지 매일 읽어 보세요.

Unit 1

HOW AMERICAN SOUL MUSIC BEGAN

1 Listen & Read

먼저 음원을 듣고 나서 지문을 읽어 보세요.

Jazz music originated in the southern United States in the early twentieth century. The music was based on both African and European music, and it has been influenced by several styles of music like hymns and the blues. Jazz began to travel across the United States in the 1920s and became popular in large cities like New York and Chicago. Jazz was more than just a musical genre for people. It made an impact on American culture. It also helped unite people from different races and cultures. The music made strong statements about freedom, creativity, and American identity. Today, jazz has spread all over the world and is one of the most popular music styles.

재즈 음악은 20세기 초 미국 남부에서 시작되었다. 그 음악은 아프리카와 유럽 음악을 바탕으로 했으며, 찬송가와 블루스 같은 몇몇 종류의 음악의 영향을 받고 있다. 재즈는 1920년대에 미국 전역으로 퍼지기 시작했으며, 뉴욕과 시카고 같은 대도시에서 유행을 끌게 되었다. 재즈는 사람들에게 있어 하나의 단순한 음악 장르 이상이었다. 그것은 미국 문화에 영향을 주었다. 또한, 다른 인종과 문화의 사람들을 통합하는 데 도움을 주었다. 그 음악은 자유, 창조, 그리고 미국의 정체성을 강하게 나타냈다. 오늘날 재즈는 전 세계로 퍼져 있고, 세계에서 가장 인기 있는 음악 종류 중 하나이다.

2 Vocabulary & Pronunciation

다음 어휘를 발음에 유의하며 크게 말해 보세요.

originate v. 유래하다	**influence** v. ~에 영향을 주다	**several** a. 몇몇의, 몇 개의
popular a. 인기 있는	**impact** n. 영향, 충격	**unite** v. 통합하다, 통일하다
race n. 인종, 종족	**culture** n. 문화	**spread** v. 퍼지다, 확산되다

3 Vocabulary Check 1

다음 빈칸에 들어갈 알맞은 단어를 2번 어휘에서 찾아 넣으세요.

1 우리는 계약 기간을 여러 번 연장했습니다.
We have extended the contract period ____________ times.

2 그의 연설은 내 결정에 영향을 끼치지 않았다.
His speech didn't ____________ my decision.

3 그녀는 한국에서 가장 인기 있는 정치인 중 한 명이다.
She is one of the most ____________ politicians in Korea.

4 Vocabulary Check 2

다음 설명에 해당하는 단어를 2번 어휘에서 찾아 넣으세요.

1 ____________ : to join together as a group, or to make people join together as a group

2 ____________ : a group, especially of people, with particular similar physical characteristics

3 ____________ : to (cause to) cover, reach, or have an effect on a wider or increasing area

5 Speak

다음 표현을 활용하여 말해 보세요.

1 be more than just ~ **단순한 ~ 그 이상이다**

He is more than just a teacher. 그는 단순한 선생님 그 이상이다.

Yuna Kim is more than just a figure skater. 김연아는 단순한 피겨스케이팅 선수 그 이상이다.

The kid was more than just an influencer. 그 아이는 단순한 인플루언서 그 이상이었다.

2 make an impact on ~ **~에 영향을 주다**

Volunteers make an impact on the community. 자원봉사자들은 지역사회에 영향을 준다.

Their music made an impact on K-pop. 그들의 음악이 케이팝에 영향을 주었다.

Her devotion made a huge impact on my life. 그녀의 헌신이 내 삶에 큰 영향을 주었다.

6 Speaking Check

위의 표현을 참고하고 다음 주어진 단어를 활용하여 문장을 말해 보세요.

1 로블록스는 단순한 게임 그 이상이다. (Roblox, game)

2 BTS는 단순한 남자 아이돌 그 이상이다. (boy band)

3 그녀는 단지 얼굴만 예쁜 게 아니었다. (a pretty face)

4 그의 소설은 젊은 작가들에 영향을 주었다. (novel, young, writers)

5 그녀의 죽음이 사회에 큰 영향을 주었다. (death, huge, the society)

6 수면 부족이 당신의 실적에 부정적인 영향을 줄 수 있다. (lack of sleep, can, negative, performance)

7 Write

다음 문법 사항을 활용하여 영작 연습을 해 보세요.

1 have/has been + 과거분사(p.p.) **~되어 왔다**

These people have been ignored for years. 이 사람들은 수년 동안 무시 받아 왔다.

My requests have been rejected. 나의 요구는 거절되어 왔다.

The poor child has been abused since then. 그 이후로 그 불쌍한 아이는 학대받아 왔다.

2 one of the + 형용사의 최상급 + 복수명사 **가장 ~한 (명사) 중 하나**

You are one of the tallest students. 너는 가장 키가 큰 학생 중 하나이다.

I am one of the smartest workers here. 나는 여기서 가장 똑똑한 직원 중 하나이다.

Messi is one of the greatest soccer players of all time.
Messi는 역사상 가장 훌륭한 축구선수 중 하나이다.

8 Writing Check

위의 문법 사항을 활용해 다음 문장을 영작해 보세요.

1 저는 큰 사랑을 받아 왔어요. (love, enormously)

2 그 건물은 그들에 의해서 소유되어 왔어요. (building, own, by)

3 만 명 이상의 군인들이 2020년 이후로 죽임을 당해왔다. (more than, 10,000, soldiers, kill, since)

4 Elon Musk는 미국에서 가장 부유한 CEO 중 하나이다. (rich, CEO, in America)

5 이것이 세계에서 가장 긴 터널 중 하나입니다. (this, long, tunnel, in the world)

6 엑소시스트는 지금껏 가장 무서운 영화 중 하나이다. (*The Exorcist*, scary, movie, ever)

Unit 2

BENEFITS OF HEALTHY DIET

1 Listen & Read

먼저 음원을 듣고 나서 지문을 읽어 보세요.

Everyone knows that a healthy diet is good for our body. However, do you know that it can help boost our brain power, too? It's true! One of the best foods to improve brain power is fish. Fish contain omega-3 fatty acids. This type of fat will help your brain function at a high level. Scientists suggest that eating fish can help improve memory and learning ability. There are also many other foods that are good for our brain. Some include nuts, fruits, and vegetables. These foods have protein, lots of fiber, and healthy fats that brains need. In addition, they also help reduce stress and illness. How about changing your eating habits starting today?

건강식이 우리 몸에 좋다는 것은 누구나 안다. 그러나 그것이 두뇌활동을 촉진하는 데에도 도움을 줄 수 있다는 것 역시 알고 있는가? 그것은 사실이다! 지적 능력을 개선하는 가장 좋은 음식 중 하나는 생선이다. 생선은 오메가3 지방산을 함유하고 있다. 이러한 유형의 지방은 두뇌가 높은 수준에서 기능할 수 있도록 도와준다. 과학자들은 생선을 먹는 것이 기억력과 학습 능력을 향상시키는 데 도움을 줄 수 있다고 말한다. 또한, 우리 두뇌에 좋은 많은 다른 음식들이 있다. 몇몇은 견과류, 과일, 그리고 채소가 포함된다. 이러한 음식에는 뇌가 필요로 하는 단백질, 다량의 섬유질, 그리고 건강에 좋은 지방이 들어 있다. 게다가, 그것들은 또한 스트레스와 질병을 줄이는 데 도움을 준다. 오늘부터 시작해서 식습관을 바꿔보는 것이 어떨까?

2 Vocabulary & Pronunciation

다음 어휘를 발음에 유의하며 크게 말해 보세요.

diet n. 식단	**boost** v. ~을 신장시키다	**improve** v. ~을 향상시키다
contain v. ~을 함유하다	**function** v. 기능하다	**suggest** v. 제안하다
ability n. 능력	**protein** n. 단백질	**habit** n. 버릇, 습관

3 Vocabulary Check 1

다음 빈칸에 들어갈 알맞은 단어를 2번 어휘에서 찾아 넣으세요.

1 Jisoo는 영어 실력을 향상시키기 위해 미국 TV 시리즈를 본다.
Jisoo watches American TV series to ______________ her English.

2 오늘날의 많은 영화는 잔인한 폭력 장면을 포함하고 있습니다.
Lots of movies nowadays ______________ graphic scenes of violence.

3 나는 그가 팀을 관리할 능력이 있다고 생각하지 않습니다.
I don't think he has the ______________ to manage a team.

4 Vocabulary Check 2

다음 설명에 해당하는 단어를 2번 어휘에서 찾아 넣으세요.

1 ______________ : to work in the correct or intended way

2 ______________ : to tell someone your ideas about what they should do, where they should go, etc.

3 ______________ : something that you do regularly or usually, often without thinking about it

5 Speak

다음 표현을 활용하여 말해 보세요.

1 lots of ~ 많은 ~

The company has lots of employees. 그 회사는 많은 직원이 있다.

You need to drink lots of water. 너는 많은 물을 마셔야 돼.

The soldiers captured lots of civilians. 그 군인들은 많은 민간인을 포로로 잡았다.

2 In addition 게다가

Jason is wealthy. In addition, he is good-looking. Jason은 부유해요. 게다가 그는 잘생겼어요.

I work out every day. In addition, I take yoga classes.
나는 매일 운동합니다. 게다가 요가 수업도 들어요.

The company sells cosmetics. In addition, they make sportswear.
그 회사는 화장품을 팔아요. 게다가 스포츠웨어도 만들어요.

6 Speaking Check

위의 표현을 참고하고 다음 주어진 단어를 활용하여 문장을 말해 보세요.

1 나는 지난주에 많은 것을 했지. (do, things, last week)

2 그 용의자는 자신에 관한 많은 거짓을 말했다. (suspect, tell, lies, about himself)

3 그 시장은 뉴욕시민으로부터 많은 지지를 얻었다. (mayor, gain, support, from, New Yorkers)

4 너는 아내가 있잖아. 게다가 두 명의 예쁜 아이도 있잖아. (have, wife, two, beautiful, children)

5 그녀는 그 계약서를 이메일로 보냈어. 게다가 그것을 팩스로 보냈어. (email, contract, fax)

6 그는 총을 몇 발 쐈다. 게다가 그 가게에 불을 질렀다. (fire, several shots, set, store, on fire)

7 Write

다음 문법 사항을 활용하여 영작 연습을 해 보세요.

1 help + (to) 동사원형 ~하는 것을 돕다

I came to help to finish the project. 프로젝트 끝내는 것을 도우려 내가 왔어.

Robotic arms help carry dangerous objects. 로봇 팔은 위험한 물체를 옮기는 것을 돕는다.

This sunscreen helps protect your skin from UV damage.
이 선크림은 자외선 손상으로부터 당신의 피부를 보호하는 데 도움이 됩니다.

2 there are[there're] + 복수명사 ~(들)이 있다

There are people at the beach. 해변에 사람들이 있어요.

There are requests for more information. 더 많은 정보에 대한 요청이 있어요.

There're alternatives to diesel fuel. 디젤 연료를 대체할 수 있는 것들이 있어요.

8 Writing Check

위의 문법 사항을 활용해 다음 문장을 영작해 보세요.

1 내가 그 과제 시작하는 것을 도울게. (will, start, assignment)

2 이 책은 당신의 문제를 극복하는 데 도움이 됩니다. (this book, overcome, problems)

3 커피는 정신을 바짝 차리는 데 도움이 된다. (coffee, stay, alert)

4 캐비닛 안에 사무용품이 있어요. (office supply, in the cabinet)

5 아래층에 손님들이 와 계십니다. (guest, downstairs)

6 화면에 긁힌 자국이 많이 있다. (many, scratch, on the screen)

Unit 3

INTERESTING JOBS IN TECHNOLOGY

1 Listen & Read

먼저 음원을 듣고 나서 지문을 읽어 보세요.

There are two types of hackers: ethical professionals, who deserve to use the title "hacker", and criminals, who hurt people through cyberspace. Ethical hackers are highly skilled computer professionals who range in age from young teenagers to older adults. Organizations concerned about their own network's safety hire them. Ethical hackers will, with your permission, try to break into your site to find the weaknesses, and then help you fix them. Ethical hackers also are software developers who write security and firewall software. Bad hackers, on the other hand, are usually teens or people in their early twenties who break into other people's computer systems, usually to show off, for thrills, or the challenge of doing something dangerous.

해커에는 두 종류가 있다. "해커"라는 타이틀을 얻기에 부족함이 없는 도덕적인 전문가들과 가상공간에서 사람들에게 해를 입히는 범죄자들. 도덕적인 해커들은 고도로 숙련된 컴퓨터 전문가들로, 어린 십 대에서 나이 많은 성인들까지 속한 연령대가 넓다. 네트워크의 안전성을 걱정하는 기관들이 그들을 고용한다. 도덕적인 해커들은 당신의 허락을 받아 당신 컴퓨터의 취약점을 찾기 위해 당신 사이트에 침입하고 그 취약점을 고칠 수 있게 도와준다. 또한 도덕적인 해커들은 보안과 방화벽 소프트웨어를 짜는 소프트웨어 개발자들이기도 하다. 반면에, 나쁜 해커들은 보통 십 대나 이십 대 초반으로 자기 과시나 스릴, 또는 뭔가 위험한 일에 대한 도전 때문에 다른 사람들의 컴퓨터 시스템에 침입하는 사람들이다.

정답 p.52

2 Vocabulary & Pronunciation

다음 어휘를 발음에 유의하며 크게 말해 보세요.

ethical a. 윤리적인, 도덕적인	professional n. 전문가	deserve v. ~할 가치가 있다
criminal n. 범죄자	concerned a. 걱정하는	permission n. 허락
security n. 보안	show off 으스대다, 자랑하다	challenge n. 도전, 어려움

3 Vocabulary Check 1

다음 빈칸에 들어갈 알맞은 단어를 2번 어휘에서 찾아 넣으세요.

1 남자애들은 여자애들이 있을 때 대개 으스대려고 한다.
Boys usually try to ______________ when girls are around.

2 우리 회사는 심각한 재정난을 겪고 있어.
My company is facing a serious financial ______________.

3 그들은 부정행위를 했기 때문에 우승할 가치가 없어.
They don't ______________ to win because they cheated.

4 Vocabulary Check 2

다음 설명에 해당하는 단어를 2번 어휘에서 찾아 넣으세요.

1 ______________ : someone who works in a job that needs special education and training, such as a doctor, lawyer, or architect

2 ______________ : someone who has committed a crime

3 ______________ : the act of allowing someone to do something

5 Speak

다음 표현을 활용하여 말해 보세요.

1 on the other hand 반면에

I, on the other hand, live in a condo. 반면에 나는 아파트에 살아.

Matt, on the other hand, lacks computer skills. 반면에 Matt는 컴퓨터를 잘 못 다뤄.

Erin, on the other hand, speaks Spanish. 반면에 Erin은 스페인어를 해.

2 break into ~ ~에 침입하다, ~을 억지로 열다

Someone tried to break into my car. 누군가가 내 차에 침입하려고 했다.

No one can break into my network. 아무도 내 네트워크에 침입할 수 없지.

They failed to break into the safe. 그들은 금고를 따는 데 실패했다.

6 Speaking Check

위의 표현을 참고하고 다음 주어진 단어를 활용하여 문장을 말해 보세요.

1 반면에 그들은 호화로운 요트를 소유하고 있어요. (own, luxurious, yacht)

2 반면에 Sofia는 담배를 끊었어요. (quit smoking)

3 반면에 내 직장 상사는 충격을 받았어. (boss, have a meltdown)

4 아무도 새로운 사무실에 침입할 수가 없어요. (nobody, can, new, office)

5 도둑 한 명이 어젯밤에 내 집에 침입했나. (thief, house, last night)

6 그 십 대들은 그 판매점에 침입하길 원했다. (teenagers, want, store)

7 Write

다음 문법 사항을 활용하여 영작 연습을 해 보세요.

1 사람 + who + 동사 ~하는 사람

The doctor who is talking to your mom is my fiancée.
너희 어머니랑 얘기를 하고 있는 의사가 내 약혼녀이다.

I know a man who works for the government. 나는 정부에서 일하는 사람 한 명을 알아요.

My children are the girls who are waving at me. 내 아이들은 나에게 지금 손을 흔드는 여자애들이에요.

Tips who 앞에 있는 사람(명사)을 선행사라 하며 동사는 선행사와 수 일치가 되어야 한다. (a man who works → two men who work)

2 –one/body/thing + 형용사 ~한 사람/것

They need someone highly intelligent. 그들은 매우 똑똑한 사람이 필요해요.

We didn't find anybody qualified for the job. 우리는 그 일에 적합한 어떤 사람도 못 찾았어요.

There is nothing special about the movie. 그 영화에는 특별한 게 없어.

8 Writing Check

위의 문법 사항을 활용해 다음 문장을 영작해 보세요.

1 동물을 사랑하는 사람들은 대개 착하다. (people, love, animals, usually, nice)

2 보안은 혼자 사는 사람에게는 중요하다. (security, important, to, someone, live, alone)

3 치위생사는 치과의사를 도와주는 사람입니다. (a dental hygienist, a person, assist, a dentist)

4 아는 분 중에 똑똑하고 부지런한 사람이 있을까요? (know, anyone, smart, and, diligent)

5 우리는 신뢰할 수 있는 사람을 고용해야 해요. (should, hire, somebody, reliable)

6 그 관리자는 무언가를 잘못하고 있어. (manager, do, something, wrong)

Unit 4

SCOTTISH CULTURE & TRADITIONS

1 Listen & Read

먼저 음원을 듣고 나서 지문을 읽어 보세요.

Do Scottish men wear skirts? In truth, they don't. Scottish men wear kilts, not skirts. The kilt is part of the traditional dress in Scotland. Traditionally Scottish men wear kilts with other clothes and accessories such as a jacket, socks, special footwear, and a weapon. It is easy to spot someone wearing a kilt because of its special tartan or checkered pattern. Each pattern is unique! Kilts first appeared in the 16th century, and the style has changed over the years. Nowadays, most men in Scotland wear kilts only on formal occasions, much like a tuxedo in America or hanbok in Korea.

스코틀랜드 남자들은 치마를 입는가? 사실 그렇지 않다. 스코틀랜드 남자들은 킬트(kilt)를 입는 것이지 치마를 입는 것이 아니다. 킬트는 스코틀랜드 전통 의상 중 하나이다. 전통적으로 스코틀랜드 남자들은 다른 옷과 재킷, 양말, 특수화, 그리고 무기와 같은 장신구를 킬트와 함께 착용한다. 특별한 타탄 혹은 체크무늬 때문에 킬트를 입은 사람을 발견하기는 매우 쉽다. 각각의 무늬는 독특하다! 킬트는 16세기에 처음으로 등장했으며, 그 스타일은 수년간 변화했다. 오늘날 대부분의 스코틀랜드 남자들은 공식적인 경우에만 킬트를 입는다. 그것은 미국의 턱시도나 한국의 한복과 매우 흡사하다.

2 Vocabulary & Pronunciation

다음 어휘를 발음에 유의하며 크게 말해 보세요.

traditional a. 전통적인	**footwear** n. 신발	**weapon** n. 무기
spot v. 발견하다	**unique** a. 독특한	**appear** v. 나타나다
century n. 1세기, 100년	**formal** a. 격식을 차린, 형식적인	**occasion** n. 특별한 일, 행사

3 Vocabulary Check 1

다음 빈칸에 들어갈 알맞은 단어를 2번 어휘에서 찾아 넣으세요.

1 우리는 그 회사에 대해 정식으로 소송을 제기할 것입니다.
We will file a ______________ complaint against the company.

2 이제 화면에 그림이 하나 나타날 것입니다.
Now an image will ______________ on the screen.

3 자기 자녀가 가진 잠재력을 발견하는 것은 쉽지 않다.
It's not easy to ______________ your own child's potential.

4 Vocabulary Check 2

다음 설명에 해당하는 단어를 2번 어휘에서 찾아 넣으세요.

1 ______________ : following the customs or ways of behaving that have continued in a group of people for a long time

2 ______________ : different from everyone and everything else

3 ______________ : an important social event or ceremony

5 Speak

다음 표현을 활용하여 말해 보세요.

1 because of ~ ~ 때문에

He got fired because of his mistake. 그는 자신의 실수 때문에 해고당했다.

We were late because of the traffic. 우리는 길이 막혀서 지각했어요.

I moved out because of my job. 저는 제 직장 때문에 분가했어요.

2 over the years 수년간

The company has gained my trust over the years. 그 회사는 수년간 나의 신뢰를 얻었다.

We have dealt with the problem over the years. 우리는 수년간 그 문제를 처리해왔다.

They have been successful over the years. 그들은 수년간 성공적이었다.

6 Speaking Check

위의 표현을 참고하고 다음 주어진 단어를 활용하여 문장을 말해 보세요.

1 당신 때문에 내가 난처하게 됐어요. (in, big trouble)

2 그 승객은 지연 때문에 기분이 언짢았다. (passenger, upset, the delay)

3 그 커플은 그녀의 질투심 때문에 헤어졌다. (couple, break up, jealousy)

4 그들은 수년간 많은 전쟁에서 패배했다. (lose, many, battles)

5 우리는 수년간 좋은 친구로 지내왔어요. (be, good friends)

6 그의 건강 상태는 수년간 더 악화되었어요. (health condition, get, worse)

7 Write

다음 문법 사항을 활용하여 영작 연습을 해 보세요.

1 each + 단수명사 각각의 (명사)

I paid $100 for each item. 나는 각각의 물건에 $100를 지불했다.

Each employee received a special bonus. 각각의 직원은 특별 상여금을 받았다.

The Watsons go to the gym each day. Watson 부부는 매일 헬스클럽에 간다.

2 명사 + 전치사구 ~인 (명사)

All the students in my class are committed. 우리 반의 모든 학생들은 열성적이다.

The magazines on the shelf are for kids. 책장에 있는 잡지는 어린이용이다.

The package at the door belongs to me. 문가에 있는 소포는 내 것이다.

8 Writing Check

위의 문법 사항을 활용해 다음 문장을 영작해 보세요.

1 나는 설문 조사에 있는 모든 질문에 답을 했다. (answer, question, in the survey)

2 각각의 기계는 $10,000의 비용이 들어요. (machine, cost)

3 각각의 사람들이 엘리베이터에서 내렸다. (person, step, out of, the elevator)

4 우리는 시청 옆에 있는 호텔에서 머물렀다. (stay, at, hotel, next to, City Hall)

5 저 나무 아래에 있는 벤치에 앉자. (sit, on, bench, under, that tree)

6 식탁 위에 있는 전등은 고장 났어. (lamp, over, table, is broken)

Unit 5

A LOVE STORY ON THE COURT

1 Listen & Read

먼저 음원을 듣고 나서 지문을 읽어 보세요.

Soccer scores are easy to understand. They start at 0 (“zero” or “nil”) and increase one point at a time. But tennis scores? They are totally different. For a start, they don’t say “zero” or “nil” in tennis. Instead, they say “love.” Thus, the score at the start of a tennis match is “love all.” It means both players have a score of zero. After that, the scores become even more confusing. But let’s not worry about that now. Learn to play tennis and you will soon understand. For now, let’s just see why zero in tennis is love. You may be surprised. The answer lies in eggs. You see, the shape of an egg is like a zero. That’s why people say “goose egg” for “zero” sometimes in American baseball games. But tennis was invented in France, and “egg” is “l’oeuf” in French. It sounds like “love” in English. And that’s how “zero” became “love” in tennis.

*goose egg 야구 경기에서 양 팀이 한 점도 득점하지 못해서 0의 행렬이 계속되는 경우, 득점판에 마치 거위 알 같은 동그라미가 쭉 이어진다고 해서 붙여진 말이다.

축구 점수는 이해하기 쉽다. 그것은 0에서 시작해서 한 번에 1점씩 올라간다. 하지만 테니스의 점수는? 그것은 완전히 다르다. 우선, 테니스에서는 ‘0’이나 ‘무(無)’라고 하지 않는다. 대신, ‘love’라고 한다. 따라서 테니스 경기 시작 점수는 ‘love all’이다. 이는 두 선수가 0점이라는 뜻이다. 그 후, 점수는 훨씬 더 복잡해진다. 하지만 지금 그것을 걱정하지는 말자. 테니스 치는 법을 배우면 곧 이해하게 될 것이다. 지금은 왜 테니스에서 ‘0’이 ‘love’인지 알아보자. 당신은 아마도 놀라게 될 거다. 그 해답은 달걀에 있다! 여러분도 알다시피 달걀의 형태는 0과 비슷하다. 그래서 때때로 미국 야구 경기에서 ‘0’ 대신 ‘goose egg’라고 하는 것이다. 하지만 테니스는 프랑스에서 고안되었고, ‘달걀’은 프랑스어로 ‘l’oeuf’이다. 그것은 영어의 ‘love’와 소리가 비슷하다. 이렇게 해서 ‘0’이 테니스에서는 ‘love’가 된 것이다.

2 Vocabulary & Pronunciation

다음 어휘를 발음에 유의하며 크게 말해 보세요.

score n. 득점, 점수	**totally** ad. 완전히	**instead** ad. 대신에
thus ad. 따라서	**match** n. 경기	**confusing** a. 혼란스러운
lie v. 있다, 놓여 있다	**shape** n. 형태, 모양	**invent** v. 발명하다, 고안하다

3 Vocabulary Check 1

다음 빈칸에 들어갈 알맞은 단어를 2번 어휘에서 찾아 넣으세요.

1 북한은 한국과 완전히 다르다.
North Korea is ______________ different from South Korea.

2 그 식탁은 모양이 동그란 형태이다.
The dining table is round in ______________.

3 이곳의 지하철 체계는 매우 혼란스럽다.
The metro system here is very ______________.

4 Vocabulary Check 2

다음 설명에 해당하는 단어를 2번 어휘에서 찾아 넣으세요.

1 ______________ : to make, design, or think of a new type of thing

2 ______________ : an organized sports event between two teams or people

3 ______________ : the number of points that each team or player has won in a game or competition

5 Speak

다음 표현을 활용하여 말해 보세요.

1 worry about ~ ~에 대해 걱정하다

Don't worry about me. 제 걱정하지 마세요.

Most girls worry about their weight. 대부분의 여자아이들은 체중에 대해 걱정을 한다.

You have nothing to worry about. 당신은 걱정할 필요가 없어요.

2 for now 지금은, 당분간은, 우선

Let's focus on the sales figure for now. 지금은 매출액에 집중을 합시다.

Take this painkiller for now. 우선 이 진통제를 먹어.

I need to be alone for now. 지금은 혼자 있어야 할 것 같아요.

6 Speaking Check

위의 표현을 참고하고 다음 주어진 단어를 활용하여 문장을 말해 보세요.

1 부모님들은 항상 자신의 아이들에 대해 걱정한다. (parents, always, children)

2 우리는 모두 자신의 건강에 대해 걱정한다. (all, health)

3 결과에 대해서 걱정하지 말자. (let's not, the consequences)

4 당분간은 여기에 머무르는 게 어때? (how about, stay, here)

5 우선 내 신용카드로 그것을 지불하세요. (pay, with, credit card)

6 우리는 당분간은 원래 계획을 계속해 나갈 필요가 있어요. (need to, stick with, the original plan)

7 Write

다음 문법 사항을 활용하여 영작 연습을 해 보세요.

1 형용사 + to 동사원형 ~하기에 …한

This question is easy to solve. 이 문제는 풀기에 쉽다.

His handwriting is difficult to read. 그의 글씨는 읽기에 힘들어.

The box was heavy to lift alone. 그 상자는 혼자 들기에 무거웠다.

2 may + be동사 ~일지도 모른다

He may be our new boss. 그는 우리의 새 상사일지도 몰라.

Patrick may be divorced. Patrick은 이혼했을지도 모른다.

The lawnmower may be in the barn. 잔디깎이가 헛간에 있을지도 몰라.

8 Writing Check

위의 문법 사항을 활용해 다음 문장을 영작해 보세요.

1 이 스포츠카는 유지하기에 비용에 많이 든다. (sports car, expensive, maintain)

2 그녀의 영국식 억양은 이해하기 힘들어. (British, accent, hard, understand)

3 물이 다이빙해서 들어가기에는 차가워요. (the water, cold, dive into)

4 이 그림은 모조품일지도 몰라요. (painting, a fake copy)

5 그 문제는 경미한 것일 수도 있어. (problem, minor)

6 그의 세발자전거는 차고에 있을지도 몰라. (tricycle, garage)

Unit 6

HOW DESERT ANIMALS SURVIVE

1 Listen & Read

먼저 음원을 듣고 나서 지문을 읽어 보세요.

It's hard to imagine how anything can survive in the desert. Food and water can be very hard to find in the desert. The heat during the day is so strong, and at night you can feel cold. However, it's also true that many animals and plants feel at home in the desert. For instance, many different types of snakes and lizards thrive in the hot weather. They can survive because they are cold-blooded. Lizards absorb heat from the sun through their skin. Then, they change the heat into energy and store it in their bodies. As a result, lizards can survive for a long time without food.

사막에서는 무엇이든 어떻게 살아남을 수 있을지 상상하기 어렵다. 사막에서는 음식과 물을 찾기 매우 어려울 수 있다. 낮 동안에는 열기가 매우 강하고, 밤에는 추울 것이다. 그러나 많은 동물과 식물이 사막에서 편안함을 느끼는 것 또한 사실이다. 예를 들어, 많은 종류의 뱀과 도마뱀이 뜨거운 날씨에서 번성한다. 그들은 냉혈동물이기 때문에 살아남을 수 있다. 도마뱀은 피부를 통해 태양으로부터 열을 흡수한다. 그리고 그 열을 에너지로 바꾸어 몸에 저장한다. 그 결과 도마뱀은 오랫동안 음식이 없이도 생존할 수 있다.

2 Vocabulary & Pronunciation

다음 어휘를 발음에 유의하며 크게 말해 보세요.

survive v. 살아남다, 생존하다	**desert** n. 사막	**heat** n. 열기, 더위
lizard n. 도마뱀	**thrive** v. 성장하다, 잘 자라다	**weather** n. 날씨
absorb v. 흡수하다	**store** v. 저장하다	**body** n. 몸, 신체

3 Vocabulary Check 1

다음 빈칸에 들어갈 알맞은 단어를 2번 어휘에서 찾아 넣으세요.

1 당신의 휴가 때 날씨가 어땠나요?
What was the ____________ like on your holiday?

2 대구는 그곳의 엄청난 여름 더위로 유명하다.
Daegu is well known for its crazy summer ____________.

3 대부분의 식물은 흙에서 영양분을 흡수한다.
Most plants ____________ nutrients from the soil.

4 Vocabulary Check 2

다음 설명에 해당하는 단어를 2번 어휘에서 찾아 넣으세요.

1 ____________ : to become very successful or very strong and healthy

2 ____________ : to continue to live in spite of many problems

3 ____________ : to put things away and keep them until you need them

5 Speak

다음 표현을 활용하여 말해 보세요.

1 feel at home 마음이 편안하다, 편한 마음을 갖다

I always feel at home in London. 나는 런던에서 마음이 항상 편안해요.

My coworkers made me feel at home. 내 직장동료들이 내가 편한 마음을 갖게 만들었다.

Walking helps me feel at home. 걷는 게 내가 편한 마음을 갖는 데 도움이 돼요.

2 for a long time 오랫동안

They talked with me for a long time. 그들은 오랫동안 나에게 이야기했다.

Many fans waited outside for a long time. 많은 팬이 오랫동안 밖에서 기다렸다.

All of us want to work here for a long time. 우리 모두는 여기서 오랫동안 일하고 싶어요.

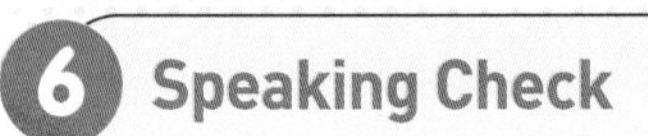

6 Speaking Check

위의 표현을 참고하고 다음 주어진 단어를 활용하여 문장을 말해 보세요.

1 나는 사무실에서 편안하게 느껴요. (at the office)

2 그녀는 자신의 새로운 환경에서 편안하게 느낄 것이다. (will, in, new, environment)

3 그 직원들은 그녀가 편안하게 느끼도록 만들었다. (staff)

4 그 방은 오랫동안 비어 있었다. (room, empty)

5 그들의 발표는 오랫동안 지속되었다. (presentation, last)

6 캐나다 대사는 여기에서 오랫동안 머무를 것이다. (the Canadian ambassador, will, stay, here)

7 Write

다음 문법 사항을 활용하여 영작 연습을 해 보세요.

1 feel + 형용사 **~하게 느끼다**

I feel guilty. 나는 죄책감이 들어요.

Something feels wrong. 무언가가 잘못된 느낌이 들어요.

The winner felt proud. 우승자는 자랑스럽게 느꼈다.

Tips 동사 feel의 과거형과 과거분사형은 felt이다. (feel–felt–felt)

2 It is + 형용사 + that ~ **~라는 것은 …하다**

It is surprising that she is having another baby. 그녀가 또 임신했다는 것은 놀랍다.

It is wrong that we make less than the minimum wage. 우리가 최저시급보다 적게 버는 것은 잘못됐다.

It is understandable that Kelly didn't get the promotion. Kelly가 승진하지 못한 것은 타당하다.

Tips 여기서 it은 that절을 대신하는 가주어이므로 '그것'으로 해석하지 않는다.

8 Writing Check

위의 문법 사항을 활용해 다음 문장을 영작해 보세요.

1 내 피부는 부드럽게 느껴져요. (skin, soft)

2 많은 아이들은 외로움을 느낍니다. (many, children, lonely)

3 그는 자신의 동료들 앞에서 창피함을 느꼈다. (embarrassed, in front of, peers)

4 회사가 더 많은 인턴을 채용하고 있는 것은 터무니없다. (ridiculous, the company, hire, interns)

5 그가 나에게 거짓말했다는 것이 실망스럽다. (disappointing, lie to)

6 우리 팀이 결승전에 진출할 것은 예상할 수 있다. (predictable, team, will, advance, to, the finals)

Unit 7 MUSIC TO OUR EARS

 1 Listen & Read

먼저 음원을 듣고 나서 지문을 읽어 보세요.

Health care professionals use music to help patients improve their health. Today many hospitals use music with medication to reduce pain. There is evidence that music therapy can reduce high blood pressure, depression, and sleeplessness. Music is also effective when someone is relearning how to walk. The rhythm can help an injured person take a step, and then another. Researchers are examining how music can cure diseases. Why don't you listen to cheerful music when you feel sad or depressed? It may make you feel happy.

의료서비스 전문가들은 환자들의 건강 개선을 돕기 위해서 음악을 사용한다. 오늘날 많은 병원에서 통증을 줄이기 위해서 약물치료와 음악을 함께 사용한다. 음악 치료법이 고혈압, 우울증, 불면증을 감소시킬 수 있다는 증거가 있다. 음악은 또한 걷는 법을 다시 배우는 사람에게 효과적이다. 음악의 리듬은 상처를 입은 사람이 한 발, 또 한 발 내딛는 것을 도울 수 있다. 연구원들은 음악이 어떻게 질병을 치료할 수 있는지 연구 중이다. 슬프거나 우울할 때 경쾌한 음악을 듣는 것이 어떤가? 당신을 행복하게 만들어줄지도 모른다.

2 Vocabulary & Pronunciation

다음 어휘를 발음에 유의하며 크게 말해 보세요.

patient n. 환자	**medication** n. 약, 약물치료	**reduce** v. 줄이다
evidence n. 증거	**depression** n. 우울증	**effective** a. 효과적인
examine v. 검토하다, 관찰하다	**cure** v. 치유하다	**cheerful** a. 발랄한, 생기를 주는

3 Vocabulary Check 1

다음 빈칸에 들어갈 알맞은 단어를 2번 어휘에서 찾아 넣으세요.

1 Jones 박사는 그 환자를 살리기 위해 모든 것을 했다.
Dr. Jones did everything to save the ____________.

2 그의 진술을 지지할만한 증거는 없습니다.
There is no ____________ to support his statement.

3 이 약은 매 식사 전에 먹으면 아주 효과적입니다.
This medicine is highly ____________ when taken before each meal.

4 Vocabulary Check 2

다음 설명에 해당하는 단어를 2번 어휘에서 찾아 넣으세요.

1 ____________ : to look at something carefully in order to find out about it or see what it is like

2 ____________ : to make something smaller or less in size, amount, or price

3 ____________ : to make an illness or medical condition go away

5 Speak

다음 표현을 활용하여 말해 보세요.

1 how to ~ ~하는 방법

I don't know how to do this. 나는 이것을 하는 방법을 몰라요.

Show me how to upload photos. 사진을 게재하는 방법을 보여줘.

Flynn taught me how to fly a drone. Flynn은 내게 드론을 날리는 방법을 가르쳐주었다.

2 Why don't you ~? ~하는 게 어때?

Why don't you give him a call? 그에게 전화를 하는 것은 어때?

Why don't you click 'Like'? '좋아요' 버튼을 누르는 것은 어때?

Why don't you delete this sentence? 이 문장을 삭제하는 것은 어때?

6 Speaking Check

위의 표현을 참고하고 다음 주어진 단어를 활용하여 문장을 말해 보세요.

1 이것을 바로잡는 법을 말해줘. (tell, straighten out)

2 나는 인터넷에 접속하는 방법을 알아. (know, get online)

3 모두 이 기계를 운용하는 방법을 배웠습니다. (everyone, learn, operate, machine)

4 그의 사과를 받아들이는 게 어때? (accept, apology)

5 바람 좀 쐬고 오는 게 어때요? (get, some, fresh, air)

6 당신의 남편을 좀 봐주는 게 어때요? (give, husband, a break)

7 Write

다음 문법 사항을 활용하여 영작 연습을 해 보세요.

1 명사 + that + 주어 + 동사 + (목적어/보어) ~라는 (명사)

I like the fact that I can buy that car. 나는 내가 저 자동차를 살 수 있다는 사실이 좋아요.

Did you hear the news that the President passed away? 대통령께서 돌아가셨다는 소식 들었니?

There is a possibility that Liam is your biological son. Liam이 당신의 친아들일 가능성이 있습니다.

2 make + A + feel + 형용사 A가 ~하게 느끼도록 만들다

Their smiles make me feel welcome. 그들의 미소는 내가 환영받는다는 느낌을 준다.

Running makes her feel alive. 달리기는 그녀가 살아있다는 것을 느끼게 해준다.

The movie made his fans feel angry. 그 영화는 그의 팬들을 화나게 만들었다.

8 Writing Check

위의 문법 사항을 활용해 다음 문장을 영작해 보세요.

1 나는 그들이 함께 일하고 있다는 정보가 있어요. (have, information, work, together)

2 그녀가 돌아올 가능성은 있다. (there, a chance, will, come back)

3 이것이 러시아가 민간인을 공격했다는 견해를 뒷받침합니다. (support, the idea, Russia, attack, civilians)

4 가로등은 사람들이 안전하게 느끼도록 해준다. (street lights, people, safe)

5 그의 목소리는 나를 긴장하게 만들었다. (voice, nervous)

6 음악은 방문객들이 편안하게 느끼도록 해준다. (music, visitor, comfortable)

Unit 8

PETS - MORE THAN JUST FRIENDS

1 Listen & Read

먼저 음원을 듣고 나서 지문을 읽어 보세요.

Doesn't it make you feel good when your dog runs over to you and gives you a kiss? Even when someone is in a bad mood, a pet can make him or her feel great! Health care workers use animals to cheer up sick people. It's called animal therapy. It can help people in a lot of ways. Animals can provide comfort for people through physical contact. This helps to reduce loneliness. We use many kinds of animals such as dogs, cats, birds, and rabbits for animal therapy. They are very helpful.

당신의 개가 당신에게 달려들어 뽀뽀할 때 기분이 좋아지지 않는가? 기분이 안 좋은 때조차도 애완동물은 그 사람의 기분을 좋게 해줄 수 있다! 의료서비스 종사자들은 아픈 사람의 기운을 북돋기 위해서 동물을 이용한다. 그것은 동물치료법이라고 불린다. 이것은 사람들을 여러 방면으로 도울 수 있다. 동물은 신체 접촉을 통해 사람들에게 위안을 줄 수 있다. 이는 외로움을 덜어주는 데 도움이 된다. 우리는 개, 고양이, 새, 그리고 토끼 등과 같은 동물을 동물치료법에 이용한다. 이 동물들은 매우 도움이 된다.

2 Vocabulary & Pronunciation

다음 어휘를 발음에 유의하며 크게 말해 보세요.

mood n. 기분	**therapy** n. 치료(법)	**provide** v. 주다, 제공하다
comfort n. 편안, 위로	**physical** a. 신체의, 육체의	**contact** n. 접촉
loneliness n. 외로움	**kind** n. 종류	**helpful** a. 도움이 되는

3 Vocabulary Check 1

다음 빈칸에 들어갈 알맞은 단어를 2번 어휘에서 찾아 넣으세요.

1 그의 충고는 그렇게 <u>도움이</u> 되지는 않았다.
His advice wasn't that ____________.

2 우리는 그 운동선수의 <u>체력에</u> 놀랐다.
We were all surprised by the athlete's ____________ strength.

3 나는 퇴근 후에 집에 도착할 때 보통 <u>기분이</u> 좋다.
I am usually in a good ____________ when I get home after work.

4 Vocabulary Check 2

다음 설명에 해당하는 단어를 2번 어휘에서 찾아 넣으세요.

1 ____________ : the treatment of an illness or injury over a fairly long period of time

2 ____________ : to give something to someone or make it available to them because they need it or want it

3 ____________ : the state of two people or things touching each other

5 Speak

다음 표현을 활용하여 말해 보세요.

1 be in a bad mood **기분이 좋지 않다**

Matilda is in a bad mood. Matilda는 기분이 좋지 않다.

The actors are in a bad mood. 배우들은 기분이 좋지 않아요.

The director was in a bad mood. 그 임원은 기분이 좋지 않았어요.

2 it's called ~ **그것을 ~라고 부른다**

It's called gaslighting. 그것을 가스라이팅이라고 합니다.

It's called narcissism. 그것을 나르시시즘이라고 부른다.

It's called the butterfly effect. 그것을 나비효과라고 한다.

6 Speaking Check

위의 표현을 참고하고 다음 주어진 단어를 활용하여 문장을 말해 보세요.

1 우리는 기분이 좋지 않아요.

2 나의 부모님은 기분이 좋지 않으셨다. (parents)

3 오늘 누군가 기분이 안 좋은가 보네. (someone, today)

4 그것을 사상누각이라고 합니다. (a house of cards)

5 그것을 플라시보 효과라고 부릅니다. (the placebo effect)

6 그것을 초심자의 행운이라고 합니다. (beginner's luck)

7 Write

다음 문법 사항을 활용하여 영작 연습을 해 보세요.

1 give A B A에게 B를 주다

Please give us more food. 제발 우리에게 음식을 더 주세요.

Prof. Park gave me a piece of advice. 박 교수님은 내게 조언을 해주셨다.

The coach has given her numerous chances. 코치님은 그녀에게 수많은 기회를 주셨어.

Tips 동사 give의 과거형은 gave, 과거분사형은 given이다. (give–gave–given)

2 부사 + 형용사 ~이/ ~히/ ~리/ ~게 (형용사)

His lecture is very boring. 그의 강의는 매우 지루하다.

The author's new novel is so intense. 그 작가의 새 소설은 매우 강렬하다.

The travelers felt a little tired. 그 여행객들은 약간 피곤했다.

8 Writing Check

위의 문법 사항을 활용해 다음 문장을 영작해 보세요.

1 나는 당신에게 선택권을 주는 것입니다. (options)

2 그 회사는 그 점원에게 급여를 10% 올려주었다. (company, clerk, a ten percent raise)

3 애완동물들은 우리에게 아주 많은 기쁨을 줄 수 있다. (pet, can, so much, joy)

4 그들의 결혼식은 굉장히 아름다웠어. (wedding, absolutely, beautiful)

5 내 쌍둥이 남동생은 약간 다르게 보여. (twin brother, look, slightly, different)

6 이 공기청정기는 너무 비싸다. (air purifier, too, expensive)

Unit 9

WHO WEARS A WINGSUIT TO SWIM?

1 Listen & Read

먼저 음원을 듣고 나서 지문을 읽어 보세요.

Did you know that a penguin is a bird? A penguin really is a bird, but it cannot fly. Most penguins live in the Antarctic, but some of them live in the temperate regions. Penguins like to swim in the ocean. They spend about half of their lives swimming in the ocean to find food. They use their wings to swim faster. They especially love to eat squid. A special layer of feathers keeps them warm. This is important because most types of penguins live in Antarctica, and they swim in cold water.

여러분은 펭귄이 새라는 것을 알고 있었는가? 펭귄은 진짜 새이지만, 날지는 못한다. 대부분 펭귄은 남극에 살지만, 그중 일부는 온난한 지역에 살기도 한다. 펭귄은 바다에서 수영하기를 좋아한다. 그들은 일생의 절반 가량을 먹이를 찾아 바다에서 수영하며 보낸다. 그들은 더 빨리 수영하기 위해 날개를 사용한다. 그들은 특히 오징어를 즐겨 먹는다. 펭귄의 특수한 깃털 층은 그들을 따뜻하게 보호해준다. 이는 중요하다. 왜냐하면 대부분 종류의 펭귄은 남극 대륙에 살고, 차가운 물속을 헤엄치기 때문이다.

정답 p.54

2 Vocabulary & Pronunciation

다음 어휘를 발음에 유의하며 크게 말해 보세요.

the Antarctic n.남극	**temperate** a. (기후가) 온난한	**region** n. 지역
spend v. (돈/시간을) 쓰다	**ocean** n. 바다	**squid** n. 오징어
layer n. 층	**feather** n. 깃털	**important** a. 중요한

3 Vocabulary Check 1

다음 빈칸에 들어갈 알맞은 단어를 2번 어휘에서 찾아 넣으세요.

1 건강보다 더 중요한 것은 없다.
Nothing's more ______________ than health.

2 이 사막 지역에서는 많은 양의 태양에너지를 얻을 수 있습니다.
You can get lots of solar energy in this desert ______________.

3 Kim 선생님은 자신의 학생들과 더 많은 시간을 보내길 원한다.
Mr. Kim wants to ______________ more time with his students.

4 Vocabulary Check 2

다음 설명에 해당하는 단어를 2번 어휘에서 찾아 넣으세요.

1 ______________ : neither very hot nor very cold

2 ______________ : an amount or piece of a material or substance that covers a surface or that is between two other things

3 ______________ : one of the light soft things that cover a bird's body

5 Speak

다음 표현을 활용하여 말해 보세요.

1 Did you know that~? ~라는 것을 알았나요?

Did you know that Evelyn is in town? Evelyn이 동네에 온 것을 알았니?

Did you know that the office is moving to Busan? 사무실이 부산으로 옮기는 것을 알고 있었나요?

Did you know that Jay and Meg broke up? Jay와 Meg이 헤어진 것을 알고 있었니?

2 love to ~ ~하는 것을 매우 좋아하다

I love to have late night snacks. 나는 야식 먹는 것을 매우 좋아해요.

Americans love to watch fireworks. 미국인들은 불꽃놀이 보는 것을 매우 좋아해요.

Some people love to stick their nose in everything. 어떤 이들은 모든 일에 간섭하기를 매우 좋아해요.

*stick one's nose in (마음대로) 참견하다

6 Speaking Check

위의 표현을 참고하고 다음 주어진 단어를 활용하여 문장을 말해 보세요.

1 당신은 Rose가 오늘 학교에 무단결석한 것을 알고 있었나요? (skip, school, today)

2 당신의 아버지가 사진작가였다는 것을 알고 있었나요? (father, a photographer)

3 당신은 독도가 한국 영토라는 것을 알고 있었나요? (Dokdo, Korean territory)

4 한국인들은 라면을 김치와 함께 먹는 것을 매우 좋아한다. (Korean, eat, ramen, with, kimchi)

5 우리는 주말에 캠핑 가는 것을 매우 좋아해요. (go camping, on the weekend)

6 많은 아이가 핼러윈을 기념하는 것을 매우 좋아한다. (many, kids, celebrate, Halloween)

7 Write

다음 문법 사항을 활용하여 영작 연습을 해 보세요.

1 cannot[can't] + 동사원형 ~할 수 없다

Ostriches cannot fly. 타조는 날 수 없다.

I can't stand him anymore. 더 이상 그를 참을 수가 없어요.

We can't manage it without your help. 당신의 도움 없이는 우리가 그것을 처리할 수 없어요.

2 keep A + 형용사 A를 ~한 상태로 유지하다

My medications keep me alive. 내가 복용하는 약이 나의 생명을 유지합니다.

This goose down jacket will keep you warm. 이 거위 털 재킷이 널 따듯하게 유지해 줄 거야.

A police officer kept us safe. 경찰관 한 명이 우리를 안전하게 지켜주었다.

8 Writing Check

위의 문법 사항을 활용해 다음 문장을 영작해 보세요.

1 (당신 말이) 안 들려요. (hear)

2 인간은 빛보다 더 빨리 이동할 수 없다. (humans, travel, faster than, light)

3 파충류는 이러한 추위를 이겨낼 수 없다. (reptiles, survive, this cold)

4 제 차를 깨끗한 상태로 유지해 주세요. (please, car, clean)

5 제가 계속해서 알려 드릴게요. (will, informed)

6 지속적인 햇빛이 내 식물들을 건강하게 유지해 주었다. (constant, sunlight, plants, healthy)

Unit 10 A WONDERFUL NATURAL WONDER

1 Listen & Read

먼저 음원을 듣고 나서 지문을 읽어 보세요.

Waterfalls are nature's beautiful landmarks. Do you know what the world's highest waterfall is? It is in Canaima National Park in Venezuela. An American pilot, Jimmy Angel, flew over the falls in 1937, so we call it Angel Falls to honor him. How high is Angel Falls? It is 3,212 feet high! That's around 500 feet taller than the world's tallest building. Not surprisingly, Angel Falls is one of Venezuela's top tourist attractions. It is in the jungle. Because of this, it is very difficult to travel to the falls. Only the most adventurous people will ever get the chance to see this great natural wonder.

폭포는 아름다운 자연 명소이다. 여러분은 세상에서 가장 높은 폭포가 무엇인지 아는가? 그것은 베네수엘라의 카나이마 국립공원에 있다. 미국인 전투기 조종사 지미 엔젤이 1937년에 이 폭포 위를 비행했다. 그래서 우리는 그를 기려 그것을 엔젤 폭포라고 부른다. 엔젤 폭포는 얼마나 높은가? 그것은 높이가 3,212피트나 된다! 그것은 세계에서 가장 높은 빌딩보다 500피트가량 높다. 엔젤 폭포가 베네수엘라의 가장 유명한 관광 명소 중 하나라는 것은 그리 놀라운 일이 아니다. 이 폭포는 정글 안에 있다. 이러한 이유로 이 폭포로 여행 가는 것은 매우 어렵다. 가장 모험적인 사람들만이 이 위대한 자연의 경이를 볼 기회를 얻을 것이다.

2 Vocabulary & Pronunciation

다음 어휘를 발음에 유의하며 크게 말해 보세요.

waterfall n. 폭포	**landmark** n. 명소, 랜드마크	**national** a. 국가의, 전국적인
pilot n. 비행기 조종사, 파일럿	**honor** v. 경의를 표하다	**tourist** n. 관광객
attraction n. 명소, 명물	**adventurous** a. 모험을 좋아하는	**wonder** n. 장관, 경이

3 Vocabulary Check 1

다음 빈칸에 들어갈 알맞은 단어를 2번 어휘에서 찾아 넣으세요.

1 우리는 용감한 군인들에게 경의를 표하기 위해 이곳에 모였습니다.
We are here to ______________ the brave soldiers.

2 그는 국립극장에서 공연하도록 허락받았다.
He is allowed to perform in ______________ theater.

3 이 산의 슬로프는 모험을 좋아하는 스노보더들을 끌어 모았다.
These mountain slopes attract ______________ snowboarders.

4 Vocabulary Check 2

다음 설명에 해당하는 단어를 2번 어휘에서 찾아 넣으세요.

1 ______________ : a building or place that is easy to recognize, especially one that helps you recognize where you are

2 ______________ : something interesting or enjoyable to see or do

3 ______________ : something that causes a feeling of great surprise and admiration

5 Speak

다음 표현을 활용하여 말해 보세요.

1 How high is ~? **~는 얼마나 높아요/커요/많아요?**

How high is Mt. Everest? 에베레스트산은 얼마나 높아요?

How high is the gas tax? 주유세는 얼마나 높나요?

How high is the demand for hydrogen vehicles? 수소 차에 대한 수요가 얼마나 많나요?

2 get the chance to ~ **~할 기회를 얻다**

You get the chance to meet the President. 대통령을 만날 기회가 주어집니다.

We will get the chance to see an aurora. 우리는 오로라를 볼 기회를 얻을 거예요.

He didn't get the chance to say goodbye to her. 그는 그녀에게 작별 인사할 기회를 얻지 못했다.

6 Speaking Check

위의 표현을 참고하고 다음 주어진 단어를 활용하여 문장을 말해 보세요.

1 천장은 얼마나 높나요? (the ceiling)

2 위험성은 얼마나 커요? (the risk)

3 실업률은 얼마나 높나요? (the unemployment rate)

4 당신은 영어를 배울 기회가 주어집니다. (learn, English)

5 그들은 무대에서 공연할 기회를 얻을 거예요. (will, perform, on stage)

6 제 자신을 증명해 보일 기회를 얻지 못했어요. (prove, myself)

7 Write

다음 문법 사항을 활용하여 영작 연습을 해 보세요.

1 Do you know + 의문사 + 주어 + 동사 ~? **~인지 알아요?**

Do you know who I am? 내가 누군지 아니?

Do you know what this means? 이것이 무엇을 의미하는지 알아요?

Do you know why she lied to you? 그녀가 왜 네게 거짓말했는지 아니?

2 call A B **A를 B라고 부르다**

They call him MJ. 사람들은 그를 MJ라고 불러요.

Can I call you "Mom?" (당신을) 엄마라고 불러도 돼요?

My friends call me "Mr. Know-It-All." 친구들은 저를 '잘난척쟁이'라고 불러요.

8 Writing Check

위의 문법 사항을 활용해 다음 문장을 영작해 보세요.

1 그가 어떻게 억만장자가 되었는지 아나요? (how, become, a billionaire)

2 당신은 그녀가 어디에서 일하는지 아시나요? (where, work)

3 그분은 언제 시간이 되시는지 아시나요? (when, available)

4 사람들은 그녀를 '철의 여인'이라 불렀다. ("the Iron Lady")

5 저를 Jenny라고 부르시면 돼요. (can)

6 네 남동생한테 땅꼬마라고 부르지 마라. (please, not, brother, shorty)

Unit 11

PRECAUTIONS FOR DESERT TRAVELING

1 Listen & Read

먼저 음원을 듣고 나서 지문을 읽어 보세요.

Do you want to take a trip to a desert? It would be an exciting adventure! But you have to remember a few things when you travel to a desert. First of all, always make sure that you take enough water with you. Drink at least one or two gallons of water per day. It will be very hot and dry during the day. Also, wear a hat to protect your face from the sun. However, it gets very cold at night. So make sure that you bring enough warm clothes and wear them when you sleep. Finally, wear good hiking boots. You don't want to get blisters on your feet!

*gallon 갤런(약 3.8리터)

사막을 여행하고 싶은가? 그것은 흥미진진한 모험이 될 것이다! 그러나 사막을 여행할 때는 몇 가지를 기억해야 한다. 먼저, 충분한 물을 가져가야 한다는 것을 항상 명심해야 한다. 하루에 적어도 1~2갤런의 물을 마시도록 하라. 낮에는 매우 덥고 건조할 것이다. 또한, 태양으로부터 얼굴을 보호하려면 모자를 써라. 그러나 밤에는 매우 추워진다. 그러므로 따뜻한 옷을 충분히 챙겨가서 잘 때 입도록 하라. 마지막으로 좋은 하이킹 부츠를 신어라. 당신은 발에 물집이 잡히는 것을 원치 않을 것이다!

정답 p.55

2 Vocabulary & Pronunciation

다음 어휘를 발음에 유의하며 크게 말해 보세요.

adventure n. 모험	**remember** v. 기억하다	**make sure** 꼭 ~하다, 확인하다
enough a. 충분한	**at least** 적어도	**per** prep. 각, ~마다
dry a. 건조한, 메마른	**hiking** n. 하이킹, 도보 여행	**blister** n. 물집, 수포

3 Vocabulary Check 1

다음 빈칸에 들어갈 알맞은 단어를 2번 어휘에서 찾아 넣으세요.

1 한국은 하이킹하러 갈 훌륭한 장소가 많다.
Korea has a lot of great places to go ______________.

2 평균 휘발유 가격이 리터당 2,000원에 도달했다.
The average gas price has reached 2,000 won ______________ liter.

3 경찰은 그를 체포할 충분한 증거를 갖고 있지 않았다.
The police didn't have ______________ evidence to arrest him.

4 Vocabulary Check 2

다음 설명에 해당하는 단어를 2번 어휘에서 찾아 넣으세요.

1 ______________ : without water or liquid inside or on the surface

2 ______________ : an exciting experience in which dangerous or unusual things happen

3 ______________ : to have a picture or idea in your mind of people, events, places etc from the past

5 Speak

다음 표현을 활용하여 말해 보세요.

1 **first of all 우선, 먼저**

First of all, you showed up late again. 우선, 당신은 또 늦게 왔군요.

First of all, we have to clean up the mess. 우선, 우리는 이 난장판을 치워야겠다.

First of all, I'd like to thank you for your patience. 우선, 기다려 주셔서 감사하다고 말씀 드리고 싶네요.

2 **make sure (that) ~ 반드시 ~하다**

Please make sure that your seatbelt is fastened. 안전벨트를 맸는지 반드시 확인 바랍니다.

Make sure that you upload the following documents. 다음 서류를 반드시 업로드 해 주세요.

Make sure no one uses the elevator today. 오늘 아무도 엘리베이터를 사용 못하게 해 주세요.

6 Speaking Check

위의 표현을 참고하고 다음 주어진 단어를 활용하여 문장을 말해 보세요.

1 우선, 저희는 착오에 대해서 사과드립니다. (apologize for, the mix-up)

2 우선, 나는 네게 욕한 게 아니야. (call you names)

*call somebody names 험담하다

3 우선, 내 남편에 관한 소문은 사실이 아니다. (the rumor, about, husband, true)

4 이것이 반드시 제시간에 맞춰 도착하도록 해 주세요. (this, arrive, on time)

5 당신의 돈을 반드시 현명하게 투자하도록 하세요. (invest, money, wisely)

6 당신의 차가 반드시 좋은 상태에 있도록 하세요. (car, in good condition)

7 Write

다음 문법 사항을 활용하여 영작 연습을 해 보세요.

1 when + 주어 + 동사의 현재형 ~할 때, ~하면

Call me when you get there. 거기에 도착하면 전화 해.

We watch a movie when the kids go to bed. 우리는 아이들이 잠을 잘 때 영화를 봐요.

What do you do when you are stressed? 스트레스 받으면 당신은 무엇을 하시나요?

2 get + 형용사 ~한 상태가 되다

Take this umbrella and don't get wet. 이 우산 챙겨가고 비에 젖지 마.

Emily will get disappointed. Emily는 실망할 거야.

She got emotional as she recalled her wedding day. 그녀는 자신의 결혼식을 떠올리며 울컥해졌다.

8 Writing Check

위의 문법 사항을 활용해 다음 문장을 영작해 보세요.

1 그녀를 보게 되면 저에게 문자 좀 주세요. (please, text, see)

2 일 마치시면 우리 잠깐 얘기 나눌 수 있을까요? (we, have a word, you, be, done)

3 비가 오면 그들은 대개 실내에서 머무른다. (usually, stay, indoors, it, rain)

4 많은 운전자는 교통체증에 화를 낸다. (many, drivers, angry, in traffic)

5 Tiffany는 어제 술에 취했다. (drunk, last night)

6 긍정적인 사람들은 쉽게 좌절하지 않는다. (optimistic, people, frustrated, easily)

Unit 12 WORLDWIDE LOVE FOR ICE CREAM

1 Listen & Read

먼저 음원을 듣고 나서 지문을 읽어 보세요.

Ice cream is loved by millions of people all over the world. The sweet, cool, and creamy taste makes us happy on hot summer days and nights. Even ancient people loved ice cream. According to historians, the Roman Emperor Nero (A.D. 37-68) enjoyed ice cream. He sent his slaves into the mountains to gather snow and bring it back. Then the slaves mixed the snow with fruit and honey. On the other side of the world, Emperors of T'ang dynasty (A.D. 618-907) enjoyed ice cream, too. They had 94 ice men. The ice men mixed the ice with frozen milk, rice, and flour for the emperors. Ancient ice cream was a real luxury. Only kings and queens could eat it.

아이스크림은 전 세계적으로 수백만 명의 사람들에게 사랑받는다. 달콤하고, 시원하고 부드러운 맛은 뜨거운 여름 밤낮으로 우리를 행복하게 한다. 심지어 고대 사람들도 아이스크림을 사랑했다. 역사학자에 따르면, 로마 황제 네로(서기 37–68)는 아이스크림을 좋아했다. 그는 눈을 모아 가져오게 하기 위해 노예를 산으로 보냈다. 그러고 나서, 노예는 과일과 꿀을 눈에 함께 섞었다. 지구 반대편에서는 중국 당나라(서기 618–907)의 황제들도 아이스크림을 즐겼다. 그들에게는 94명의 얼음 장수가 있었다. 얼음 장수는 황제를 위해 얼린 우유와 쌀, 밀가루에 얼음을 섞었다. 고대의 아이스크림은 정말로 사치스러운 것이었다. 오직 왕과 여왕만이 먹을 수 있었다.

2 Vocabulary & Pronunciation

다음 어휘를 발음에 유의하며 크게 말해 보세요.

ancient a. 고대의	**emperor** n. 황제	**enjoy** v. 즐기다
send v. 보내다	**slave** n. 노예	**gather** v. 모으다
frozen a. 냉동된	**flour** n. 밀가루	**luxury** n. 호화로움, 사치

3 Vocabulary Check 1

다음 빈칸에 들어갈 알맞은 단어를 2번 어휘에서 찾아 넣으세요.

1 제가 그것을 확인해보도록 기술자를 보내드릴게요.
I will ____________ a technician to check it out.

2 내 냉동고는 항상 냉동 육류와 채소로 가득 차 있다.
My freezer is always full of ____________ meat and vegetables.

3 그 영화배우는 세계적으로 유명해졌고 호화스러운 삶을 살았다.
The movie star became world-famous and lived a life of ____________.

4 Vocabulary Check 2

다음 설명에 해당하는 단어를 2번 어휘에서 찾아 넣으세요.

1 ____________ : someone who is owned by another person and works for them for no money

2 ____________ : belonging to a time long ago in history, especially thousands of years ago

3 ____________ : to get things from different places and put them together in one place

5 Speak

다음 표현을 활용하여 말해 보세요.

1 According to ~ ~에 따르면

According to a new report, they will raise interest rates again.
새로운 보고에 의하면 그들이 금리를 다시 올릴 것이라고 합니다.

According to the UN, Africa's economy is at high risk.
UN에 따르면 아프리카의 경제는 큰 위기에 처해 있다.

According to research, the vaccine has no side effects. 연구에 따르면 그 백신은 부작용이 없다.

2 bring ~ back ~을 돌려주다, ~을 다시 데리고 오다

Please bring it back. 그것을 돌려주세요.

Can you bring him back? 그를 다시 데리고 올 수 있나요?

Don't forget to bring my camera back. 내 카메라 갖고 오는 거 잊지 마.

6 Speaking Check

위의 표현을 참고하고 다음 주어진 단어를 활용하여 문장을 말해 보세요.

1 소식통에 따르면 그 커플은 헤어졌다고 한다. (sources, couple, broke up)

2 경찰에 따르면 그 용의자는 십 대 한 명을 살인했다. (the police, suspect, murdered, a teenager)

3 전문가들에 의하면, 그 미사일은 어느 곳이든 도달할 수 있다. (experts, missile, can reach, anywhere)

4 내가 내일 그것들을 돌려줄게. (will, tomorrow)

5 내 친구들은 절대로 내 물건을 되돌려 주지 않아요. (friends, never, stuff)

6 지금 당장 내 아이들을 제게 데리고 오세요! (kids, to, right now)

7 Write

다음 문법 사항을 활용하여 영작 연습을 해 보세요.

1 make + A + 형용사 **A를 ~한 상태로 만들다**

His romantic movies make me sad. 그의 로맨스 영화들은 날 슬프게 만든다.

Does he make you happy? 그가 널 행복하게 만드니?

Her comments made my teammates upset. 그녀의 지적은 우리 팀원들을 언짢게 만들었다.

2 could + 동사원형 **~할 수 있었다**

I could see them arguing. 나는 그들이 다투는 것을 볼 수 있었다.

They could taste the bitterness. 그들은 그 쓴맛을 느낄 수가 있었다.

My dog could smell something burning. 나의 개는 무언가가 타고 있는 냄새를 맡을 수 있었다.

8 Writing Check

위의 문법 사항을 활용해 다음 문장을 영작해 보세요.

1 Peterson 교수님은 모든 문제를 어렵게 만드신다. (Professor, every, question, difficult)

2 나의 엄마는 어떤 것이라도 가능하게 만드신다. (mom, anything, possible)

3 그 밈이 그를 전 세계적으로 인기 있게 만들었다. (meme, popular, all over the world)

4 우리는 수 마일 떨어진 곳에서도 그것을 들을 수 있었어요. (hear, from miles away)

5 그 조종사는 탑승하고 있는 모든 승객을 구할 수 있었다. (pilot, save, all the passengers, onboard)

6 우리는 모두 그곳에서 도사리는 위험을 감지할 수 있었다. (we all, sense, the danger, there)

정답

Unit 1 p.5~7

3. Vocabulary Check 1

1 several 2 influence 3 popular

4. Vocabulary Check 2

1 unite 2 race 3 spread

6. Speaking Check

1 Roblox is more than just a game.
2 BTS is more than just a boy band.
3 She was more than just a pretty face.
4 His novel made an impact on young writers.
5 Her death made a huge impact on the society.
6 Lack of sleep can make a negative impact on your performance.

8. Writing Check

1 I have been loved enormously.
2 The building has been owned by them.
3 More than 10,000 soldiers have been killed since 2020.
4 Elon Musk is one of the richest CEOs in America.
5 This is one of the longest tunnels in the world.
6 *The Exorcist* is one of the scariest movies ever.

Unit 2 p.9~11

3. Vocabulary Check 1

1 improve 2 contain 3 ability

4. Vocabulary Check 2

1 function 2 suggest 3 habit

6. Speaking Check

1 I did lots of things last week.
2 The suspect told lots of lies about himself.
3 The mayor gained lots of support from New Yorkers.
4 You have a wife. In addition, you have two beautiful children.
5 She emailed the contract. In addition, she faxed it.
6 He fired several shots. In addition, he set the store on fire.

8. Writing Check

1 I will help (to) start the assignment.
2 This book helps (to) overcome your problems.
3 Coffee helps (to) stay alert.
4 There are[There're] office supplies in the cabinet.
5 There are[There're] guests downstairs.
6 There are[There're] many scratches on the screen.

Unit 3 p.13~15

3. Vocabulary Check 1

1 show off 2 challenge 3 deserve

4. Vocabulary Check 2

1 professional 2 criminal 3 permission

6. Speaking Check

1 They, on the other hand, own a luxurious yacht.
2 Sofia, on the other hand, quit smoking.
3 My boss, on the other hand, had a meltdown.
4 Nobody can break into the new office.
5 A thief broke into my house last night.
6 The teenagers wanted to break into the store.

8. Writing Check

1 People who love animals are usually nice.
2 Security is important to someone who lives alone.
3 A dental hygienist is a person who assists a dentist.
4 Do you know anyone smart and diligent?

5 We should hire somebody reliable.
6 The manager is doing something wrong.

Unit 4 p.17~19

3. Vocabulary Check 1

1 formal 2 appear 3 spot

4. Vocabulary Check 2

1 traditional 2 unique 3 occasion

6. Speaking Check

1 I am in big trouble because of you.
2 The passenger was upset because of the delay.
3 The couple broke up because of her jealousy.
4 They have lost many battles over the years.
5 We have been good friends over the years.
6 His health condition has gotten worse over the years.

8. Writing Check

1 I answered each question in the survey.
2 Each machine costs $10,000.
3 Each person stepped out of the elevator.
4 We stayed at the hotel next to City Hall.
5 Let's sit on the bench under that tree.
6 The lamp over the table is broken.

Unit 5 p.21~23

3. Vocabulary Check 1

1 totally 2 shape 3 confusing

4. Vocabulary Check 2

1 invent 2 match 3 score

6. Speaking Check

1 Parents always worry about their children.
2 We all worry about our health.
3 Let's not worry about the consequences.
4 How about staying here for now?
5 Pay it with my credit card for now.
6 We need to stick with the original plan for now.

8. Writing Check

1 This sports car is expensive to maintain.
2 Her British accent is hard to understand.
3 The water is cold to dive into.
4 This painting may be a fake copy.
5 The problem may be minor.
6 His tricycle may be in the garage.

Unit 6 p.25~27

3. Vocabulary Check 1

1 weather 2 heat 3 absorb

4. Vocabulary Check 2

1 thrive 2 survive 3 store

6. Speaking Check

1 I feel at home at the office.
2 She will feel at home in her new environment.
3 The staff made her feel at home.
4 The room was empty for a long time.
5 Their presentation lasted for a long time.
6 The Canadian ambassador will stay here for a long time.

8. Writing Check

1 My skin feels soft.
2 Many children feel lonely.
3 He felt embarrassed in front of his peers.
4 It is ridiculous that the company is hiring more interns.
5 It is disappointing that he lied to me.
6 It is predictable that our team will advance to the finals.

Unit 7 p.29~31

3. Vocabulary Check 1

1 patient 2 evidence 3 effective

4. Vocabulary Check 2

1 examine 2 reduce 3 cure

6. Speaking Check

1 Tell me how to straighten this out.
2 I know how to get online.
3 Everyone learned how to operate this machine.
4 Why don't you accept his apology?
5 Why don't you get some fresh air?
6 Why don't you give your husband a break?

8. Writing Check

1 I have information that they are working together.
2 There is a chance that she will come back.
3 This supports the idea that Russia attacked civilians.
4 Street lights make people feel safe.
5 His voice made me feel nervous.
6 Music makes visitors feel comfortable.

Unit 8 p.33~35

3. Vocabulary Check 1

1 helpful 2 physical 3 mood

4. Vocabulary Check 2

1 therapy 2 provide 3 contact

6. Speaking Check

1 We are in a bad mood.
2 My parents were in a bad mood.
3 Someone is in a bad mood today.
4 It's called a house of cards.
5 It's called the placebo effect.
6 It's called beginner's luck.

8. Writing Check

1 I am giving you options.
2 The company gave the clerk a ten percent raise.
3 Pets can give us so much joy.
4 Their wedding was absolutely beautiful.
5 My twin brother looks slightly different.
6 This air purifier is too expensive.

Unit 9 p.37~39

3. Vocabulary Check 1

1 important 2 region 3 spend

4. Vocabulary Check 2

1 temperate 2 layer 3 feather

6. Speaking Check

1 Did you know that Rose skipped school today?
2 Did you know that your father was a photographer?
3 Did you know that Dokdo is Korean territory?
4 Koreans love to eat ramen with kimchi.
5 We love to go camping on the weekend.
6 Many kids love to celebrate Halloween.

8. Writing Check

1 I cannot[can't] hear you.
2 Humans cannot[can't] travel faster than light.
3 Reptiles cannot[can't] survive this cold.
4 Please keep my car clean.
5 I will keep you informed.
6 Constant sunlight kept my plants healthy.

Unit 10 p.41~43

3. Vocabulary Check 1

1 honor 2 national 3 adventurous

4. Vocabulary Check 2

1 landmark 2 attraction 3 wonder

6. Speaking Check

1 How high is the ceiling?
2 How high is the risk?
3 How high is the unemployment rate?
4 You get the chance to learn English.
5 They will get the chance to perform on stage.
6 I didn't get the chance to prove myself.

8. Writing Check

1 Do you know how he became a billionaire?
2 Do you know where she works?
3 Do you know when he is available?
4 People called her "the Iron Lady."
5 You can call me Jenny.
6 Please don't call your brother shorty.

Unit 11 p.45~47

3. Vocabulary Check 1

1 hiking 2 per 3 enough

4. Vocabulary Check 2

1 dry 2 adventure 3 remember

6. Speaking Check

1 First of all, we apologize for the mix-up.
2 First of all, I did not[didn't] call you names.
3 First of all, the rumor about my husband is not[isn't] true.
4 Make sure (that) this arrives on time.
5 Make sure (that) you invest your money wisely.
6 Make sure (that) your car is in good condition.

8. Writing Check

1 Please text me when you see her.
2 Can we have a word when you are done?
3 They usually stay indoors when it rains.
4 Many drivers get angry in traffic.
5 Tiffany got drunk last night.
6 Optimistic people do not[don't] get frustrated easily.

Unit 12 p.49~51

3. Vocabulary Check 1

1 send 2 frozen 3 luxury

4. Vocabulary Check 2

1 slave 2 ancient 3 gather

6. Speaking Check

1 According to sources, the couple broke up.
2 According to the police, the suspect murdered a teenager.
3 According to experts, the missile can reach anywhere.
4 I will bring them back tomorrow.
5 My friends never bring my stuff back.
6 Bring my kids back to me right now!

8. Writing Check

1 Professor Peterson makes every question difficult.
2 My mom makes anything possible.
3 The meme made him popular all over the world.
4 We could hear it from miles away.
5 The pilot could save all the passengers onboard.
6 We all could sense the danger there.

매일 영어 루틴
올인원(All-in-one)

지은이 넥서스콘텐츠개발팀
강의 김일승
펴낸이 임상진
펴낸곳 (주)넥서스

출판신고 1992년 4월 3일 제311-2002-2호
주소 10880 경기도 파주시 지목로 5
전화 (02)330-5500 팩스 (02)330-5555

ISBN 979-11-6683-424-0 13740

가격은 뒤표지에 있습니다.
잘못 만들어진 책은 구입처에서 바꾸어 드립니다.

www.nexusbook.com

매일 30분,
삶이 바뀌는
영어 습관 쌓기

하루 2장씩 도전해 보세요!

넥서스

듣기, 독해, 어휘, 말하기, 쓰기

통합 영어 학습지

매일 영어 루틴 올인원

넥서스콘텐츠개발팀 지음 | 김일승 강의

MP3 음원 &
무료 해설 강의

매일 영어 루틴 올인원

넥서스콘텐츠개발팀 지음 | 김일승 강의

3

넥서스

구성 및 특징

2주에 1권씩, 3개월 영어 루틴 만들기

무료 음성 강의 & 원어민 MP3

김일승 선생님의 해설 강의와 원어민 mp3를 활용하여 책을 더 알차게 공부해 보세요.

Listening / Reading

다양한 주제의 흥미로운 영어 지문을 원어민 mp3를 활용하여 듣고, 직접 소리 내어 읽어 보세요.

Vocabulary

지문에서 나온 단어들을 정확하게 발음해 보고, 문장에서 어떻게 쓰이는지 확인해 보세요.

Speaking

지문에서 배운 표현을 활용하여 speaking 연습을 해 보세요.

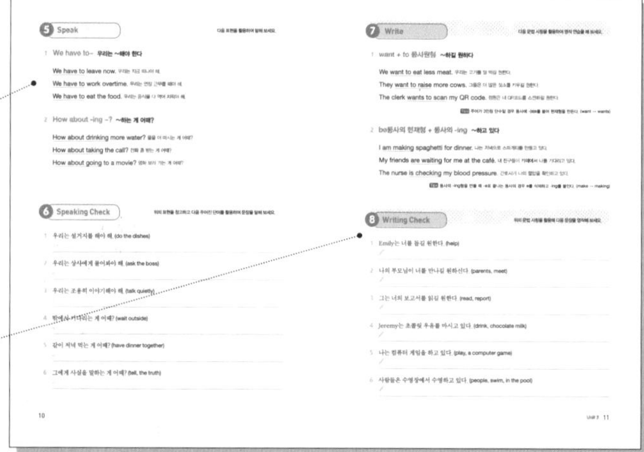

Writing

지문에서 나온 문법 사항을 활용하여 writing 연습을 해 보세요.

무료 MP3 & 해설 강의 듣는 방법

원어민 MP3 듣기

- 스마트폰으로 책 속의 QR코드를 인식하세요.
- PC에서 MP3 다운받기 www.nexusbook.com

저자 해설 강의 듣기

- 스마트폰으로 책 속의 QR코드를 인식하세요.
- 오디오클립에서 **매일 영어 루틴 올인원** 을 검색하세요.

audioclip.naver.com

차례

《매일 영어 루틴 올인원》을 시작하는 동기나 각오를 적어 주세요.
이 책을 완주할 때까지 매일 읽어 보세요.

Unit 1

A COMMON MISCONCEPTION ABOUT FOOD

1 Listen & Read

먼저 음원을 듣고 나서 지문을 읽어 보세요.

A bowl of cereal and milk is a favorite breakfast for millions. It's quick and tasty. But most brands of breakfast cereal have a dark secret. They are very high in sugar and fat, and too low in fiber, vitamins, and minerals. This may surprise you if you believe the ads for cereal. They always suggest that their company's product is really good for you. But most brands are less nutritious than chocolate cake and are just as sweet. But don't worry. There are several breakfast cereals that are good for you. If you want to stay healthy and fit, you have to be a smart shopper and read the cereal's nutrition label before you buy!

우유를 부은 시리얼 한 그릇은 수많은 사람들이 가장 좋아하는 아침 식사이다. 이것은 빠르고 맛이 좋다. 하지만 대부분의 아침 식사용 시리얼 브랜드는 어두운 비밀을 가지고 있다. 그것들은 당분과 지방을 많이 함유하고 있고, 섬유질과 비타민, 미네랄은 매우 부족하다. 만약 당신이 시리얼 광고를 믿는다면, 이 사실은 당신을 놀라게 했을 것이다. 그들은 항상 자기 회사의 제품이 매우 좋다고 말한다. 하지만 대부분의 브랜드는 초콜릿 케이크보다 영양분이 낮고, 당도는 같다. 하지만 걱정하지 마라. 당신의 건강에 이로운 몇몇 아침 식사용 시리얼도 있다. 만약 당신이 건강하고 탄탄하고 싶다면, 현명한 소비자가 되어 시리얼을 사기 전에 영양 성분표를 읽어 보아야 한다.

정답 p.52

2 Vocabulary & Pronunciation

다음 어휘를 발음에 유의하며 크게 말해 보세요.

cereal n. 시리얼	**tasty** a. 맛있는	**secret** n. 비밀, 기밀
mineral n. 무기질	**surprise** v. 놀라게 하다	**suggest** v. 제안하다, 암시하다
nutritious a. 영양분이 많은	**fit** a. 건강한, 탄탄한, 날씬한	**shopper** n. 쇼핑객

3 Vocabulary Check 1

다음 빈칸에 들어갈 알맞은 단어를 2번 어휘에서 찾아 넣으세요.

1 한국 음식은 일반적으로 영양분이 많다.
Korean foods are usually ________________.

2 맛있는 음식을 뿌리치는 것은 매우 어렵다.
It is really hard to resist ________________ foods.

3 이 모든 것들이 누군가가 내 사무실에 침입했다는 것을 시사한다.
All of these ________________ that someone has broken into my office.

4 Vocabulary Check 2

다음 설명에 해당하는 단어를 2번 어휘에서 찾아 넣으세요.

1 ____________ : a natural substance such as iron that is present in some foods and is important for good health

2 ____________ : something that is kept hidden from others or known about by only a few people

3 ____________ : healthy, strong, and able to do physical exercise without getting very tired

5 Speak

다음 표현을 활용하여 말해 보세요.

1 be high/low in ~ **~가 많다/적다**

This healthy diet is high in fiber. 이 건강한 식단은 섬유질이 풍부합니다.

Greek yogurt is low in sugar. 그릭[그리스식] 요거트는 설탕이 적게 들어있어요.

Berries are high in antioxidants. 산딸기류는 항산화제가 많이 들어있어요.

2 if you want to ~ **당신이 ~하고 싶다면**

If you want to say something, now is the time. 당신이 뭔가 말하고 싶으면 지금이 적기예요.

If you want to leave, feel free to do so. 떠나고 싶으면 그렇게 하세요.

If you want to ask a question, raise your hand. 질문하고 싶으면 손을 드세요.

6 Speaking Check

위의 표현을 참고하고 다음 주어진 단어를 활용하여 문장을 말해 보세요.

1 바나나와 감자는 나트륨[소듐] 함량이 적다. (bananas, potatoes, sodium)

2 이 에너지바는 다양한 영양분이 많이 들어있습니다. (energy bar, various, nutrients)

3 그 단백질 보충제는 칼로리와 탄수화물이 적게 들어가 있다. (protein powder, calories, carbohydrates)

4 그녀와 이야기하고 싶으면 지금 그녀에게 전화해. (talk to, call, now)

5 당신이 더 많은 돈을 벌길 원하면 더 적게 주무세요. (make, more money, sleep, less)

6 당신이 존중 받고 싶으면 먼저 자신을 사랑하세요. (be respected, love, yourself, first)

7 Write

다음 문법 사항을 활용하여 영작 연습을 해 보세요.

1 may + 동사원형 **~일지도 모른다**

Their suggestion may be effective. 그들이 제시한 것이 효과가 있을지도 모른다.

His comment may raise serious questions. 그의 말은 심각한 문제를 일으킬지도 모른다.

The drug may contain harmful chemicals. 그 약은 위험한 화학물질을 포함하고 있을지 모른다.

2 be동사 + less + 형용사 + than **~보다 덜 …하다**

This program is less efficient than the last one. 이 프로그램은 지난번 것보다 덜 효율적이네요.

Mike was less confident than yesterday. Mike는 어제보다 더 자신이 없었다.

My success was less likely than winning the lottery.
나의 성공은 로또에 당첨되는 것보다 가능성이 더 없었다.

8 Writing Check

위의 문법 사항을 활용해 다음 문장을 영작해 보세요.

1 당신의 짐 가방은 로비에 있을지도 몰라요. (baggage, be, in the lobby)

2 이 투자는 당신에게 많은 돈을 벌어다 줄지도 몰라요. (investment, bring, a fortune)

3 그의 결정은 많은 문제를 일으킬지도 모른다. (decision, cause, a lot of, trouble)

4 일본어는 중국어보다 덜 어려워. (Japanese, difficult, Chinese)

5 그의 시계는 나의 것보다 덜 비싸다. (watch, expensive, mine)

6 내 행복이 당신의 일보다 덜 중요했군요. (happiness, important, career)

Unit 2

AN INTERESTING ENGLISH PHRASE

1 Listen & Read

먼저 음원을 듣고 나서 지문을 읽어 보세요.

In England in the 18th and 19th centuries, boar hunting was a popular sport. Noblemen carried guns and walked through the woods to hunt wild boars. Meanwhile, the noblemen's servants walked ahead and beat on branches. The beating noise scared boars. It made them run out from the thick bushes where they lived. Then, the hunters tried to shoot them. But boars are very dangerous and can easily kill a man. Since the servants did not have guns, they did not go into the bushes. Instead, they beat "around" them. By "beating around the bush," they tried to avoid harm. Today, "beating around the bush" still means trying to avoid trouble. People try to avoid trouble by not saying exactly what they mean. So, when someone says, "stop beating around the bush," it means "hurry up and get to the point."

18, 19세기 영국에서는 멧돼지 사냥이 인기 있는 스포츠였다. 귀족들은 총을 가지고 야생 멧돼지를 사냥하기 위해 숲 속을 걸어 다녔다. 그동안, 귀족의 하인들은 앞서 걸으면서 나뭇가지를 두들겼다. 그 두들기는 소리는 멧돼지를 겁먹게 했다. 그것은 멧돼지들을 자신들이 살고 있던 울창한 덤불로부터 뛰쳐나오게 했고 그러고 나면 사냥꾼들은 멧돼지들을 쏘려고 했다. 하지만 멧돼지들은 매우 위험하고 사람을 쉽게 죽일 수도 있다. 하인들은 총이 없었기 때문에 덤불 속으로 들어가지는 않았다. 대신 그들은 덤불 '주위에서' 두들겼다. '덤불 주위에서 두들김'으로써, 그들은 해를 입지 않으려고 했다. 오늘날, '덤불 주위에서 두들기는 것'은 여전히 말썽을 피하기 위해 애쓰는 것을 의미한다. 사람들은 그들이 의미하는 것을 정확하게 말하지 않음으로써 곤란을 피하려고 한다. 그래서 어떤 사람이 '덤불 주위에서 그만 두들겨라.'라고 말하면 그것은 '어서 본론을 이야기해라.'라는 의미이다.

2 Vocabulary & Pronunciation

다음 어휘를 발음에 유의하며 크게 말해 보세요.

boar n. 야생 돼지, 멧돼지	**hunt** v. 사냥하다	**meanwhile** ad. 그동안에
servant n. 하인, 종	**beat** v. 두드리다	**bush** n. 관목, 덤불
avoid v. 방지하다, 막다	**trouble** n. 문제, 말썽	**exactly** ad. 정확히

3 Vocabulary Check 1

다음 빈칸에 들어갈 알맞은 단어를 2번 어휘에서 찾아 넣으세요.

1 내가 데이트 신청을 한 이후로 Jenny는 줄곧 나를 피하려고 노력하고 있어.
Jenny has been trying to ______________ me ever since I asked her out.

2 나는 그 사고가 정확히 어떻게 일어났는지 알고 있어요.
I know ______________ how the accident happened.

3 엄마는 저녁을 준비하고 계셨고, 그동안 나는 식탁을 차렸다.
My mom was cooking dinner. ______________, I set the table.

4 Vocabulary Check 2

다음 설명에 해당하는 단어를 2번 어휘에서 찾아 넣으세요.

1 ______________ : to hit against something many times or continuously

2 ______________ : to chase animals and birds in order to kill or catch them

3 ______________ : problems or difficulties

5 Speak

다음 표현을 활용하여 말해 보세요.

1 hurry up 서두르다

We'd better hurry up. 우리 서두르는 게 좋을 것 같아.

Hurry up, or we'll miss the flight. 서둘러, 그렇지 않으면 우린 비행기를 놓칠 거야.

The guard told us to hurry up and get out. 경비원이 우리에게 서둘러서 나가라고 말했다.

2 get to the point 핵심에 이르다, 요점을 말하다

Please get to the point. 요점을 말해 주세요.

Let's get to the point already. 이제 좀 본론으로 들어갑시다.

The speaker failed to get to the point. 연설자는 핵심에 이르는 데 실패했다.

6 Speaking Check

위의 표현을 참고하고 다음 주어진 단어를 활용하여 문장을 말해 보세요.

1 서둘러, 그렇지 않으면 넌 지각할 거야. (or, will, be, late)

2 당신은 서두를 필요가 없어요. (don't, need to)

3 서둘러서 줄을 서라. (and, get in line)

4 최대한 빨리 요점을 말하는 게 어때요? (why don't you, as soon as possible)

5 회의에서 본론을 말하는 것은 중요하다. (it is, important, to, in meetings)

6 곧바로 요점을 말하지 마세요. (don't, right away)

7 Write

다음 문법 사항을 활용하여 영작 연습을 해 보세요.

1 명사 + where + 주어 + 동사 ~하는 장소/곳

This is the building where I work. 이곳은 내가 일하는 건물입니다.

The neighborhood where we live is dangerous. 우리가 사는 동네는 위험하다.

The airport where he disappeared was crowded. 그가 사라진 공항은 사람들로 붐볐다.

2 did not[didn't] + 동사원형 ~하지 않았다

The politician didn't show up. 그 정치인은 나타나지 않았다.

We didn't notice his absence. 우리는 그의 공석을 인지하지 못했다.

He didn't realize how important the meeting was. 그는 그 회의가 얼마나 중요한지 깨닫지 못했다.

8 Writing Check

위의 문법 사항을 활용해 다음 문장을 영작해 보세요.

1 내가 태어난 병원은 대구에 있어요. (the hospital, I was born, in Daegu)

2 우리가 놀러 가는 쇼핑몰은 꽤 커요. (the mall, hang out, quite, huge)

3 이곳이 당신이 그 시체를 발견한 방입니까? (this, the room, found, the body)

4 그 임원은 새로운 정책에 관해 설명해주지 않았다. (director, explain, the new policy)

5 그 우크라이나 군인들은 항복하지 않았다. (the Ukrainian soldiers, surrender)

6 그 비서는 예약 사항을 확정하지 않았다. (secretary, confirm, the reservation)

Unit 3

TIPS FOR PROPER DENTAL CARE

1 Listen & Read

먼저 음원을 듣고 나서 지문을 읽어 보세요.

We all know that we should brush our teeth regularly to keep them healthy. But did you know that brushing too soon after eating or drinking does more harm than good? According to the Australian Dental Association, it's particularly harmful to brush your teeth soon after drinking cola or orange juice. It's because these drinks have a lot of acid. Acid makes your teeth weak, so your toothbrush easily scratches your teeth when you brush your teeth. You should wait at least 30 minutes after eating or drinking before you brush. You need this much time to make enough *saliva. The saliva will protect your teeth like armor. Remember that you need to give your teeth a break after meals to keep them strong.

*saliva 침

우리는 모두 치아를 건강하게 유지하기 위해 규칙적으로 이를 닦아야 한다는 것을 알고 있다. 하지만 먹거나 마신 후 바로 이를 닦는 것이 득보다는 해를 끼친다는 것을 알고 있는가? 호주 치과 협회에 따르면, 특히 콜라나 오렌지 주스를 마신 후 바로 이를 닦는 것이 해롭다고 한다. 왜냐하면 이러한 음료에는 산이 많이 들어있기 때문이다. 산이 치아를 약하게 만들어서 이를 닦을 때 칫솔이 이에 쉽게 상처를 내게 된다. 음식을 먹거나 마신 후, 이를 닦기 전에 적어도 30분은 기다려야 한다. 충분한 침을 만들기 위해 이만큼의 시간은 필요하다. 침은 갑옷처럼 치아를 지켜줄 것이다. 치아를 건강하게 유지하기 위해서는 식사 후 치아에 잠시 휴식을 주어야 한다는 것을 기억하라.

2 Vocabulary & Pronunciation

다음 어휘를 발음에 유의하며 크게 말해 보세요.

brush teeth 양치질하다	**regularly** ad. 규칙적으로	**dental** a. 치아의
association n. 협회	**particularly** ad. 특히	**harmful** a. 해로운, 유해한
scratch v. 긁다	**armor** n. 갑옷, 철갑	**break** n. 휴식, 중단

3 Vocabulary Check 1

다음 빈칸에 들어갈 알맞은 단어를 2번 어휘에서 찾아 넣으세요.

1 그들은 휴식 없이 8시간을 줄곧 일했다.
They worked 8 hours straight without a ______________ .

2 몸매를 유지하고 규칙적으로 운동하는 것은 어렵다.
It is difficult to stay fit and exercise ______________ .

3 모든 박테리아가 인간에게 해로운 것은 아니다.
Not all bacteria are ______________ to humans.

4 Vocabulary Check 2

다음 설명에 해당하는 단어를 2번 어휘에서 찾아 넣으세요.

1 ______________ : a group of people who have joined together because they have similar interests or aims

2 ______________ : to make a small cut or mark on something by pulling something sharp across it

3 ______________ : relating to teeth

5 Speak

다음 표현을 활용하여 말해 보세요.

1 do more harm than good **득보다는 해가 많다/도리어 해를 끼치다**

Strict lockdowns do more harm than good. 엄격한 봉쇄는 득보다는 해가 많다.

Helping a stranger can do more harm than good. 낯선 사람을 돕는 것은 도리어 해가 될 수도 있다.

Your advice may do more harm than good. 너의 조언이 도리어 해를 끼칠 수도 있다.

2 give someone/something a break **~에게 휴식을 주다/~을 너그럽게 봐주다**

You need to give your kids a break. 당신은 아이들에게 쉴 틈을 줄 필요가 있어요.

Please give me a break. 저 좀 봐주세요.

Let's give Mom a break today. 오늘은 어머니에게 휴식을 드리자!

6 Speaking Check

위의 표현을 참고하고 다음 주어진 단어를 활용하여 문장을 말해 보세요.

1 샴푸를 매일 쓰는 것은 도리어 해를 끼칠 것입니다. (using, shampoo, every day, will)

2 폐교는 득보다 해가 더 많을 수 있다. (school closures, can)

3 나는 소셜 미디어의 게재물이 도리어 해를 끼친다고 생각한다. (think, social media posts)

4 이따금씩 나는 내 아이들에게 휴식을 주려고 노력한다. (once in a while, try to, children)

5 우리는 어떻게 하면 지구에게 숨 좀 돌리게 할 수 있을까? (how, can, the planet)

6 당신 자신에게 좀 쉴 틈을 주는 게 어때요? (why don't you)

7 Write

다음 문법 사항을 활용하여 영작 연습을 해 보세요.

1 should + 동사원형 ~해야 한다

You should be here by 9. 당신은 9시까지 여기에 오셔야 해요.

I should request a raise. 난 임금 인상을 요청해야겠어.

We should reschedule our meeting. 우리는 회의 시간을 재조정해야겠네요.

2 will + 동사원형 ~할 것이다

Robert will pick up the clients. Robert가 그 고객들을 태우러 갈 것입니다.

She will deliver a speech tonight. 그녀는 오늘밤에 연설을 할 것입니다.

The serial killer will head back to court. 그 연쇄 살인범은 법정에 다시 출두할 것이다.

8 Writing Check

위의 문법 사항을 활용해 다음 문장을 영작해 보세요.

1 우리 모두는 인내심을 갖고 줄을 서서 기다려야 해요. (all, wait in line, patiently)

2 각 페이지 밑에 서명하셔야 합니다. (sign, at the bottom of, each page)

3 그들은 이런 종류의 문제를 예방해야 합니다. (prevent, kind of, problem)

4 Jessica는 너의 거짓말을 믿을 거야. (buy, lie)

5 회사는 당신과 그녀를 비교할 것입니다. (the company, compare, with, her)

6 누군가가 그것을 집에 가지고 가려고 시도할 거야. (someone, attempt to, take, home)

Unit 4

POSITIVE EFFECTS OF LAUGHTER

Listen & Read

먼저 음원을 듣고 나서 지문을 읽어 보세요.

We know that laughing is healthy. But how exactly does it help to improve health? Here are five ways that laughter works for you. First, it produces health-giving hormones and reduces harmful ones. This helps your body fight diseases. Second, it provides a physical and emotional release. In other words, it helps you "let off steam." Don't you feel refreshed after a really good laugh? That's because your body released stress. Third, it's a good workout. It works muscles in your belly, chest, and back. Fourth, it's a distraction. You can't focus on negative thoughts when you're laughing. And fifth, it changes your point of view. Problems seem smaller and less scary when you can joke and laugh about them. So let's lighten up and find more humor and fun in our lives.

우리는 웃는 것이 건강에 좋다는 것을 알고 있다. 하지만 웃음이 건강에 정확히 어떤 도움이 될까? 여기 웃음이 당신에게 영향을 미치는 다섯 가지 방법이 있다. 첫째, 웃음은 건강하게 해 주는 호르몬을 생산하고 해가 되는 호르몬을 줄여 준다. 이것은 당신의 몸이 질병과 싸우는 것을 도와준다. 둘째, 웃음은 우리 몸과 정서에 해방감을 준다. 즉, 웃음은 당신이 "울분을 발산하도록" 해 준다. 한바탕 크게 웃은 후에 기분이 상쾌해지는 것이 느껴지지 않는가? 그건 당신의 몸이 스트레스를 풀었기 때문이다. 셋째, 웃음은 좋은 운동이다. 그것은 당신의 복부와 가슴, 등에 있는 근육을 움직이게 한다. 넷째, 웃음은 집중을 분산시킨다. 웃고 있을 때 당신은 부정적인 생각에 집중할 수 없다. 그리고 다섯째, 웃음은 당신의 관점을 바꾼다. 당신이 그 문제점에 대해 농담을 하고 웃었을 때 그것들은 더 작고 덜 무서운 것처럼 보인다. 그러니 기운 내서 우리의 삶 속에서 더 많은 유머와 즐거움을 찾아보자.

정답 p.53

2 Vocabulary & Pronunciation

다음 어휘를 발음에 유의하며 크게 말해 보세요.

laughter n. 웃음	**emotional** a. 감정적인	**release** v. 놓아주다
refreshed a. 상쾌한	**workout** n. 운동	**distraction** n. 주의가 흩어짐
negative a. 부정적인	**point of view** 관점	**lighten up** 기운 내다

3 Vocabulary Check 1

다음 빈칸에 들어갈 알맞은 단어를 2번 어휘에서 찾아 넣으세요.

1 그 코미디언의 농담은 우리가 웃음이 터지게 했다.
The comedian's joke made us burst into ______________ .

2 그들의 부정적인 말이 너의 하루를 망치게 하지 마.
Don't let their ______________ comments ruin your day.

3 스트레칭으로 운동을 시작하라.
Start your ______________ with some stretching exercises.

4 Vocabulary Check 2

다음 설명에 해당하는 단어를 2번 어휘에서 찾아 넣으세요.

1 ______________ : something that stops you paying attention to what you are doing

2 ______________ : freedom to show or express your feelings

3 ______________ : relating to your feelings or how you control them

5 Speak

다음 표현을 활용하여 말해 보세요.

1 in other words 다시 말하면, 달리 말하면

In other words, we are broke. 달리 말하면, 우린 파산한 거야.

In other words, I am letting you go. 다시 말하면, 당신을 해고하는 것입니다.

In other words, she is pregnant. 다시 말하자면, 그녀는 임신을 한 것입니다.

2 focus on ~ ~에 집중하다

Please focus on your work. 당신의 일에 집중하세요.

The government will focus on the safety of its citizens. 정부는 시민의 안전에 집중할 것이다.

The team will try to focus on defence this time. 그 팀은 이번에 수비에 집중하려고 노력할 거예요.

6 Speaking Check

위의 표현을 참고하고 다음 주어진 단어를 활용하여 문장을 말해 보세요.

1 다시 말하자면, 나는 너를 사랑하고 있어. (in love with)

2 달리 말하면, 아무도 그 충돌에서 살아남지 못했습니다. (no one, survived, crash)

3 다시 말하면, 우리는 이 집을 구매할 수 있다. (can, purchase, house)

4 당신의 목표에 집중하세요. (goals)

5 우리는 더 많은 손님을 끌어 모으는 것에 집중을 해야 해. (have to, attracting, more customers)

6 회사는 온라인상 확장에 집중해야 합니다. (the company, must, online expansion)

7 Write

다음 문법 사항을 활용하여 영작 연습을 해 보세요.

1 way(s) that 주어 + 동사 **~하는 방법/방식**

This will change the way that we order food. 이것이 우리가 음식을 주문하는 방식을 바꿀 것입니다.

Find new ways that students can learn effectively.
학생들이 효과적으로 배울 수 있는 새로운 방법을 찾으세요.

There is an easy way that we can share ideas. 우리가 생각을 공유할 수 있는 쉬운 방법이 있어요.

2 Don't/Doesn't/Didn't + 주어 + 동사원형? **주어는 ~하지 않나요/않았나요?**

Don't you need my help? 너는 내 도움이 필요하지 않니?

Doesn't she have better things to do? 그녀는 그렇게 할 일이 없나?

Didn't he read novels a lot? 그는 소설을 많이 읽지 않았나요?

8 Writing Check

위의 문법 사항을 활용해 다음 문장을 영작해 보세요.

1 나는 네가 돈을 벌 수 있는 쉬운 방법을 몇 개 알아. (know, a few, simple, can, make money)

2 나는 그가 말하는 방식이 정말 마음에 들어. (really, like, talks)

3 사람들이 사랑을 느끼는 다양한 방식들이 있어요. (there are, various, people, feel, love)

4 그들은 페라리 한 대를 소유하지 않나요? (own, a Ferrari)

5 그 차는 자동으로 움직이지 않나요? (move, automatically)

6 Amy는 온라인 쇼핑몰을 운영하지 않았나요? (run, an online shopping store)

Unit 5 HOW TO ENJOY TEA PROPERLY

1 Listen & Read

먼저 음원을 듣고 나서 지문을 읽어 보세요.

Do you like tea? Some cups of tea taste better than others. So, what's the secret to a delicious cup of tea? To answer the question, we need to look at air, water, and heat. Air and water mix together well at low temperatures, but they don't mix together very well at high temperatures. When a pot of water gets very hot, you can see lots of bubbles. The bubbles are air. The air is going out of the water. The longer the water bubbles and boils, the more it loses air. What does this have to do with the taste of tea? Water with more air in it makes tea taste better. So, to make the very best cup of tea, heat the water until it just starts to bubble. Then turn it off straight away, pour the water into a cup with tea, and enjoy!

여러분은 차를 좋아하는가? 어떤 차는 다른 차보다 맛이 좋다. 그럼, 맛있는 차의 비결은 무엇일까? 질문에 답을 하려면 우리는 공기와 물, 열을 살펴봐야 한다. 공기와 물은 낮은 온도에서 잘 섞인다. 하지만 높은 온도에서는 잘 섞이지 않는다. 주전자의 물이 아주 뜨거우면, 여러분은 많은 공기 방울을 볼 수 있다. 그 공기 방울은 공기이다. 공기가 물로부터 빠져 나오고 있는 것이다. 물을 더 오래 보글보글 끓일수록, 더 많은 공기를 잃게 된다. 이것이 차의 맛과 무슨 관계가 있을까? 공기가 더 많이 들어간 물은 차가 더 좋은 맛이 나도록 한다. 그래서 최상의 차를 만들기 위해서는 공기 방울이 막 생기기 시작할 때까지 물을 끓여라. 그리고 바로 불을 끄고 차가 있는 컵에 물을 부어라. 그리고 맛있게 마시면 된다!

2 Vocabulary & Pronunciation

다음 어휘를 발음에 유의하며 크게 말해 보세요.

delicious a. 맛있는	**mix** v. 섞다, 혼합하다	**temperature** n. 온도
bubble n. 거품 v. 거품이 일다	**boil** v. 끓다	**lose** v. 잃다, 줄다
taste v. 맛나다, 맛보다, n. 맛	**straight** ad. 곧장, 바로	**pour** v. 붓다, 따르다

3 Vocabulary Check 1

다음 빈칸에 들어갈 알맞은 단어를 2번 어휘에서 찾아 넣으세요.

1 당신은 오늘 퇴근 후에 곧바로 집으로 와야 해요.
You should come ______________ home after work today.

2 팬에 올리브 오일을 더 부으세요.
______________ more olive oil into the pan.

3 그 셰프는 자신의 요리가 맛이 좋아지도록 그가 할 수 있는 모든 것을 다 했다.
The chef did everything he could to make his dish ______________ better.

4 Vocabulary Check 2

다음 설명에 해당하는 단어를 2번 어휘에서 찾아 넣으세요.

1 ______________ : very pleasant to taste or smell

2 ______________ : a measure of how hot or cold a place or thing is

3 ______________ : to put different things together so that the parts become one

5 Speak

다음 표현을 활용하여 말해 보세요.

1 What's the secret to ~? ~의 비결이 무엇입니까?

What's the secret to the founder's success? 그 설립자의 성공 비결은 무엇입니까?

What's the secret to your happy marriage? 당신의 행복한 결혼 생활의 비결은 뭐예요?

What's the secret to aging gracefully? 우아하게 나이를 먹는 비결이 무엇입니까?

2 What does this have to do with ~? 이것이 ~와 어떤 관계[관련/상관]가 있습니까?

What does this have to do with you? 이게 당신하고 무슨 상관이 있는데요?

What does this have to do with climate change? 이것이 기후 변화와 어떤 관련이 있나요?

What does this have to do with curing cancer? 이것이 암을 치료하는 것과 어떤 연관이 있어요?

6 Speaking Check

위의 표현을 참고하고 다음 주어진 단어를 활용하여 문장을 말해 보세요.

1 장수하는 비결이 무엇일까? (longevity)

2 몸매를 유지하는 비결은 무엇인가요? (keeping, in shape)

3 그녀의 완벽한 피부의 비결은 무엇일까? (perfect skin)

4 이게 나랑 무슨 상관인데?

5 이게 저의 허리 통증과 어떤 관련이 있죠? (back pain)

6 이것이 현재의 위기와 무슨 관계가 있습니까? (the current crisis)

7 Write

다음 문법 사항을 활용하여 영작 연습을 해 보세요.

1 Do/Does/Did + 주어 + 동사원형? (주어)는 ~하나요/했나요?

Do I look weird? 내가 이상하게 보이니?

Does Mia work out regularly? Mia는 규칙적으로 운동하나요?

Did the attorney take your case? 그 변호사가 너의 소송을 맡았니?

2 need to + 동사원형 ~할 필요가 있다, ~해야 한다

We need to sleep on it. 우리는 신중히 생각해 볼 필요가 있습니다.

Harry needs to sign the contract. Harry는 그 계약을 맺어야 해.

The clerk needed to give the customer a refund. 그 점원은 그 손님에게 환불해 드려야 했다.

*sleep on it 심사숙고 하다

8 Writing Check

위의 문법 사항을 활용해 다음 문장을 영작해 보세요.

1 우리는 더 많은 시간과 돈이 필요한가요? (require, more time, and, money)

2 그 마케터가 매주 당신과 상의하나요? (marketer, consult with, every week)

3 그들이 나의 초대를 거절했나요? (turn down, invitation)

4 너는 무언가를 고안해 내야 해. (come up with, something)

5 Jay는 그 문제를 혼자서 처리해야 해요. (deal with, issue, alone)

6 그는 이사회에 연락을 해야 했다. (contact, the board of directors)

Unit 6 MEANINGFUL CONVERSATIONS VS. SMALL TALK

1 Listen & Read

먼저 음원을 듣고 나서 지문을 읽어 보세요.

Researchers studied the relationship between happiness and people's conversations. Volunteers wore automatic speech recorders for four days. The researchers listened to every conversation recorded and classified each as either "meaningful" or "small talk." They also tested each volunteer's general mood. They discovered that happiness relates strongly to less time alone and more time talking. In fact, the happiest volunteers spent 25 percent less time alone and 70 percent more time talking than the unhappiest participants. There was a difference in conversation styles, too. The happiest volunteers had twice as many meaningful discussions and one third as much small talk as the unhappiest volunteers. It seems that meaningful conversation makes for more happiness than small talk does.

연구원들은 행복과 사람들의 대화 간의 관계에 대해서 연구를 했다. 지원자들은 나흘 동안 자동 대화 녹음기를 착용했다. 연구원들은 녹음된 대화를 모두 듣고, 각 대화를 '의미 있는 대화' 또는 '잡담'으로 분류했다. 또한, 각 지원자의 전반적인 기분을 검사했다. 그들은 혼자 보내는 시간이 적고, 많은 시간 사람들과 대화하며 보내는 것이 행복과 깊은 관련이 있다는 것을 알아냈다. 사실, 가장 행복한 지원자들은 가장 불행한 참가자들에 비해 혼자 보내는 시간이 25퍼센트 더 적고, 대화하는 시간은 70퍼센트 더 많았다. 대화 양식에도 역시 차이가 있었다. 행복한 지원자들은 가장 불행한 지원자들보다 의미 있는 대화는 두 배 더 많이 했고, 잡담하는 시간은 삼분의 일로 적었다. 의미 있는 대화를 하는 것이 잡담을 하는 것보다 행복하게 해 주는 것으로 보인다.

2 Vocabulary & Pronunciation

다음 어휘를 발음에 유의하며 크게 말해 보세요.

relationship n. 관계

volunteer n. 지원자, 자원봉사자

automatic a. 자동의

classify v. 분류하다

general a. 전반적인

participant n. 참가자

meaningful a. 중요한

discussion n. 논의, 상의

small talk 잡담

3 Vocabulary Check 1

다음 빈칸에 들어갈 알맞은 단어를 2번 어휘에서 찾아 넣으세요.

1 그 영화는 시간 낭비였다는 것이 전반적인 의견입니다.
The ______________ opinion is that the movie was a waste of time.

2 이 식기세척기는 완전 자동이라서 사용하기에 매우 쉽습니다.
This dishwasher is so easy to use since it's fully ______________ .

3 그는 토론 중에 가장 적극적인 참가자였어요.
He was the most active ______________ in the discussion.

4 Vocabulary Check 2

다음 설명에 해당하는 단어를 2번 어휘에서 찾아 넣으세요.

1 ______________ : to decide what group something belongs to

2 ______________ : serious, useful, or important

3 ______________ : someone who does a job willingly without being paid

5 Speak

다음 표현을 활용하여 말해 보세요.

1 spend time alone 혼자만의 시간을 보내다

I like to spend time alone. 나는 혼자만의 시간을 보내는 것을 좋아한다.

What do you do when you spend time alone? 당신은 혼자만의 시간을 보낼 때 무엇을 하나요?

My dogs are trained to spend time alone. 나의 개들은 혼자 시간을 보낼 수 있게 훈련되었다.

2 it seems that ~ ~인 것 같다

It seems that I was attracted to her. 내가 그녀에게 끌렸던 것 같다.

It seems that our competitor makes huge profits. 우리의 경쟁업체가 큰 수익을 버는 것 같다.

It seems that Mike and Debby are hitting it off. Mike와 Debby는 서로 잘 지내는 것 같다.

*hit it off (~와) 죽이 맞다

6 Speaking Check

위의 표현을 참고하고 다음 주어진 단어를 활용하여 문장을 말해 보세요.

1 나의 부모님은 혼자 시간을 보내실 필요가 있다. (parents, need to)

2 대부분의 내성적인 사람들은 혼자 시간을 보낸다. (most, introverts)

3 혼자만의 시간을 갖는 것은 중요하다. (it's, important, to)

4 그들은 나의 지원에 퇴짜 놓을 것 같아. (reject, application)

5 그 군인들이 민간인에게 끔찍한 짓들을 한 것 같습니다. (the soldiers, horrible things, to civilians)

6 그는 마케팅에 충분한 경험이 있는 것 같네요. (has, enough experience, in marketing)

7 Write

다음 문법 사항을 활용하여 영작 연습을 해 보세요.

1 for + (숫자) + 기간 명사 ~ 동안

The couple has dated for years. 그 커플은 수년 동안 사귀어 왔다.

Things have been great for the last two months. 지난 2달 동안은 상황이 좋았어요.

The city has remained the capital for six centuries. 그 도시는 6세기 동안 수도로서 자리를 지켜왔다.

Tips 「숫자+기간 명사」가 아닌 '특정 기간'이 나올 경우 during(~동안)을 쓴다. eg.I fell asleep during the trial. 나는 재판 중에 졸았어.

2 배수사 + as + many/much + 명사 + as …보다 ~배 더 많은

Jamie makes twice as much money as I do. Jamie는 내가 버는 것보다 두 배 더 많이 벌어.

He owns five times as many paintings as Tim. 그는 Tim보다 다섯 배 더 많은 그림을 소유하고 있다.

The explosion released about 10 times as much energy as the Sun.
그 폭발은 태양보다 대략 10배 더 많은 에너지를 방출했다.

8 Writing Check

위의 문법 사항을 활용해 다음 문장을 영작해 보세요.

1 그것을 10분 동안 전자레인지에 데우세요. (heat, in the microwave, minutes)

2 Terry는 30분 동안 통화를 하고 있다. (has been, on the phone, half an hour)

3 그는 다음 3년 동안 응용 물리학을 가르칠 것이다. (will, teach, applied physics, next)

4 나는 내 친구들보다 두 배 더 많은 과목을 공부한다. (study, subjects, friends)

5 이 패스트푸드 체인점은 전 세계적으로 맥도날드보다 세 배 더 많은 지점을 가지고 있다. (fast food chain, have, times, locations, McDonald's, worldwide)

6 캐나다는 한국보다 대략 100배 더 많은 영토를 가지고 있다. (Canada, land, South Korea)

Unit 7

STAY TIRED AND GET CREATIVE

Listen & Read

먼저 음원을 듣고 나서 지문을 읽어 보세요.

Are you a morning person, an evening person, or somewhere in between? You probably already know that you have good times and not-so-good times to study and work. Your brain works best in the morning if you're a morning-type, and a night owl's brain works best at night. It's obvious, isn't it? Well, no. It's not that simple. New research shows that you actually think more creatively when you're tired. It's because a tired brain cannot focus easily on one thing. Think of the time when you were very tired in class. You tried hard to pay attention, but it was impossible. Too many other thoughts, ideas, and feelings interrupted you. According to the research, these interruptions create unusual connections. The unusual connections among ideas lead to creativity. Your brain connects unrelated thoughts, and suddenly you may think, "Aha! What a wonderful idea!"

당신은 아침형 인간인가, 아니면 저녁형 인간인가, 혹은 둘 사이 어디인가? 당신은 아마도 공부하고 일하기에 좋은 시간과 잘 안 되는 시간이 있다는 걸 이미 알고 있을 것이다. 당신이 아침형 인간이라면 당신의 뇌는 아침에 가장 잘 활동하고, 올빼미족의 뇌는 밤에 가장 잘 활동한다. 이것은 보나마나 뻔하다, 그렇지 않은가? 글쎄, 그렇지는 않다. 그렇게 간단하지 않다. 새로운 연구에 따르면 당신은 사실 당신이 피곤할 때 더 창의적으로 생각하는 것으로 나타났다. 왜냐하면 지친 뇌는 한 가지에 쉽게 집중할 수 없기 때문이다. 당신이 수업 중에 매우 피곤했던 때를 생각해 봐라. 당신은 집중하기 위해 노력했지만, 그것은 불가능했다. 너무 많은 다른 생각과 발상, 감정이 당신을 방해했다. 연구에 따르면, 이 방해는 특이한 조합을 만들어 낸다. 생각들 간의 평범하지 않은 결합은 창의력으로 이어진다. 당신의 뇌가 관련 없는 생각으로 이어져서 갑자기 "아! 얼마나 놀라운 생각인가!"라고 생각할 수도 있다.

2 Vocabulary & Pronunciation

다음 어휘를 발음에 유의하며 크게 말해 보세요.

probably ad. 아마도	**obvious** a. 분명한	**pay attention** 주의를 기울이다
impossible a. 불가능한	**interrupt** v. 방해하다	**unusual** a. 흔치 않은, 드문
creativity n. 창의력, 독창성	**connect** v. 연결하다	**unrelated** a. 관련 없는

3 Vocabulary Check 1

다음 빈칸에 들어갈 알맞은 단어를 2번 어휘에서 찾아 넣으세요.

1 이 영화는 눈물 흘리지 않고 보기에는 불가능하다.
This film is ______________ to watch without crying.

2 창의성과 독창성은 중요하다.
______________ and originality are important.

3 그것은 아마도 당신이 처리해야 할 가장 중요한 일일 것입니다.
It's ______________ the most important job you will ever have to deal with.

4 Vocabulary Check 2

다음 설명에 해당하는 단어를 2번 어휘에서 찾아 넣으세요.

1 ______________ : to stop someone from continuing what they are saying or doing by suddenly speaking to them, making a noise etc

2 ______________ : to join two or more things together

3 ______________ : easy to notice or understand

5 Speak

다음 표현을 활용하여 말해 보세요.

1 a(n) 명사 person ~을 좋아하는 사람, ~형 인간

I am a cat person. 나는 고양이를 좋아해요.

I think Mary is a tea person. Mary는 차를 좋아하는 사람 같아요.

You have to be a morning person to be successful. 성공하려면 아침형 인간이 되어야 한다.

2 pay attention (to) (~에) 집중하다

Pay attention to detail and make changes. 사소한 것에 집중하고 변화를 주세요.

Students nowadays don't pay attention in class. 요즘 학생들은 수업 중에 집중을 하지 않아요.

You should pay attention while driving. 운전하는 동안에 집중해야 합니다.

6 Speaking Check

위의 표현을 참고하고 다음 주어진 단어를 활용하여 문장을 말해 보세요.

1 나는 도시형 인간이다. (city)

2 내 딸은 책벌레가 아니다. (daughter, book)

3 Sarah는 여름을 좋아하지 않는다. (summer)

4 내 아이들은 절대로 집중을 하지 않아요. (children, never)

5 우리는 서로에게 집중할 필요가 있어요. (need to, each other)

6 사람들은 대개 새로운 정보에 집중한다. (people, usually, new, information)

7 Write

다음 문법 사항을 활용하여 영작 연습을 해 보세요.

1 주어 + be동사 + 형용사, be동사 + not + 대명사? **(주어)는 ~다, 그렇지?**

Alice is brilliant, isn't she? Alice는 뛰어나, 그렇지?

Those earrings are gorgeous, aren't they? 저 귀걸이들은 아주 멋지다, 그렇지?

The drug is quite effective, isn't it? 그 약은 꽤 효과적이다, 그렇지?

Tips 이러한 문장을 부가의문문이라 하는데 앞부분이 부정인 경우 뒷부분은 긍정으로 쓴다. eg.He isn't tall, is he? 그는 크지 않아, 그렇지?

2 What + (a/an) + 형용사 + 명사 + (주어 + 동사)! **정말 ~한 (명사)구나!**

What a beautiful family they are! 그들은 정말 아름다운 가족이구나!

What an excellent question that is! 그것은 정말 훌륭한 질문이군요!

What great memories! 정말 좋은 추억들이군요!

8 Writing Check

위의 문법 사항을 활용해 다음 문장을 영작해 보세요.

1 너는 나에게 실망했구나, 그렇지? (disappointed, in)

2 Evelyn은 땅콩에 알레르기가 있어, 그렇지? (allergic to, peanuts)

3 이것은 쓸모가 없네, 그렇지? (useless) *앞부분에서 this나 that이 쓰이면 it으로, these나 those는 they로 받는다.

4 정말 역겨운 생각이군요! (disgusting, thought)

5 이것은 정말 놀라운 성취군요! (amazing, accomplishment)

6 그들은 정말 똑똑한 엔지니어구나! (bright, engineers)

Unit 8

AN INFLUENTIAL FEMALE WRITER

1 Listen & Read

먼저 음원을 듣고 나서 지문을 읽어 보세요.

She was born in England in 1775 and began writing stories as a young child. Her six novels remain bestsellers today — 200 years after she wrote them. *Emma, Pride and Prejudice, Mansfield Park, Northanger Abbey, Sense and Sensibility,* and *Persuasion* have been made into many movies and TV series. The stories are romantic, but gently make fun of the strict morals and customs of life in rural England at the time. She disliked cities and rarely traveled far from home. Only four of her novels were published during her lifetime, and they were published anonymously. When she died at the age of 41, only her family knew she was a successful novelist. Now, the whole world knows her name; Jane Austen.

그녀는 1775년 영국에서 태어났고 어린 시절부터 이야기를 쓰기 시작했다. 그녀의 여섯 편의 소설은 그녀가 그 소설을 쓴 지 200년이 지난 지금도 여전히 베스트셀러로 남아있다. 「Emma(엠마)」, 「Pride and Prejudice(오만과 편견)」, 「Mansfield Park(맨스필드 파크)」, 「Northanger Abbey(노생거 사원)」, 「Sense and Sensibility(이성과 감성)」, 「Persuasion(설득)」은 영화와 TV 시리즈로 많이 만들어졌다. 이야기는 로맨틱하지만, 그 당시 영국 시골 생활의 엄격한 도덕의식과 관습을 부드럽게 풍자한다. 그녀는 도시를 좋아하지 않았고 좀처럼 집으로부터 멀리 여행을 떠나지도 않았다. 일생 동안 그녀의 소설 중 4편만이 출판되었고, 그 소설은 작자 미상으로 출판되었다. 41세의 나이에 세상을 떠났을 때, 오로지 그녀의 가족만이 그녀가 성공한 소설가라는 것을 알고 있었다. 이제는 전 세계가 그녀의 이름인 Jane Austen을 안다.

정답 p.54

2 Vocabulary & Pronunciation

다음 어휘를 발음에 유의하며 크게 말해 보세요.

remain v. 계속 ~이다	**prejudice** n. 편견, 선입견	**gently** ad. 부드럽게, 완만하게
strict a. 엄격한	**custom** n. 관습	**rural** a. 시골의
rarely ad. 좀처럼 ~않는	**publish** v. 출판하다	**anonymously** ad. 익명으로

3 Vocabulary Check 1

다음 빈칸에 들어갈 알맞은 단어를 2번 어휘에서 찾아 넣으세요.

1 전력이 다시 돌아올 때까지 진정하세요.
Please ______________ calm until we have the power back on.

2 소년은 토끼의 귀 뒷부분을 부드럽게 쓰다듬었다.
The boy ______________ petted the rabbit behind the ears.

3 Parker 선생님은 숙제에 관한 한 우리에게 매우 엄격하시다.
Ms. Parker is very ______________ with us about homework.

4 Vocabulary Check 2

다음 설명에 해당하는 단어를 2번 어휘에서 찾아 넣으세요.

1 ______________ : happening in or relating to the countryside, not the city

2 ______________ : something that is done by people in a particular society because it is traditional

3 ______________ : to arrange for a book, magazine etc to be written, printed, and sold

5 Speak

다음 표현을 활용하여 말해 보세요.

1 make fun of ~ ~을 놀리다

It's wrong to make fun of people with disabilities. 장애인들을 놀리는 것은 잘못됐다.

Please do not make fun of his accent. 그의 억양을 갖고 놀리지 마세요.

People usually make fun of those that are weaker than them.
사람들은 대개 자신보다 더 약한 사람을 놀린다.

2 during one's lifetime ~의 일생 동안

He has met great leaders during his lifetime. 그는 자신의 일생 동안 훌륭한 리더들을 만났다.

I have made many mistakes during my lifetime. 나는 내 일생 동안 많은 실수를 했다.

She took care of many patients during her lifetime. 그녀는 자신의 일생 동안 많은 환자들을 돌봤다.

6 Speaking Check

위의 표현을 참고하고 다음 주어진 단어를 활용하여 문장을 말해 보세요.

1 내 친구들은 내 이름을 갖고 놀린다. (friends, name)

2 너는 그녀의 옷을 갖고 놀리면 안 돼. (should, outfit)

3 Peter의 동료들은 그의 오래된 자동차를 갖고 놀린다. (colleagues, old)

4 당신은 당신의 일생 동안 여러 번 넘어질 것입니다. (will, fall down, many times)

5 어떤 거북이들은 일생 동안 약 2,000개의 알을 낳는다. (some, turtles, lay, about, eggs)

6 그녀는 자신의 일생 동안 수천 명의 고아들을 도왔다. (has helped, thousands of, orphans)

7 Write

다음 문법 사항을 활용하여 영작 연습을 해 보세요.

1 **주어(복수명사) + 일반동사의 현재형 (주어)는 ~하다**

Many fans support the singer's decision. 많은 팬들이 그 가수의 결정을 지지한다.

Most moviegoers criticize his directing. 대부분의 영화 관람객은 그의 연출을 비난한다.

Some cars run on hydrogen gas. 어떤 자동차들은 수소가스로 움직인다.

2 **주어(단수명사) + 일반동사의 현재형(-(e)s) (주어)는 ~하다**

This book contains a number of shocking photos. 이 책은 다수의 충격적인 사진을 포함하고 있다.

The store closes every other Monday. 그 가게는 월요일에 격주로 문을 닫는다.

The company has some doubts about my ability. 회사는 나의 능력에 대해 의심을 품고 있어.

8 Writing Check

위의 문법 사항을 활용해 다음 문장을 영작해 보세요.

1 학교 일진들은 괴짜들을 괴롭힌다. (school bully, pick on, nerds)

2 그들은 부수입을 벌기 위해 음식을 배달한다. (deliver, food, to make, extra money)

3 대부분의 식당은 신용 카드 결제를 수용한다. (most, restaurant, accept, credit card payments)

4 당신의 성공은 당신의 일상적인 습관에 달려 있습니다. (success, depend, on, daily, habits)

5 Eric은 이것보다 더 많은 것을 받을 가치가 있어. (deserve, more than, this)

6 한국에서는 9월에 축구 시즌이 끝난다. (the soccer season, finish, in September, in Korea)

Unit 9

HOW TO SURVIVE A NATURAL DISASTER

Listen & Read

먼저 음원을 듣고 나서 지문을 읽어 보세요.

Tornadoes are so scary. They happen so suddenly, and you never know which way they will turn or how big they will get. But you can survive them. You just need a bit of luck and the following advice. As soon as there is a tornado warning sound, go straight to your basement. If you don't have one, then go to a room without windows. This is important because broken glass and flying objects are the biggest killers in strong winds. A bathroom is best. Grab blankets or pillows to cover your head. If you're outdoors, find the deepest hollow in the ground near you. Then, lie face down in the hollow. This will protect you a little from flying objects. It might even save you from being sucked up. Let's hope you never need this advice!

토네이도(회오리바람)는 정말 무섭다. 그것은 너무 갑자기 발생한다. 당신은 토네이도가 어떤 방향으로 갈지, 얼마나 커질 것인지 결코 알 수 없다. 하지만 당신은 토네이도에서 살아남을 수 있다. 당신은 단지 약간의 행운과 다음과 같은 조언이 필요하다. 토네이도 경고음이 있으면 곧장 지하실로 가라. 만약 지하실이 없다면, 창문이 없는 방으로 가라. 깨진 유리와 날아다니는 물체는 강한 바람 속에서 가장 큰 사망의 원인이 되기 때문에 중요하다. 욕실이 제일 좋다. 당신의 머리를 덮을 담요나 베개를 움켜잡아라. 만약 당신이 야외에 있다면, 근처에서 땅 속으로 가장 깊게 움푹 파진 구멍을 찾아라. 그런 다음에 그 구멍 안으로 엎드려라. 이것이 당신을 날아오는 물체로부터 조금은 보호해 줄 것이다. 그것은 심지어 당신이 빨려 올라가는 것으로부터 구해줄 수도 있다. 이 조언이 당신에게 절대 필요하지 않기를 바라자!

2 Vocabulary & Pronunciation

다음 어휘를 발음에 유의하며 크게 말해 보세요.

tornado n. 토네이도	**happen** v. 발생하다, 일어나다	**following** a. 다음의
advice n. 조언	**basement** n. 지하실	**object** n. 사물, 물체
cover v. 덮다	**grab** v. 움켜잡다	**suck up** 빨아올리다

3 Vocabulary Check 1

다음 빈칸에 들어갈 알맞은 단어를 2번 어휘에서 찾아 넣으세요.

1 신생아의 팔을 너무 강하게 잡지 마세요.
Please don't ______________ the infant's arm too tightly.

2 그는 지하실에 있어서 내가 들어오는 것을 듣지 못했다.
He didn't hear me come in because he was in the ______________ .

3 호숫가에 있는 그 버려진 집에서 신비한 일들이 일어난다.
Mysterious things ______________ in the abandoned house by the lake.

4 Vocabulary Check 2

다음 설명에 해당하는 단어를 2번 어휘에서 찾아 넣으세요.

1 ______________ : an opinion you give someone about what they should do

2 ______________ : a solid thing that you can hold, touch, or see but that is not alive

3 ______________ : to put something over or be over something in order to hide, close, or protect it

5 Speak

다음 표현을 활용하여 말해 보세요.

1 as soon as ~ ~하자마자

Get out of the room as soon as you hear the alarm. 경보를 듣자마자 방에서 나가세요.

I jumped out of the car as soon as I saw her. 내가 그녀를 보자마자 차에서 뛰어 내렸다.

He left the cinema as soon as the movie ended. 그는 영화가 끝나자마자 극장을 떠났다.

2 go straight to ~ 바로 ~로 가다

Please go straight to the library after school. 방과 후에 바로 도서관으로 가라.

They go straight to yoga after work. 그들은 퇴근 후에 바로 요가 수업으로 간다.

Some people go straight to the gym each morning. 어떤 사람들은 매일 아침 헬스클럽에 바로 간다.

6 Speaking Check

위의 표현을 참고하고 다음 주어진 단어를 활용하여 문장을 말해 보세요.

1 당신이 할 수 있는 한 빨리 당신의 사진들을 지우세요. (delete, photos, can)

2 나는 내 폰을 찾자마자 911에 전화했다. (called, 911, found, phone)

3 그들은 집에 도착하자마자 창문을 닫았다. (closed, the windows, arrived, home)

4 네 방으로 바로 가서 너의 숙제를 끝내라. (room, and, finish, homework)

5 우리는 저녁식사 후에 바로 잠자리에 들어요. (bed, after, dinner)

6 그는 치료를 위해 곧바로 병원으로 가야 합니다. (should, the hospital, for treatment)

7 Write

다음 문법 사항을 활용하여 영작 연습을 해 보세요.

1 might + 동사원형 ~일지도 모른다

The rumor might be true. 그 소문은 사실일지도 몰라.

He might want to stay this way. 그는 이런 식으로 계속 머무르길 원할지도 몰라요.

The explosion might release more energy. 그 폭발은 더 많은 에너지를 방출할지도 모릅니다.

2 save A from 동사의 -ing A가 ~하는 것으로부터 막다

They save me from making wrong decisions. 그들은 내가 잘못된 결정을 하는 것으로부터 막아준다.

This pill saves us from losing our memories. 이 알약은 우리가 기억력을 잃는 것으로부터 우리를 지켜준다.

His advice saved me from going bankrupt. 그의 충고는 내가 파산하는 것으로부터 막았다.

8 Writing Check

위의 문법 사항을 활용해 다음 문장을 영작해 보세요.

1 그들은 학교에 있을 수도 있어요. (be, at school)

2 저 약국은 더 많은 붕대를 가지고 있을지도 몰라. (that, pharmacy, have, more, bandages)

3 그 판사는 당신의 무례함을 용서할지도 모르겠네요. (judge, forgive, rudeness)

4 그 구조대원들은 나의 개가 익사하는 것으로부터 구해주었다. (rescuers, dog, drown)

5 그의 마지막 골은 그의 팀이 지는 것으로부터 막았다. (final, goal, team, lose)

6 Lucy의 말은 내가 포기하는 것으로부터 항상 막아준다. (words, always, give up)

Unit 10 A TRADITIONAL AMERICAN HOLIDAY

1 Listen & Read

먼저 음원을 듣고 나서 지문을 읽어 보세요.

Do you know how eating turkey became a Thanksgiving Day tradition? There are several different stories. According to one story, it goes back to 16th century England. While Queen Elizabeth I was celebrating a harvest festival with a roast goose, she received the news that the Spanish armada had been sunk on its way to attack England. With the joy of the unexpected news, she ordered another roast goose. Because of this, the roast goose became the favorite food at harvest festivals in England. When the Pilgrims left England, they brought this tradition with them. However, the goose was soon replaced by the wild turkey since it was abundant in America. Turkey has been eaten on Thanksgiving Day since the Pilgrims arrived in America.

*armada 함대 **the Pilgrims 청교도 순례자들

칠면조를 먹는 것이 어떻게 추수감사절의 전통이 되었는지 아는가? 몇 가지 다른 설들이 있다. 한 이야기에 따르면, 이 전통은 16세기 잉글랜드로 거슬러 올라간다. 엘리자베스 여왕 1세가 구운 거위를 가지고 추수제를 축하하고 있는데 스페인의 무적함대가 잉글랜드를 침공하러 오던 도중 침몰했다는 소식이 그녀에게 전해졌다. 예상치 못한 기쁜 소식에 그녀는 구운 거위 하나를 더 주문했다. 이러한 이유로 잉글랜드에서 구운 거위는 추수제에 가장 인기 있는 음식이 되었다. 청교도 순례자들이 잉글랜드를 떠날 때, 이들은 이 전통도 함께 가져왔다. 그러나 칠면조가 미국에 풍부했기 때문에 거위는 곧 야생 칠면조로 대체되었다. 청교도인들이 미국에 도착한 이래로 추수감사절에 칠면조를 먹고 있다.

2 Vocabulary & Pronunciation

다음 어휘를 발음에 유의하며 크게 말해 보세요.

tradition n. 전통	celebrate v. ~을 축하하다	harvest n. 수확, 추수
festival n. 축제	attack v. ~을 공격하다	unexpected a. 예상 밖의
order v. 주문하다	replace v. ~을 대신하다	abundant a. 풍부한

3 Vocabulary Check 1

다음 빈칸에 들어갈 알맞은 단어를 2번 어휘에서 찾아 넣으세요.

1 모든 사람들은 그 예상치 못했던 시험 결과에 충격을 받았다.
Everyone was shocked by the ____________ test results.

2 여전히 배가 고프다면 마음껏 음식을 더 주문하세요.
Feel free to ____________ more food if you're still hungry.

3 군인들이 죄 없는 민간인을 공격하는 것은 잘못된 것이다.
It's wrong of soldiers to ____________ innocent civilians.

4 Vocabulary Check 2

다음 설명에 해당하는 단어를 2번 어휘에서 찾아 넣으세요.

1 ____________ : to put something or someone in the place of something or someone else

2 ____________ : more than enough

3 ____________ : to show that an event or occasion is important by doing something special or enjoyable

5 Speak

다음 표현을 활용하여 말해 보세요.

1 go(es) back to ~ **(시간/시대)로 거슬러 올라가다**

All these stories go back to 2020. 이 모든 이야기는 2020으로 거슬러 올라간다.

Its history goes back to the early days of COVID-19.
그것의 역사는 코로나19의 초창기로 거슬러 올라간다.

This tradition goes back to the time of the Roman Empire.
이 전통은 로마제국의 시대로 거슬러 올라간다.

2 on one's way (to) ~ **~에 가는 길에/ ~하러 가는 길에**

Theo was on his way home from church. Theo는 교회에서 집으로 가는 길이었다.

The girl was attacked on her way to school. 그 소녀는 등굣길에 공격을 받았다.

They got lost on their way to find treasure. 그들은 보물을 찾으러 가는 도중에 길을 잃었다.

6 Speaking Check

위의 표현을 참고하고 다음 주어진 단어를 활용하여 문장을 말해 보세요.

1 그 이야기는 그의 유년시절로 거슬러 올라간다. (story, childhood)

2 그들의 관계는 1980년대 후기로 거슬러 올라간다. (relationship, the late 1980s)

3 그녀의 성공은 그녀가 대학교 1학년일 때로 거슬러 올라간다. (success, her freshman year)

4 나는 경찰서로 가는 길이야. (the police station)

5 출근길에 라디오 뉴스를 들어라. (listen to, radio news, work)

6 Simon은 선물을 하나 사러 가는 길에 자신의 지갑을 잃어버렸다. (lost, wallet, buy, a present)

7 Write

다음 문법 사항을 활용하여 영작 연습을 해 보세요.

1 since + 주어 + 동사 ~ 때문에 (이유)

Ask Amy since she's the smartest one here. Amy가 여기서 가장 똑똑한 사람이니까 그녀에게 물어봐.

He can't buy anything since he is penniless. 그는 무일푼이기 때문에 아무것도 살 수 없다.

I went shopping with Nora since you were busy. 당신이 바빴기 때문에 난 Nora와 쇼핑을 갔어요.

2 since + 주어 + 동사 ~ 이후로 (시간)

I haven't called her since she left me. 그녀가 나를 떠난 이후로 나는 그녀에게 전화하지 않았다.

He hasn't spoken a word since he came here. 그는 여기 온 이후로 한 마디도 하지 않았다.

She has been in love with him since she first saw him.
그녀는 그를 처음 본 이후로 줄곧 그를 사랑해왔다.

8 Writing Check

위의 문법 사항을 활용해 다음 문장을 영작해 보세요.

1 점심을 매우 과하게 먹었으니 저녁식사는 거릅시다. (let's, skip, dinner, have, a very heavy lunch)

2 당신이 나타나지 않아서 그들은 기분이 매우 상했어요. (really, upset, not, show up)

3 당신이 바쁘지 않으니 그를 태워주는 것은 어때요? (why don't you, give, a lift, busy)

4 나는 그녀와 헤어진 이후로 계속 혼자 지냈어요. (remain, single, break up with)

5 Lydia는 Miles가 떠난 이후로 혼자서 사업을 운영해왔다. (run, the business, alone, left)

6 우리는 말싸움을 한 이후로 서로를 본 적이 없다. (see, each other, have, an argument)

Unit 11

BAKING A MISTAKE

1 Listen & Read

먼저 음원을 듣고 나서 지문을 읽어 보세요.

America's best-loved cookie actually started out as a mistake. Ruth Wakefield was the owner of the Toll House Inn in Massachusetts in the 1930s. One day, when Ruth was preparing to bake chocolate cookies for her guests, she realized she was out of cocoa powder. So Ruth decided to use pieces of a chocolate candy bar instead. She expected the pieces would melt and spread in the cookies as they baked in the oven. But she was wrong. The chocolate pieces weren't melted at all and remained in chunks. Despite this, she had to serve them. Unexpectedly, the guests loved them. This is how we got tasty chocolate chip cookies.

미국인에게 가장 사랑받는 쿠키는 사실 실수로 시작되었다. Ruth Wakefield는 1930년대에 매사추세츠에 있는 톨 하우스 여관의 주인이었다. 어느 날, Ruth는 손님들을 위해 초콜릿 쿠키를 구우려고 준비하던 중 코코아 가루가 다 떨어졌다는 것을 알았다. 그래서 Ruth는 초콜릿 캔디바 조각을 대신 사용하기로 했다. 그녀는 쿠키가 오븐에서 구워지면서 초콜릿 조각이 녹아 쿠키 안으로 퍼질 것으로 생각했다. 하지만 그녀가 틀렸다. 초콜릿 조각은 전혀 녹지 않았고, 덩어리 그대로 남아 있었다. 이러한 상황에도 불구하고, 그녀는 그 쿠키를 대접해야만 했다. 뜻밖에도, 손님들은 그 쿠키를 정말 좋아했다. 이렇게 해서 우리가 맛있는 초콜릿 칩 쿠키를 먹게 된 것이다.

2 Vocabulary & Pronunciation

다음 어휘를 발음에 유의하며 크게 말해 보세요.

mistake n. 실수, 잘못	**owner** n. 주인	**prepare** v. 준비하다
realize v. 깨닫다	**decide** v. 결정하다	**expect** v. 예상하다, 기대하다
melt v. 녹다	**chunk** n. 덩어리	**serve** v. 제공하다

3 Vocabulary Check 1

다음 빈칸에 들어갈 알맞은 단어를 2번 어휘에서 찾아 넣으세요.

1 무언가가 없어졌다는 것을 우리가 깨닫는 데 몇 개월이 걸렸다.
It took us several months to ___________ that something was missing.

2 그녀의 선물을 받는 것은 끔찍한 실수였다.
Accepting her gift was a terrible ___________.

3 나는 내 진정성을 보여주기 위해 어떤 방식이 최선인지 결정을 못하겠어.
I can't ___________ which way is the best for me to show my sincerity.

4 Vocabulary Check 2

다음 설명에 해당하는 단어를 2번 어휘에서 찾아 넣으세요.

1 ___________ : to make something or somebody ready to be used or to do something

2 ___________ : to become or make something become liquid as a result of heating

3 ___________ : a large thick piece of something that does not have an even shape

5 Speak

다음 표현을 활용하여 말해 보세요.

1 be out of ~ ~이 떨어지다

I'm out of a job. 나 백수야.

She was out of money at that time. 그때 그녀는 돈이 떨어졌었다.

This hospital was out of cold medicine yesterday. 이 병원은 어제 감기약이 떨어졌었다.

2 not ~ at all ~가 전혀 아니다

You are not listening to me at all. 너는 내 말을 전혀 듣고 있지 않아.

The situation has not improved at all. 그 상황은 전혀 개선되지 않았습니다.

Your Spanish is not rusty at all. 당신의 스페인어 실력은 전혀 녹슬지 않았군요.

6 Speaking Check

위의 표현을 참고하고 다음 주어진 단어를 활용하여 문장을 말해 보세요.

1 우리 기름이 떨어졌어. (gas)

2 탕비실에 커피가 없어요. (coffee, the office pantry)

3 이 상품은 일시적으로 품절되었다. (item, temporarily, stock)

4 난 그것을 전혀 안 믿어. (believe)

5 우리는 그 새로운 정책을 전혀 좋아하지 않아요. (like, new, policy)

6 그 감독은 은퇴를 전혀 생각하고 있지 않아. (director, not, think about, retiring)

7 Write

다음 문법 사항을 활용하여 영작 연습을 해 보세요.

1 despite + 명사(구) ~에도 불구하고

Minho wrote a poem despite his poor English. 민호는 부족한 영어 실력에도 불구하고 시를 썼다.

He has never ridden the subway despite living in Seoul.
그는 서울에서 살고 있음에도 불구하고 지하철을 결코 탄 적이 없다.

I will adopt one more cat despite the fact that I already have three.
나는 이미 고양이가 3마리 있음에도 불구하고 한 마리를 더 입양할 것이다.

2 had to + 동사원형 ~해야 했다

The job applicants had to wear suits and ties. 그 취업 지원자들은 정장과 넥타이를 착용해야 했다.

The gardener had to take the dog for a walk as well. 그 정원사는 개 산책도 시켜야 했다.

We had to complete the mission no matter what. 우리는 무슨 일이 있어도 임무를 완수해야 했다.

8 Writing Check

위의 문법 사항을 활용해 다음 문장을 영작해 보세요.

1 우리가 최선을 다했음에도 불구하고 아무도 구할 수가 없었다. (our, best efforts, could, save, anyone)

___

2 밖이 매우 춥다는 사실에도 불구하고 Chris는 스노보드 타러 가길 원한다. (want, to, go snowboarding, fact, that, it, freezing, outside)

___

3 그들은 자신의 문화적 차이에 불구하고 조화를 이루며 산다. (live in harmony, cultural differences)

___

4 나는 내 파트너의 말에 동의해야 했다. (agree with, partner)

___

5 그는 카펫에 있는 커피 자국을 제거해야 했어요. (remove, the coffee stain, from, the carpet)

___

6 Freya는 검진을 받으러 치과에 가야 했다. (go to the dentist, for, a checkup)

___

Unit 12 A LEGENDARY SPANISH PAINTER

1 Listen & Read

먼저 음원을 듣고 나서 지문을 읽어 보세요.

Are you interested in art? If so, who is your favorite painter? Here is a painter whose paintings are loved by millions of people. Pablo Picasso, who was born in Spain in 1881, was a gifted artist. He enjoyed experimenting with different styles of art, and he created over 20,000 artworks including sculptures and illustrations throughout his life. He was also well known as the founder of cubism. Cubism is a style of art that shows how an object can be seen from many different angles at the same time. Due to his unique painting style, his paintings are highly valued among art collectors. In fact, several of Picasso's paintings are among the most expensive artworks in the world. In 2015, Picasso's painting *The women of Algiers* sold for $179 million! You can view many of his paintings at the Picasso Museum in Barcelona, Spain.

*Cubism 입체파, 큐비즘

예술에 관심이 있는가? 그렇다면, 당신이 가장 좋아하는 화가는 누구인가? 여기 수백만 명의 사랑을 받는 그림의 화가가 있다. 파블로 피카소는 1881년 스페인에서 태어났는데, 타고난 예술가였다. 그는 다른(다양한) 양식의 예술을 실험하는 것을 즐겼으며, 평생 조각과 일러스트를 포함하여 2만여 점의 예술 작품을 만들었다. 그는 또한 입체파 창시자로 잘 알려져 있다. 입체파는 사물이 동시에 어떻게 많은 다른(다양한) 각도에서 보일 수 있는지를 보여주는 형태의 예술이다. 그의 독특한 회화 스타일 덕분에 그의 그림은 예술품 수집가들 사이에서 높이 평가된다. 실제로, 피카소의 그림 몇 점은 세계에서 가장 비싼 예술 작품 축에 속한다. 2015년에는 피카소의 그림 〈알제의 여인들〉이 1억 7천 9백만 달러에 팔렸다! 스페인, 바르셀로나의 피카소 박물관에서 그의 많은 작품을 볼 수 있다.

2 Vocabulary & Pronunciation

다음 어휘를 발음에 유의하며 크게 말해 보세요.

gifted a. 재능이 있는	**experiment** v. 실험[시험]하다	**sculpture** n. 조각
illustration n. 삽화	**throughout** prep. ~ 동안	**founder** n. 창시자
angle n. 각도	**value** v. 평가하다	**view** v. ~을 보다, 바라보다

3 Vocabulary Check 1

다음 빈칸에 들어갈 알맞은 단어를 2번 어휘에서 찾아 넣으세요.

1 지난 10년 동안 한국 영화의 인기가 상승했다.
Korean movies grew in popularity __________ the last decade.

2 그들은 그의 미술 전시회를 보려고 지난 주말에 미술관을 방문했다.
They visited the gallery last weekend to __________ his art exhibition.

3 그 부동산의 가치를 평가하기 위해서 현지의 부동산 중개인 한 분이 우리와 함께 하실 거예요.
A local estate agent will join us to __________ the property.

4 Vocabulary Check 2

다음 설명에 해당하는 단어를 2번 어휘에서 찾아 넣으세요.

1 __________ : having a natural ability to do one or more things extremely well

2 __________ : a picture in a book, article, etc., especially one that helps you to understand it

3 __________ : a person who establishes an institution or settlement

5 Speak

다음 표현을 활용하여 말해 보세요.

1 be well known as ~ **~로서 잘 알려지다**

Bach is well known as the father of music. 바흐는 음악의 아버지로 잘 알려져 있다.

Their vehicles are well known as electric vehicles. 그들의 자동차는 전기차로 잘 알려져 있다.

She is well known as a movie director. 그녀는 영화 감독으로 잘 알려져 있다.

2 due to ~ **~ 때문에**

We couldn't go on a picnic due to bad weather. 기상 악화로 우리는 소풍을 갈 수 없었다.

James received a two-week suspension due to his behavior problems.
James는 행동 문제로 인해 2주 동안 정학 처분을 받았다.

He missed the final game due to illness. 그는 몸이 아파서 마지막 경기에 출전하지 않았다.

6 Speaking Check

위의 표현을 참고하고 다음 주어진 단어를 활용하여 문장을 말해 보세요.

1 아이유는 재능 있는 가수로 잘 알려져 있다. (IU, a talented singer)

2 체리는 훌륭한 비타민 공급원으로 잘 알려져 있다. (cherries, a great source of, vitamins)

3 그 장소는 인기 있는 관광 명소 잘 알려져 있었다. (location, a, popular, tourist attraction)

4 우리는 수면 부족으로 인해 두통을 겪는다. (experience, headaches, lack of sleep)

5 그 경기장은 저조한 관객 입장률로 인해 파산했다. (stadium, go, bankrupt, poor attendance)

6 나는 높은 연료 가격 때문에 대중교통을 이용한다. (use, public transportation, high fuel prices)

7 Write

다음 문법 사항을 활용하여 영작 연습을 해 보세요.

1 명사 + whose + 명사 + be동사 (명사)가 …인 (명사)

There are many cars whose windows are too dark. 너무 어두운 창문이 있는 차들이 많이 있다.

This story is about a man whose daughter is in great pain.
이 이야기는 큰 고통 속에 있는 딸을 가진 한 남자에 관한 것이다.

I'd like to help people whose lives are in danger. 나는 생명이 위험이 처한 사람들을 돕고 싶다.

2 enjoy + 동사의 -ing ~하는 것을 즐기다

We both enjoy taking selfies. 우리는 둘 다 셀카 찍는 것을 즐겨요.

I really enjoyed working with him. 나는 정말로 그와 함께 일하는 것을 즐겼어요.

Visitors can enjoy surfing and kayaking. 방문객은 서핑과 카약 타기를 즐길 수 있어요.

8 Writing Check

위의 문법 사항을 활용해 다음 문장을 영작해 보세요.

1 나는 주민들이 이민자들인 건물에서 살아요. (live, in, a building, residents, immigrants)

2 자영업자들이 위기에 처한 도시의 목록을 작성해라. (make, a list of, towns, business owners, in crisis)

3 그 배우는 이름이 한국인인 배역을 연기할 것이다. (actor, will, play a character, name, Korean)

4 당신은 무서운 영화 보는 것을 즐기나요? (do, watch, scary movies)

5 아무도 반복적인 일을 하는 것을 즐기지 않는다. (nobody, do, repetitive work)

6 Thomson 씨는 자신의 손주들을 봐주는 것을 즐겼다. (Mr., babysit, grandparents)

정답

Unit 1 p.5~7

3. Vocabulary Check 1

1 nutritious 2 tasty 3 suggest

4. Vocabulary Check 2

1 mineral 2 secret 3 fit

6. Speaking Check

1 Bananas and potatoes are low in sodium.
2 This energy bar is high in various nutrients.
3 The protein powder is low in calories and carbohydrates.
4 If you want to talk to her, call her now.
5 If you want to make more money, sleep less.
6 If you want to be respected, love yourself first.

8. Writing Check

1 Your baggage may be in the lobby.
2 This investment may bring you a fortune.
3 His decision may cause a lot of trouble.
4 Japanese is less difficult than Chinese.
5 His watch is less expensive than mine.
6 My happiness was less important than your career.

Unit 2 p.9~11

3. Vocabulary Check 1

1 avoid 2 exactly 3 Meanwhile

4. Vocabulary Check 2

1 beat 2 hunt 3 trouble

6. Speaking Check

1 Hurry up, or you will be late.
2 You don't need to hurry up.
3 Hurry up and get in line.
4 Why don't you get to the point as soon as possible?
5 It is important to get to the point in meetings.
6 Don't get to the point right away.

8. Writing Check

1 The hospital where I was born is in Daegu.
2 The mall where we hang out is quite huge.
3 Is this the room where you found the body?
4 The director did not[didn't] explain the new policy.
5 The Ukrainian soldiers did not[didn't] surrender.
6 The secretary did not[didn't] confirm the reservation.

Unit 3 p.13~15

3. Vocabulary Check 1

1 break 2 regularly 3 harmful

4. Vocabulary Check 2

1 association 2 scratch 3 dental

6. Speaking Check

1 Using shampoo every day will do more harm than good.
2 School closures can do more harm than good.
3 I think (that) social media posts do more harm than good.
4 Once in a while, I try to give my children a break.
5 How can we give the planet a break?
6 Why don't you give yourself a break?

8. Writing Check

1 We all should wait in line patiently.
2 You should sign at the bottom of each page.
3 They should prevent this kind of problem.
4 Jessica will buy your lie.
5 The company will compare you with her.
6 Someone will attempt to take it home.

Unit 4 p.17~19

3. Vocabulary Check 1

1 laughter 2 negative 3 workout

4. Vocabulary Check 2

1 distraction 2 release 3 emotional

6. Speaking Check

1 In other words, I am in love with you.
2 In other words, no one survived the crash.
3 In other words, we can purchase this house.
4 Focus on your goals.
5 We have to focus on attracting more customers.
6 The company must focus on online expansion.

8. Writing Check

1 I know a few simple ways that you can make money.
2 I really like the way he talks.
3 There are various ways that people feel love.
4 Don't they own a Ferrari?
5 Doesn't the car move automatically?
6 Didn't Amy run an online shopping store?

Unit 5 p.21~23

3. Vocabulary Check 1

1 straight 2 Pour 3 taste

4. Vocabulary Check 2

1 delicious 2 temperature 3 mix

6. Speaking Check

1 What's the secret to longevity?
2 What's the secret to keeping in shape?
3 What's the secret to her perfect skin?
4 What does this have to do with me?
5 What does this have to do with my back pain?
6 What does this have to do with the current crisis?

8. Writing Check

1 Do we require more time and money?
2 Does the marketer consult with you every week?
3 Did they turn down my invitation?
4 You need to come up with something.
5 Jay needs to deal with the issue alone.
6 He needed to contact the board of directors.

Unit 6 p.25~27

3. Vocabulary Check 1

1 general 2 automatic 3 participant

4. Vocabulary Check 2

1 classify 2 meaningful 3 volunteer

6. Speaking Check

1 My parents need to spend time alone.
2 Most introverts spend time alone.
3 It's important to spend time alone.
4 It seems that they will reject my application.
5 It seems that the soldiers did horrible things to civilians.
6 It seems that he has enough experience in marketing.

8. Writing Check

1 Heat it in the microwave for ten minutes.
2 Terry has been on the phone for half an hour.
3 He will teach applied physics for the next three years.
4 I study twice as many subjects as my friends.
5 This fast food chain has three times as many locations as McDonald's worldwide.
6 Canada has about a hundred times as much land as South Korea.

Unit 7 p.29~31

3. Vocabulary Check 1

1 impossible 2 Creativity 3 probably

4. Vocabulary Check 2

1 interrupt 2 connect 3 obvious

6. Speaking Check

1 I am[I'm] a city person.
2 My daughter is not[isn't] a book person.
3 Sarah is not[isn't] a summer person.
4 My children never pay attention.
5 We need to pay attention to each other.
6 People usually pay attention to new information.

8. Writing Check

1 You are disappointed in me, aren't you?
2 Evelyn is allergic to peanuts, isn't she?
3 This is useless, isn't it?
4 What a disgusting thought (it is)!
5 What an amazing accomplishment (this is)!
6 What bright engineers (they are)!

Unit 8 p.33~35

3. Vocabulary Check 1

1 remain 2 gently 3 strict

4. Vocabulary Check 2

1 rural 2 custom 3 publish

6. Speaking Check

1 My friends make fun of my name.
2 You should not[shouldn't] make fun of her outfit.
3 Peter's colleagues make fun of his old car.
4 You will fall down many times during your lifetime.
5 Some turtles lay about 2,000 eggs during their lifetime.
6 She has helped thousands of orphans during her lifetime.

8. Writing Check

1 School bullies pick on nerds.
2 They deliver food to make extra money.
3 Most restaurants accept credit card payments.
4 Your success depends on your daily habits.
5 Eric deserves more than this.
6 The soccer season finishes in September in Korea.

Unit 9 p.37~39

3. Vocabulary Check 1

1 grab 2 basement 3 happen

4. Vocabulary Check 2

1 advice 2 object 3 cover

6. Speaking Check

1 Delete your photos as soon as you can.
2 I called 911 as soon as I found my phone.
3 They closed the windows as soon as they arrived home.
4 Go straight to your room and finish your homework.
5 We go straight to bed after dinner.
6 He should go straight to the hospital for treatment.

8. Writing Check

1 They might be at school.
2 That pharmacy might have more bandages.
3 The judge might forgive your rudeness.
4 The rescuers saved my dog from drowning.
5 His final goal saved his team from losing.
6 Lucy's words always save me from giving up.

Unit 10 p.41~43

3. Vocabulary Check 1

1 unexpected 2 order 3 attack

4. Vocabulary Check 2

1 replace 2 abundant 3 celebrate

6. Speaking Check

1 The story goes back to his childhood.
2 Their relationship goes back to the late 1980s.
3 Her success goes back to her freshman year.
4 I am[I'm] on my way to the police station.
5 Listen to radio news on your way to work.
6 Simon lost his wallet on his way to buy a present.

8. Writing Check

1 Let's skip dinner since we had a very heavy lunch.
2 They were really upset since you did not[didn't] show up.
3 Why don't you give him a lift since you are not[aren't] busy?
4 I have remained single since I broke up with her.
5 Lydia has run the business alone since Miles left.
6 We haven't seen each other since we had an argument.

Unit 11 p.45~47

3. Vocabulary Check 1

1 realize 2 mistake 3 decide

4. Vocabulary Check 2

1 prepare 2 melt 3 chunk

6. Speaking Check

1 We are out of gas.
2 We are out of coffee in the office pantry.
3 This item is temporarily out of stock.
4 I don't believe it at all.
5 We don't like the new policy at all.
6 The director is not thinking about retiring at all.

8. Writing Check

1 Despite our best efforts, we couldn't save anyone.
2 Chris wants to go snowboarding despite the fact that it is freezing outside.
3 They live in harmony despite their cultural differences.
4 I had to agree with my partner.
5 He had to remove the coffee stain from the carpet.
6 Freya had to go to the dentist for a checkup.

Unit 12 p.49~51

3. Vocabulary Check 1

1 throughout 2 view 3 value

4. Vocabulary Check 2

1 gifted 2 illustration 3 founder

6. Speaking Check

1 IU is well known as a talented singer.
2 Cherries are well known as a great source of vitamins.
3 The location was well known as a popular tourist attraction.
4 We experience headaches due to lack of sleep.
5 The stadium went bankrupt due to poor attendance.
6 I use public transportation due to high fuel prices.

8. Writing Check

1 I live in a building whose residents are immigrants.
2 Make a list of towns whose business owners are in crisis.
3 The actor will play a character whose name is Korean.
4 Do you enjoy watching scary movies?
5 Nobody enjoys doing repetitive work.
6 Mr. Thomson enjoyed babysitting his grandparents.

매일 영어 루틴
올인원(All-in-one)

지은이 넥서스콘텐츠개발팀
강의 김일승
펴낸이 임상진
펴낸곳 (주)넥서스

출판신고 1992년 4월 3일 제311-2002-2호
주소 10880 경기도 파주시 지목로 5
전화 (02)330-5500 팩스 (02)330-5555

ISBN 979-11-6683-424-0 13740

가격은 뒤표지에 있습니다.
잘못 만들어진 책은 구입처에서 바꾸어 드립니다.

www.nexusbook.com

매일 30분,
삶이 바뀌는 영어 습관 쌓기

하루 2장씩 도전해 보세요!

넥서스

듣기, 독해, 어휘, 말하기, 쓰기

통합 영어 학습지

매일 영어 루틴 올인원

넥서스콘텐츠개발팀 지음 | 김일승 강의

MP3 음원 &
무료 해설 강의

매일 영어 루틴 올인원

넥서스콘텐츠개발팀 지음 | 김일승 강의

4

넥서스

구성 및 특징

2주에 1권씩, 3개월 영어 루틴 만들기

무료 음성 강의 & 원어민 MP3

김일승 선생님의 해설 강의와 원어민 mp3를 활용하여 책을 더 알차게 공부해 보세요.

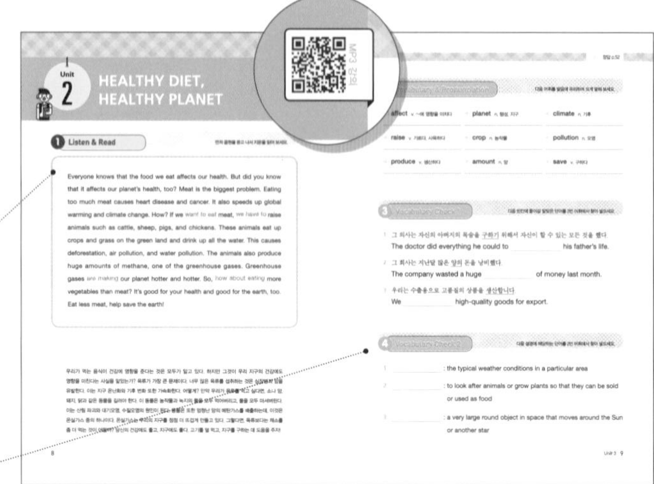

Listening / Reading

다양한 주제의 흥미로운 영어 지문을 원어민 mp3를 활용하여 듣고, 직접 소리 내어 읽어 보세요.

Vocabulary

지문에서 나온 단어들을 정확하게 발음해 보고, 문장에서 어떻게 쓰이는지 확인해 보세요.

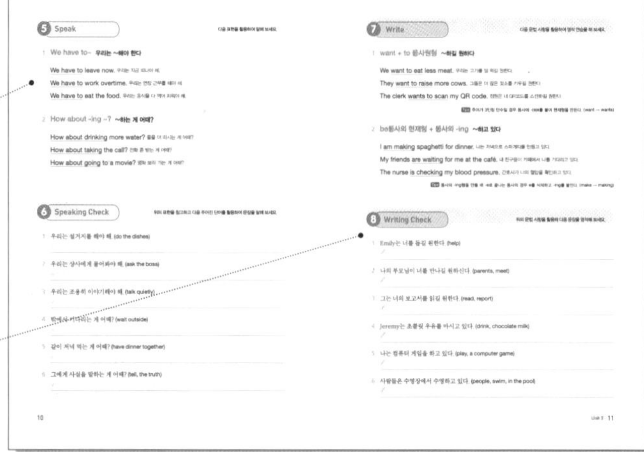

Speaking

지문에서 배운 표현을 활용하여 speaking 연습을 해 보세요.

Writing

지문에서 나온 문법 사항을 활용하여 writing 연습을 해 보세요.

무료 MP3 & 해설 강의 듣는 방법

원어민 MP3 듣기
- 스마트폰으로 책 속의 QR코드를 인식하세요.
- PC에서 MP3 다운받기 www.nexusbook.com

저자 해설 강의 듣기
- 스마트폰으로 책 속의 QR코드를 인식하세요.
- 오디오클립에서 **매일 영어 루틴 올인원** 을 검색하세요.

audioclip.naver.com

차례

《매일 영어 루틴 올인원》을 시작하는 동기나 각오를 적어 주세요.
이 책을 완주할 때까지 매일 읽어 보세요.

Unit 1

INTERESTING FACTS ABOUT ANIMALS

1 Listen & Read

먼저 음원을 듣고 나서 지문을 읽어 보세요.

Although many people believe that humans and animals share many of the same qualities and characteristics, like eating, sleeping, and forming families, there are many significant differences between us. There are many facts about the animal kingdom that are interesting and surprising, and still others that are shocking. For example, did you know that a snail can sleep for three years? That all polar bears are left-handed? How about that an ostrich's eye is bigger than its brain? Here are some other interesting facts. A butterfly tastes with its feet; catfish have over 27,000 taste buds; cats have over one hundred vocal sounds while dogs only have about ten; crocodiles can't stick their tongue out; elephants are the only animals that can't jump; starfish don't have brains.

사람과 동물은 먹는 것, 자는 것, 가족을 형성하는 것 등 여러 가지 면에서 그 성질과 특징이 같다고 생각하는 사람들이 많지만, 중요한 면에서 차이가 나는 점이 많다. 동물의 왕국에는 여러 가지 흥미롭고 놀라운 사실들은 물론 그 외에 충격적인 사실들이 많다. 예를 들면, 달팽이는 3년 동안이나 잠을 잘 수 있다는 사실을 여러분은 알고 있었는가? 그리고 북극곰은 모두 왼손잡이라는 사실은 알고 있었는가? 타조의 눈은 그것의 두뇌보다 크다는 사실은 어떤가? 흥미로운 사실은 또 있다. 나비는 다리로 맛을 보며, 메기의 미뢰[맛봉오리]는 2만7천 개가 넘으며, 고양이는 백 가지가 넘는 소리를 내지만, 개는 열 개밖에 내지 못한다. 악어는 혀를 내밀지 못하고, 코끼리는 껑충 뛰지 못하는 유일한 동물이다. 또 불가사리는 뇌가 없다.

2 Vocabulary & Pronunciation

다음 어휘를 발음에 유의하며 크게 말해 보세요.

quality n. 성질	**characteristic** n. 특징, 특색	**form** v. 형성하다
significant a. 중요한, 커다란	**kingdom** n. 왕국	**shocking** a. 충격적인
left-handed a. 왼손잡이인	**stick out** ~을 내밀다	**brain** n. 뇌

3 Vocabulary Check 1

다음 빈칸에 들어갈 알맞은 단어를 2번 어휘에서 찾아 넣으세요.

1 그 그림을 돋보이게 하는 특별한 특징 하나를 말해 보세요.
Name one special ______________ that makes the painting stand out.

2 그 용의자의 하드 드라이브는 충격적인 사진들로 가득했다
The suspect's hard drive was full of ______________ photos.

3 여러분이 왼손잡이라면 일반적인 마우스를 사용하는 것은 보통 어렵다.
It's usually difficult to use a regular mouse if you're ______________ .

4 Vocabulary Check 2

다음 설명에 해당하는 단어를 2번 어휘에서 찾아 넣으세요.

1 ______________ : to make something by combining two or more parts

2 ______________ : large enough to be noticeable or have noticeable effects

3 ______________ : the organ inside your head that controls how you think, feel, and move

5 Speak

다음 표현을 활용하여 말해 보세요.

1 Here are ~ 여기에 ~(들)이 있어요

Here are some things to think about. 여기에 고려해야 할 것들이 몇 가지 있다.

Here are 5 tips to help out newbies. 여기에 신입생들을 돕기 위한 5가지의 조언이 있다.

Here are the top 10 safest countries. 여기에 가장 안전한 나라 10개국이 있습니다.

2 Did you know that ~? ~라는 것을 알았나요?

Did you know that Dokdo belongs to Korea? 독도가 한국에 속해 있는 것을 알았나요?

Did you know that Kai is on a business trip? Kai가 출장 중이라는 것을 알았나요?

Did you know that there was a break-in? 침입이 있었다는 것을 알았나요?

6 Speaking Check

위의 표현을 참고하고 다음 주어진 단어를 활용하여 문장을 말해 보세요.

1 여기에 지출을 줄일 수 있는 몇 가지 방법이 있다. (some ways, to cut down on, spending)

2 여기에 한국 사람들에 관한 세 가지 재미있는 사실이 있다. (fun facts, about, Korean people)

3 여기에 피부 보호를 위한 최고의 선크림이 있습니다. (the best, sunscreens, for skin protection)

4 캐나다에서 프랑스어도 쓴다는 것을 알았나요? (they, also, speak, French, in Canada)

5 내가 매일 아침 수영하러 다니는 것을 알았나요? (go swimming, every morning)

6 Luke가 지난달에 췌장암으로 죽은 것을 알았나요? (died of, pancreatic cancer, last month)

7 Write

다음 문법 사항을 활용하여 영작 연습을 해 보세요.

1 while + 주어 + 동사 **~인 반면에**

Jack got richer, while Tom became poorer. Jack은 더 부유해졌고, 반면 Tom은 더 가난하게 되었다.

While I am introverted, my sister is extroverted. 나는 내향적인 반면에 내 여동생은 외향적이다.

While my cousin has a cat, I have a dog. 내 사촌은 고양이를 키우고, 반면 나는 개를 키운다.

2 the only + 명사 + that + 동사 **~하는 유일한 (명사)**

I am the only one that watches the boring show. 나는 그 지루한 쇼를 보는 유일한 사람이다.

She is the only person that understands me. 그녀는 나를 이해하는 유일한 사람입니다.

Switzerland is the only country that opposes the war. 스위스는 그 전쟁에 반대하는 유일한 나라이다.

8 Writing Check

위의 문법 사항을 활용해 다음 문장을 영작해 보세요.

1 나는 60kg 나가는데, 반면 Margot는 40kg 나간다. (weigh)

2 나는 커피를 마시는데, 반면 Sam은 우유를 마신다. (drink, coffee, milk)

3 우리는 기술적인 발전에 집중하는 반면에 그들은 마케팅에 집중한다. (focus, on, technological development, marketing)

4 당신은 새로운 아이디어를 가지고 있는 유일한 사람이에요. (one, have, new ideas)

5 Ivy는 초과 근무를 하는 유일한 직원입니다. (employee, work, overtime)

6 현대는 10년간 품질 보증을 제공하는 유일한 제조사입니다. (Hyundai, manufacturer, offer, a 10-year warranty)

Unit 2 MORE THAN A FASHION BRAND

1 Listen & Read

먼저 음원을 듣고 나서 지문을 읽어 보세요.

Did you know the origin of blue jeans goes back to fourteenth-century Europe? That's right! Blue jeans were developed over 600 years ago in Italy. They were originally made from heavy cotton and wool. They have changed significantly over the centuries. By the eighteenth century, they were made from one hundred percent cotton. Jeans, as we know them today, were heavily influenced by the Levi Strauss company. Levi Strauss was a cloth merchant in the nineteenth century in the United States. He moved to San Francisco to run his own business. At that time, the Gold Rush had reached its peak in California, and gold miners needed stronger working clothes. He designed and sold his blue jeans to the gold miners. His blue jean designs still influence today's fashion industry.

*the Gold Rush 19세기 캘리포니아 금광지로의 대이동

청바지의 기원이 14세기 유럽으로까지 거슬러 올라간다는 것을 알고 있었는가? 그렇다! 청바지는 600년이나 더 전에 이탈리아에서 개발되었다. 청바지는 원래 두꺼운 면과 모로 만들어졌다. 청바지는 수세기가 지나면서 크게 변화해 왔다. 18세기에는 청바지가 100% 면으로 만들어졌다. 오늘날 우리가 알고 있듯이 청바지는 리바이스트라우스 사에 의해 큰 영향을 받았다. 리바이스트라우스는 19세기 미국의 옷감 상인이었다. 그는 자신의 사업체를 운영하기 위해 샌프란시스코로 이주했다. 당시 캘리포니아에서 골드러시가 절정에 이르렀고, 금을 캐는 광부에게 튼튼한 작업복이 필요했다. 그는 자신만의 청바지를 디자인하여 금을 캐는 광부들에게 팔았다. 그의 청바지 디자인은 여전히 오늘날의 패션 산업에 영향을 미치고 있다.

2 Vocabulary & Pronunciation

다음 어휘를 발음에 유의하며 크게 말해 보세요.

originally ad. 원래	cotton n. 목화, 면직물	wool n. 양털, 양모
significantly ad. 상당히	heavily ad. 매우, 대단히	merchant n. 상인
run v. 운영하다	reach v. ~에 닿다, 도착하다	industry n. 산업

3 Vocabulary Check 1

다음 빈칸에 들어갈 알맞은 단어를 2번 어휘에서 찾아 넣으세요.

1 그 박물관은 원래 기차역으로 사용되었다.
The museum was ____________ used as a train station.

2 우리 엄마의 꿈은 밴쿠버에서 한식당을 운영하는 것이다.
My mom's dream is to ____________ a Korean restaurant in Vancouver.

3 그 산의 정상에 오르는 데 거의 6시간이 걸렸다.
It took nearly 6 hours to ____________ the summit of the mountain.

4 Vocabulary Check 2

다음 설명에 해당하는 단어를 2번 어휘에서 찾아 넣으세요.

1 ____________ : businesses that produce a particular type of thing or provide a particular service

2 ____________ : someone whose job is to buy and sell things or a small company that does this

3 ____________ : in large amounts, to a high degree, or with great severity

5 Speak

다음 표현을 활용하여 말해 보세요.

1 run one's own business **~ 자신의 사업을 운영하다**

I'd like to run my own business. 저는 제 개인 사업을 하고 싶어요.

This is a good chance to run your own business. 이것은 당신 소유의 사업을 할 좋은 기회예요.

Emmett will run his own business someday. Emmett은 언젠가 자기 사업을 할 거야.

2 reach one's peak **~의 절정에 이르다**

You will soon reach your peak. 너는 곧 너의 절정에 이르게 될 거야.

He seemed to reach his peak last season. 그는 지난 시즌에 자신의 절정에 이른 것 같았다.

Inflation has yet to reach its peak. 인플레이션이 아직 절정에 이르지 않았다.

*have get to 아직 ~하지 않았다

6 Speaking Check

위의 표현을 참고하고 다음 주어진 단어를 활용하여 문장을 말해 보세요.

1 우리는 우리 사업을 할 준비가 되어 있습니다. (be, ready, to)

2 그 메이크업 아티스트는 그녀 자신의 사업을 운영하길 원한다. (the makeup artist, wants to)

3 고등학생들은 자신의 사업을 운영할 수 있다. (high school students, be able to)

4 나는 내 절정에 도달할 때까지 연습하는 것을 멈출 수 없습니다. (can, stop practicing, until)

5 그녀는 올림픽에서 그녀 자신의 절정에 도달하지 않았다. (not, in the Olympics)

6 블러드문은 오전 1시에 절정에 이를 것이다. (the Blood Moon, will, at 1 AM)

7 Write

다음 문법 사항을 활용하여 영작 연습을 해 보세요.

1 be동사 + made from **~로(부터) 만들어지다**

This sauce is made from soy milk, butter, and flour. 이 소스는 두유, 버터, 밀가루로 만들어져요.

My shirt was made from recycled polyester. 내 셔츠는 재활용된 폴리에스테르로 만들어졌습니다.

Most plastics are made from chemicals from fossil fuels.
대부분의 플라스틱은 화석연료에서 나온 화학물질로 만들어 진다.

2 sell A to B **A를 B에게 팔다**

They sell cheap, trendy clothes to consumers. 그들은 값싸고 트렌디한 옷을 소비자들에게 판다.

Greg sold his cottage to an Irish novelist. Greg은 자신의 별장을 아일랜드 출신의 소설가에 팔았다.

Leo sells coffee to his neighbors. Leo는 자신의 이웃들에게 커피를 판다.

8 Writing Check

위의 문법 사항을 활용해 다음 문장을 영작해 보세요.

1 이 물질은 버려진 조개껍데기로 만들어집니다. (material, waste seashells)

2 껌은 치클로부터 만들어지곤 했다. (gum, used to, chicle)

3 일반적인 태양 전지들은 규소로 만들어진다. (conventional, solar cells, silicon)

4 우리는 귀중한 골동품과 보석류를 대중에게 팔아요. (valuable, antiques, jewelry, the public)

5 그는 자신의 낡은 오토바이를 어느 수집가에 팔았다. (old, motorcycle, a collector)

6 북한은 이란과 시리아에 미사일을 팔아요. (North Korea, missiles, Iran, Syria)

Unit 3 AN OVERNIGHT MYSTERY

1 Listen & Read

먼저 음원을 듣고 나서 지문을 읽어 보세요.

A peculiar thing began to happen on farms during the late 1970s in England. Strange circular patterns were found in farmers' fields. The origin of these circles was a complete mystery to investigators, and many people began to believe that aliens were responsible for them. One theory suggested that the circles were created by alien ships when they landed. Another theory suggested that the circles were actually messages from aliens. Many people have even claimed to witness the formation of these circles by alien spacecraft. However, there is very little evidence to support those statements. In fact, two men even admitted their role in the formation of the original crop circles. Their names are Doug Bower and Dave Chorley. They claimed to have created the circles as a prank. They used planks, ropes, and wires to create patterns in farmer's fields. However, despite this admission, many still believe in the theory of extraterrestrial involvement in crop circles.

1970년대 후반 잉글랜드에 있는 농장에서 이상한 일이 일어나기 시작했다. 이상한 동그라미 문형이 농부의 밭에서 발견되었다. 이 동그라미의 원인은 조사자들에게 완전히 미스터리한 것이었으며, 많은 사람이 그것을 외계인의 소행이라고 믿기 시작했다. 그 원이 외계인 우주선이 착륙할 때 만들어졌을 것이라는 하나의 의견이 제시되었다. 또 다른 의견은 이러한 원이 외계인의 메시지라는 것이었다. 많은 사람이 이러한 원이 외계인 우주선에 의해 만들어지는 것을 목격 했다고 주장하기도 했다. 하지만, 이러한 주장을 뒷받침할 만한 증거는 거의 없다. 실제로, 어떤 두 사람이 처음의 크롭 서클(곡물 밭의 원형 무늬)을 만든 게 바로 자기들이라고 인 정하기도 했다. 그들의 이름은 더그 바우어와 데이브 촐리였다. 그들은 장난으로 서클을 만들었다고 주장했다. 그들은 농부의 밭에 무늬를 만들기 위해 널빤지와 밧줄, 철사 줄을 사용했다. 하지만, 이러한 실토에도 불구하고 많은 사람이 여전히 크롭 서클에 외계인이 관련되어 있다는 의견을 믿는다.

정답 p.52

2 Vocabulary & Pronunciation

다음 어휘를 발음에 유의하며 크게 말해 보세요.

peculiar a. 특이한, 별난	**investigator** n. 조사자, 연구자	**claim** v. ~을 주장하다
witness v. ~을 목격하다	**spacecraft** n. 우주선	**statement** n. 주장, 진술
prank n. 장난	**extraterrestrial** a. 지구 밖의	**involvement** n. 연관, 개입

3 Vocabulary Check 1

다음 빈칸에 들어갈 알맞은 단어를 2번 어휘에서 찾아 넣으세요.

1 시 당국은 그 충돌 현장에 특별 조사관 한 명을 보냈습니다.
The City has sent a special ______________ to the scene of the crash.

2 그 목격자는 용의자에 관한 거짓 진술을 했다.
The witness made a false ______________ about the suspect.

3 너의 방에서 특이한 냄새가 나.
Your room has a ______________ smell.

4 Vocabulary Check 2

다음 설명에 해당하는 단어를 2번 어휘에서 찾아 넣으세요.

1 ______________ : a trick, especially one which is played on someone to make them look silly

2 ______________ : to state that something is true, even though it has not been proved

3 ______________ : to see something happen, especially a crime or accident

5 Speak

다음 표현을 활용하여 말해 보세요.

1 be responsible for ~ **~에 책임[원인]이 있다**

I am responsible for the maintenance of the building. 나는 건물 관리를 책임지고 있어요.

Dr. Harvey is responsible for the patient's death. Harvey 박사가 그 환자의 죽음에 책임이 있다.

They are responsible for all of the expenses. 그들이 모든 비용에 책임이 있어요.

2 believe in ~ **~을 믿다, ~을 신뢰하다**

Believe in yourself. 네 자신을 믿어.

We believe in many gods. 우리는 많은 신을 믿어요.

The couple believed in true love. 그 커플은 참된 사랑을 믿었다.

6 Speaking Check

위의 표현을 참고하고 다음 주어진 단어를 활용하여 문장을 말해 보세요.

1 여러분은 자신의 안전에 책임이 있습니다. (own, safety)

2 몇몇의 요인들이 그 피해에 책임이 있다. (several, factors, damage)

3 그 남자는 그 치명적인 폭발에 책임이 있습니다. (man, deadly, explosion)

4 많은 사람들은 사후 세계를 믿어요. (a lot of, people, the afterlife)

5 나는 귀신이 있다고 믿지 않아요. (don't, ghosts)

6 그 작가는 독서의 힘을 믿는다. (author, the power of reading)

7 Write

다음 문법 사항을 활용하여 영작 연습을 해 보세요.

1 (that) + 주어 + 동사 **~라는 것**

We all know (that) you tripped her. 우리 모두는 네가 그녀를 넘어뜨린 것을 알고 있어.

He said (that) he has access to UAP information. 그는 미확인 비행현상의 정보에 접근할 수 있다고 말했다.

Why can't you see (that) my heart is sincere? 왜 내 마음이 진심이라는 것을 당신은 못 보나요?

2 seem/appear/claim + to have p.p. **~했다고 보이다/주장하다**

You seem to have had lots of fun. 너는 즐거운 시간을 보낸 것처럼 보이네.

The missile appears to have fallen in the East Sea. 그 미사일은 동해에 떨어진 것으로 보입니다.

The FDA claims to have warned about the virus. 미국 식약청은 그 바이러스에서 대해 경고했다고 주장한다.

8 Writing Check

위의 문법 사항을 활용해 다음 문장을 영작해 보세요.

1 우리는 Jeremy가 여전히 숲에서 살아있다고 믿어. (believe, still, alive, in the woods)

2 나는 당신이 5개 국어를 한다고 들었어요. (hear, speak, five, languages)

3 그 회사는 그들이 수백 명의 직원을 내보낼 것이라고 발표했다. (company, announce, will, lay off, hundreds of, employees)

4 나는 그들의 신용을 잃은 것 같아. (seem, lose, trust)

5 코끼리 한 마리가 동물원에서 탈출한 것으로 보입니다. (elephant, appear, escape, from the zoo)

6 그 물리학자는 충격적인 발견을 했다고 주장한다. (physicist, claim, make, a, shocking, discovery)

Unit 4

A NATURAL OR SUPERNATURAL PHENOMENON

1 Listen & Read

먼저 음원을 듣고 나서 지문을 읽어 보세요.

The mystery of the Bermuda triangle has been a topic of debate for many decades. It is located in the Atlantic Ocean near Bermuda, Puerto Rico, and Florida. Over the years, hundreds of ships and planes have mysteriously disappeared in this area. Some people believe that these disappearances happen because of supernatural forces, such as aliens. Others believe that they are because the laws of physics don't apply in the Bermuda triangle. In fact, it is one of the only two places in the world where a compass points "true" north, not "magnetic" north. This could cause ships and planes to get lost if they don't properly adjust their course. However, there are also many natural explanations which explain the mysterious disappearances of vessels in the Bermuda triangle. Fierce storms are frequent occurrences in this area. They can turn up suddenly and severely damage a ship or plane. Fast currents can also sweep away wreckage very quickly. This makes rescue missions very difficult and dangerous.

수십 년 동안 버뮤다 삼각지의 미스터리는 논쟁의 소재가 되어 왔다. 그것(버뮤다 삼각지)은 버뮤다, 푸에르토리코, 플로리다 주변에 있는 대서양에 위치한다. 수년에 걸쳐, 수백 척의 배와 수백 대의 비행기가 이 지역에서 불가사의하게 사라지고 있다. 어떤 사람들은 이러한 사라짐이 외계인과 같은 초자연적인 힘 때문에 일어난다고 믿는다. 또 다른 사람들은 이러한 현상이 버뮤다 삼각지에서는 물리학 법칙이 적용되지 않기 때문이라고 믿는다. 실제로 이 지역은 지구 상에서 나침반이 '자'북이 아니라 '진'북을 가리키는 딱 두 곳 중 한 곳이다. 만약 배와 비행기가 적절하게 자신의 항로를 조정하지 못하면 이것 때문에 길을 잃을 수 있다. 하지만, 버뮤다 삼각지에서 일어나는 불가사의한 배의 실종을 설명하는 많은 자연적인 설명도 있다. 이 지역에서는 거센 폭풍이 자주 발생한다. 이 폭풍은 갑자기 나타나서 배나 비행기에 심각한 손상을 입힐 수 있다. 급속한 조류가 난파된 잔해를 순식간에 휩쓸어 가 버릴 수도 있다. 이것이 구조 임무를 몹시 어렵고 위험하게 만든다.

*진북: 지리상의 기준에 따른 지구의 북쪽 (북극성이 있는 방향)
**자북: 나침반이 가리키는 북쪽(캐나다의 허드슨만 인근)
***도북: 지도상의 북쪽

2 Vocabulary & Pronunciation

다음 어휘를 발음에 유의하며 크게 말해 보세요.

debate n. 논쟁, 논란, 토론	**supernatural** a. 초자연적인	**alien** n. 외계인
apply v. 적용되다	**compass** n. 나침반	**current** n. 조류, 해류
wreckage n. 난파 잔해물; 난파	**rescue** n. 구조	**mission** n. 임무

3 Vocabulary Check 1

다음 빈칸에 들어갈 알맞은 단어를 2번 어휘에서 찾아 넣으세요.

1 마지막 두 질문은 넘어가. 여자들에게만 적용되는 내용이니까.
Skip the last two questions since they only ______________ to girls.

2 아이언맨은 초자연적인 능력이 없다.
Ironman doesn't have ______________ powers.

3 짙은 안개로 인해 구조 계획은 또다시 실패했다.
The ______________ plan failed again because of heavy fog.

4 Vocabulary Check 2

다음 설명에 해당하는 단어를 2번 어휘에서 찾아 넣으세요.

1 ______________ : discussion of a particular subject that often continues for a long time and in which people express different opinions

2 ______________ : a creature from another world

3 ______________ : an important job that someone has been given to do, especially when they are sent to another place

5 Speak

다음 표현을 활용하여 말해 보세요.

1 be located (in) ~ ~에 위치하다, ~에 있다

The building is located in the heart of the city. 그 빌딩은 시의 중심가에 있어.

My store is located in a small town. 제 가게는 작은 마을에 위치해 있습니다.

Their next manufacturing plant will be located in Georgia.
그들의 다음 제조 공장은 조지아주에 세워질 것이다.

2 get lost 길을 잃다, 분실되다

Get lost! 꺼져!

People easily get lost in the dark. 사람들은 어둠 속에서 쉽게 길을 잃어요.

A tourist got lost while hiking alone. 한 여행객이 혼자 하이킹을 하다 길을 잃었다.

6 Speaking Check

위의 표현을 참고하고 다음 주어진 단어를 활용하여 문장을 말해 보세요.

1 그 미술관은 런던에 위치해 있어. (art museum, London)

2 주요 산유국들은 이 지역에 위치하여 있습니다. (major, oil-producing countries, area)

3 그 의료 센터는 소방서에서 걸어 갈 수 있는 거리 안에 세워질 것이다. (medical center, within walking distance, of, the fire station)

4 많은 소포가 배송 중에 분실된다. (many, packages, in delivery)

5 그 소년들은 집에 가는 길에 길을 잃었다. (boys, on the way, home)

6 내 편지는 십 년 동안 우편물에 분실되었다. (letter, in the mail, for 10 years)

7 Write

다음 문법 사항을 활용하여 영작 연습을 해 보세요.

1 if + 주어 + 동사 + not **만약 ~하지 않으면**

Let's ask Mom if you are not sure. 만약 확신할 수 없다면, 어머니께 여쭤보자.

Can you help if Maria can't make it? 만약 Maria가 올 수 없다면 네가 도와줄 수 있어?

What happens if the alarm doesn't go off? 만약 경보가 울리지 않으면 어떻게 되나요?

2 명사 + which + 동사 **~하는 명사**

I know a restaurant which serves the best sushi. 나는 초밥을 최고로 잘 만드는 식당을 알고 있어.

We needs a laundromat which is open 24/7. 우리는 24시간 운영되는 빨래방이 필요합니다.

They added a new feature which provides internet access.
그들은 인터넷 접근을 제공하는 새로운 기능을 추가했다.

8 Writing Check

위의 문법 사항을 활용해 다음 문장을 영작해 보세요.

1 만약 그가 방에 없으면 전화를 걸어 봐. (give, a call, in the room)

2 만약 프로젝터가 작동하지 않는다면 우린 회의를 연기해야 해요. (should, postpone, the meeting, the project, work)

3 만약 그들의 나의 계획을 승인하지 않으면 나는 무엇을 할 수 있을까? (what, approve, plan)

4 그들은 대중을 오도할 수 있는 거짓 뉴스를 퍼트린다. (spread, false news, mislead, the public)

5 우리는 위험에 처한 동물들을 도울 수 있습니다. (can, help, animals, in danger)

6 이것은 더 많은 관심이 필요한 심각한 질병입니다. (this, a serious illness, need, more attention)

Unit 5

THE FATHER OF THE HAMBURGER

1 Listen & Read

먼저 음원을 듣고 나서 지문을 읽어 보세요.

Have you ever wondered who made the first hamburger? One story suggests a young boy named Charlie Nagreen invented the hamburger. In 1885, he began to sell it at the Outagamie County Fair in Wisconsin. Originally, he was selling meatballs at his food stand. However, business was very slow. People found the meatballs too difficult to carry around. They were just too messy. All of a sudden, he came up with a brilliant idea! He flattened the meatballs. Then, he placed them between two slices of bread. He called his new invention a hamburger. He became known as "Hamburger Charlie." A hamburger hall of fame was even built in Charlie's hometown of Seymour, Wisconsin. The town has an annual burger festival on the first Saturday of August.

*hall of fame 명예의 전당

햄버거를 처음 만든 사람이 누구인지 궁금해한 적이 있는가? 찰리 나그린이라는 이름의 어린 소년이 햄버거를 만들었다는 이야기가 있다. 1885년, 그는 위스콘신 주에 있는 아우타가미 카운티 박람회에서 햄버거를 팔기 시작했다. 원래, 그는 자신의 음식 가판대에서 미트볼을 팔았다. 그러나 사업은 거의 진척이 없었다. 사람들은 미트볼을 들고 다니는 것을 어려워했다. 너무 흩어졌던 것이다. 갑자기, 그는 굉장한 아이디어가 떠올랐다! 그는 미트볼을 납작하게 눌렀다. 그런 다음, 그것을 두 조각의 빵 사이에 넣었다. 그는 자신의 새로운 발명품을 햄버거라고 불렀다. 그는 '햄버거 찰리'라고 알려지게 되었다. 심지어 햄버거 명예의 전당이 찰리의 고향 마을인 위스콘신 주 시모어에 세워지기까지 했다. 그 마을은 매년 8월 첫째 주 토요일에 버거 축제를 연다.

2 Vocabulary & Pronunciation

다음 어휘를 발음에 유의하며 크게 말해 보세요.

wonder v. ~을 궁금해하다	**food stand** n. 음식 가판대	**business** n. 사업, 장사
messy a. 지저분한, 엉망인	**come up with** ~을 생각해내다	**brilliant** a. 멋진, 명석한
flatten v. 납작하게 만들다	**invention** n. 발명품	**annual** a. 매년의, 연례의

3 Vocabulary Check 1

다음 빈칸에 들어갈 알맞은 단어를 2번 어휘에서 찾아 넣으세요.

1 사업을 할 때 우리는 조심해야 한다.
We should be careful when doing ______________.

2 스마트폰의 발명은 우리의 일상을 바꿨다.
The ______________ of the smartphone has changed our daily lives.

3 내 아들은 자신의 침실이 지저분해질 때만 청소를 한다.
My son only cleans up his bedroom when it gets ______________.

4 Vocabulary Check 2

다음 설명에 해당하는 단어를 2번 어휘에서 찾아 넣으세요.

1 ______________ : to think about something that you are not sure about and try to guess what is true, what will happen, etc.

2 ______________ : excellent, marvelous

3 ______________ : happening once a year

5 Speak

다음 표현을 활용하여 말해 보세요.

1 all of a sudden 갑자기

All of a sudden, the house started shaking. 갑자기 집이 흔들리기 시작했다.

All of a sudden, a blue screen of death appeared on the computer.
갑자기 컴퓨터에 블루스크린 오류가 떴다.

All of a sudden, the actress burst into tears. 갑자기 그 여배우는 울음을 터뜨렸다.

2 come up with ~ ~을 생각해내다, ~을 고안하다

Please come up with something special. 뭔가 특별한 것을 생각해 보세요.

The staff gathered to come up with strategies. 직원들은 전략을 고안하기 위해 모였다.

Ask the interns to come up with a design. 디자인을 생각해보라고 인턴들에게 요청하세요.

6 Speaking Check

위의 표현을 참고하고 다음 주어진 단어를 활용하여 문장을 말해 보세요.

1 갑자기 불이 꺼졌어요. (the light, went, out)

2 갑자기 그 운전사는 운전대를 왼쪽으로 꺾었다. (driver, turned, the steering wheel, to the left)

3 갑자기 나는 코에서 피를 흘리기 시작했다. (began to bleed, from the nose)

4 나의 팀은 더 좋은 아이디어를 고안해 낼 것입니다. (team, will, better, ideas)

5 간단한 해결책을 생각해보려고 노력하세요. (try to, a, simple, solution)

6 나는 내 게재물을 위한 멋진 해시태그를 고안해 내야 해. (should, cool, hashtags, for, posts)

7 Write

다음 문법 사항을 활용하여 영작 연습을 해 보세요.

1 was/were + 동사의 -ing ~하고 있었다, ~하는 중이었다

I was wondering if you could help me. 저는 당신이 저를 도와줄 수 있을까 생각하고 있었어요.

The gardener was watering the plants. 정원사는 식물에 물을 주고 있었어요.

The dogs were chasing the suspect. 개들은 용의자를 쫓고 있었습니다.

2 too + 형용사 + to 동사원형 ~하기에 너무 …한

His question was too tricky to answer. 그의 질문은 답하기에 너무 까다로웠다.

Daisy is too boring to hang out with. Daisy는 같이 놀기에 너무 지루하다.

His paintings are too complicated to understand. 그의 그림은 이해하기에 너무 복잡해.

8 Writing Check

위의 문법 사항을 활용해 다음 문장을 영작해 보세요.

1 Patrick은 자신의 여자 친구에게 문자를 보내고 있었다. (text, girlfriend)

2 대통령은 생사가 걸린 문제를 처리하고 있었다. (the President, deal with, life-and-death, issues)

3 두 나라 모두 식량 부족을 직면하고 있었다. (both, countries, face, a food shortage)

4 내 문제는 해결하기에는 너무 어려워. (problem, difficult, solve)

5 어떤 동물들은 접근하기에 너무 위험하다. (some, animals, dangerous, approach)

6 그 피해는 무시하기에는 너무 명백했다. (damage, obvious, ignore)

Unit 6

AN ICONIC MUSICAL BASED ON A NOVEL

1 Listen & Read

먼저 음원을 듣고 나서 지문을 읽어 보세요.

Les Miserables is one of the world's most famous musicals and is based on the book which has the same title. However, the critics didn't like the musical when it was first released. The interesting thing is that at first, the book was not well received either. When the book was first published in 1862, it sold well, but newspapers and magazines did not think it was very good. When the musical was first performed in 1985, it sold out early on, but critics were not happy with it. To me, *Les Miserables* is one of the most wonderful musicals. The story of Jean Valjean and French society after the French Revolution was inspiring, and the music and acting were excellent. Although the tickets were quite expensive, the show was well worth it. I would suggest seeing *Les Miserables* to anyone who has never seen a big production of a musical before. You won't be disappointed!

〈레미제라블〉은 전 세계적으로 가장 유명한 뮤지컬 가운데 하나로 같은 제목의 책을 바탕으로 제작된 것이다. 그러나 이 뮤지컬이 처음 공연되었을 때 비평가들은 좋아하지 않았다. 흥미 있는 것은 책도 처음 출간되었을 때는 별로 환영을 받지 못했다는 점이다. 1862년에 처음 출판되었을 당시 책은 잘 팔렸지만 신문과 잡지에서는 별로 좋은 책이 아니라고 생각했다. 1985년에 뮤지컬이 초연되었을 때도 티켓은 초기에 매진되었지만 비평가들은 별로 좋아하지 않았다. 나는 〈레미제라블〉은 제일 훌륭한 뮤지컬 중의 하나라고 생각한다. 장발장과 프랑스 대혁명 이후의 프랑스 사회를 다룬 이 이야기는 감동을 안겨 주었고, 음악과 연기는 아주 뛰어났다. 관람료는 상당히 비쌌지만 공연은 그만한 가치가 있었다. 대형 뮤지컬을 한 번도 본 적이 없는 사람에게 〈레미제라블〉을 볼 것을 권한다. 실망하지 않을 것이다!

정답 p.53

2 Vocabulary & Pronunciation

다음 어휘를 발음에 유의하며 크게 말해 보세요.

critic n. 비평가, 평론가	**release** v. 발매하다, 개봉하다	**receive** v. ~을 받아들이다, 받다
perform v. 공연[상연]하다	**sell out** 매진되다	**society** n. 사회
revolution n. 혁명	**inspiring** a. 영감을 주는	**production** n. 상연, 제작

3 Vocabulary Check 1

다음 빈칸에 들어갈 알맞은 단어를 2번 어휘에서 찾아 넣으세요.

1 우리는 매년 크리스마스 연극을 공연합니다.
We ______________ a Christmas play every year.

2 그가 최근에 발견한 것은 양자물리학의 혁명을 일으킬 것이다.
His recent discovery will start a ______________ in quantum physics.

3 나는 납세자들이 사회에서 가장 중요한 구성원이라고 믿습니다.
I believe taxpayers are the most important members of ____________.

4 Vocabulary Check 2

다음 설명에 해당하는 단어를 2번 어휘에서 찾아 넣으세요.

1 ______________ : someone whose job is to make judgments about the good and bad qualities of art, music, films, etc.

2 ______________ : to make (a film, recording, or other product) available to the public

3 ______________ : encouraging, or making you feel you want to do something

5 Speak

다음 표현을 활용하여 말해 보세요.

1 be based on ~ ~을 기초로 하다, ~에 근거를 두다

His movie is based on a novel, not real life. 그의 영화는 현실이 아닌 소설을 기반으로 합니다.

My success is based on learning from my mistakes. 나의 성공은 실수로부터 배우는 것을 기초로 한다.

The judge's decision was based on the evidence from the police.
판사의 결정은 경찰이 제시한 증거물에 근거를 두었다.

2 be (well) worth ~ ~의 가치가 (충분히) 있다

These energy saving tips are worth the effort. 이러한 에너지 절약법은 노력할만한 가치가 있어요.

A visit to the exhibition is well worth your time. 그 전시회 방문은 시간 투자의 가치가 충분히 있다.

Her new film was well worth the wait. 그녀의 새 영화는 기다린 가치가 충분히 있었다.

6 Speaking Check

위의 표현을 참고하고 다음 주어진 단어를 활용하여 문장을 말해 보세요.

1 그 책은 실제 범죄이야기를 기초로 합니다. (book, a true crime story)

2 그녀의 음악치료법은 과학에 근거를 두었다. (music therapy, science)

3 대부분의 스마트폰 광고는 여러분의 위치에 기반을 둡니다. (most, smartphone ads, location)

4 이 온라인 언어 과정은 그만한 값어치가 있어요. (online language course, the money)

5 그 에어쇼는 볼만한 가치가 충분히 있었다. (air show, well, watching)

6 나의 러닝머신은 투자한 것의 값어치를 충분히 했다. (treadmill, well, the investment)

7 Write

다음 문법 사항을 활용하여 영작 연습을 해 보세요.

1 suggest + 동사의 -ing ~하는 것을 제안하다

I suggest making a written complaint. 서면으로 불만을 제기하시길 제안합니다.

Experts suggest paying 30% of your income for housing.
전문가들은 수입의 30%를 주거비로 쓸 것을 제안합니다.

My psychiatrist suggested quitting my job. 나의 정신과 선생님이 내가 직장을 그만둘 것을 제안했어.

2 will not[won't] + 동사원형 ~하지 않을 것이다

It will not rain tomorrow. 내일 비가 내리지 않을 거야.

She will not agree to it. 그녀는 그것에 동의하지 않을 것입니다.

My boss won't allow this. 내 직장상사는 이것을 허락하지 않을 것이야.

8 Writing Check

위의 문법 사항을 활용해 다음 문장을 영작해 보세요.

1 우리는 대신할 사람을 찾으라고 제안 드립니다. (find, a replacement)

2 그 앱이 지하철을 타라고 제안하네요. (app, take, the subway)

3 그는 다양한 데이터를 수집할 것을 제안했습니다. (gather, various, data)

4 나는 어떤 것도 건들지 않을게요. (touch, anything)

5 당신의 아이들이 당신을 용서하지 않을 거예요. (children, forgive)

6 그 운영자는 나의 제안을 받아들이지 않을 것이다. (administrator, accept, offer)

Unit 7 THE INVENTION OF THE CALENDAR

1 Listen & Read

먼저 음원을 듣고 나서 지문을 읽어 보세요.

If there were no calendars, what would happen? We would not be able to know what day, month, or year it was. In addition, we wouldn't be able to make any future plans. How was the first calendar invented? The origin of the calendar begins with the study of astronomy. The cycle of the Moon was very important to the development of early calendars. Early civilizations measured each month by the cycle of the Moon. Each cycle of the Moon has four phases. The first phase is the New Moon. The second phase is the First Quarter. The third phase is the Full Moon. The last phase is the Last Quarter. After that, a new month would begin with the New Moon. However, this system failed to spread around the world because it could not measure the passage of time correctly.

달력이 없다면 어떤 일이 일어날까? 무슨 요일인지, 무슨 달인지, 그리고 몇 년인지 알 수 없을 것이다. 게다가, 미래 계획도 세우지 못할 것이다. 최초의 달력은 어떻게 고안되었을까? 달력의 기원은 천문학 연구와 함께 시작된다. 달(the Moon)의 주기는 초기 달력의 발달에 매우 중요했다. 초기 문명은 달(the Moon)의 주기로 각 달(month)을 측정했다. 각 달(the Moon)의 주기는 네 개의 단계이다. 첫 번째 단계는 초승달이다. 두 번째 단계는 상현달이다. 세 번째 단계는 보름달이다. 네 번째 단계는 하현달이다. 이후 초승달과 함께 새로운 달(month)이 시작된다. 그러나 이러한 체계는 시간 흐름을 정확하게 측정하지 못했기 때문에 전 세계로 확산되지 못했다.

정답 p.54

2 Vocabulary & Pronunciation

다음 어휘를 발음에 유의하며 크게 말해 보세요.

calendar n. 달력	**astronomy** n. 천문학	**cycle** n. 순환, 주기
development n. 발달, 개발	**civilization** n. 문명	**measure** v. ~을 측정하다
phase n. 단계	**quarter** n. 현(弦), 4분의 1	**fail** v. 실패하다

3 Vocabulary Check 1

다음 빈칸에 들어갈 알맞은 단어를 2번 어휘에서 찾아 넣으세요.

1 인더스 문명은 역사상 가장 오래된 것 중 하나이다.
The Indus Valley ______________ is one of the oldest in history.

2 불안감은 아동 발달에 부정적인 영향을 끼칠 수 있다.
Anxiety can have negative effects on child ______________ .

3 당신이 바이어들을 설득하는 데 실패하면 우리는 수백만 달러를 잃을 것 입니다.
If you ______________ to persuade the buyers, we will lose millions of dollars.

4 Vocabulary Check 2

다음 설명에 해당하는 단어를 2번 어휘에서 찾아 넣으세요.

1 ______________ : a number of related events that happen again and again in the same order

2 ______________ : to find the size, length, or amount of something, using standard units such as inches, meters, etc.

3 ______________ : one of the stages of a process of development or change

5 Speak

다음 표현을 활용하여 말해 보세요.

1 be able to ~ ~할 수 있다

I am able to attend the party tomorrow. 나는 내일 파티에 참석할 수 있습니다.

The spokesman is able to answer any questions. 그 대변인은 어떤 질문에도 답할 수 있어요.

The researchers were able to take a closer look at it.
그 연구원들은 그것을 좀 더 자세히 들여다볼 수 있었다.

2 spread around the world 전 세계로 퍼지다

This virus continues to spread around the world. 이 바이러스는 전 세계적으로 계속 퍼진다.

How did the English language spread around the world? 어떻게 영어는 전 세계적으로 퍼졌을까?

The stunning news spread around the world. 그 놀라운 소식은 전 세계로 퍼졌다.

* spread는 원형, 과거형, 과거분사형이 모두 같다

6 Speaking Check

위의 표현을 참고하고 다음 주어진 단어를 활용하여 문장을 말해 보세요.

1 그 정비공은 전기 자동차도 수리할 수 있어. (mechanic, repair, electric vehicles, too)

2 우리는 그 모임에서 우리의 이야기를 나눌 수 있습니다. (share, stories, at the meeting)

3 그 가수는 라이브로 쇼를 공연할 수 있었다. (singer, perform, the show, live)

4 그들의 관계에 관한 소문은 전 세계적으로 퍼질 것이다. (the rumor, about, relationship, will)

5 재미있는 밈은 세계적으로 빠르게 퍼집니다. (funny, memes, rapidly)

6 오징어 게임의 인기는 전 세계적으로 퍼졌다. (Squid Game's, popularity)

7 Write

다음 문법 사항을 활용하여 영작 연습을 해 보세요.

1 If there were no ~, 주어 + would/could + 동사원형 **만약 ~가 없다면, …할 (수 있을) 텐데**

If there were no smartphones, our lifestyle would change a lot.
만약 스마트폰이 없다면 우리의 생활방식은 많이 바뀔 텐데.

If there were no VAR(video assistant referees), we would have more unfair decisions.
만약 VAR(비디오판독심)이 없다면 우리는 불공정한 판정을 더 많이 보게 될 것이다.

If there were no mosquitoes, I could enjoy outdoor activities often.
만약 모기가 없다면 나는 실외활동을 자주 즐길 수 있을 텐데.

2 could not[couldn't] + 동사원형 **~할 수 없었다**

I could not believe my eyes. 나는 내 눈을 믿을 수가 없었다.

The athletes could not stand the heat. 그 육상 선수들은 열기를 견딜 수 없었다.

He couldn't hack into my email account. 그는 내 이메일 계정을 해킹할 수 없었다.

8 Writing Check

위의 문법 사항을 활용해 다음 문장을 영작해 보세요.

1 만약 달걀이 없다면 우린 빈약한 아침식사를 할 것이다. (eggs, have, a poor breakfast)

2 만약 숙제가 없다면 아이들은 독서를 더 많이 할 수 있을 텐데. (homework, children, read, more)

3 만약 태양이 없다면 모두가 얼어 죽을 것이다. (sun, everyone, freeze to death)

4 그녀는 거울로 자기 자신을 바라볼 수 없었다. (look at, in the mirror)

5 그는 에베레스트산의 정상에 도달할 수 없었다. (reach, the summit of Mount Everest)

6 그 새로운 매니저는 그 일을 감당할 수 없었어. (new, manager, handle, work)

Unit 8

UNIQUE ASIAN FOOD

Listen & Read

먼저 음원을 듣고 나서 지문을 읽어 보세요.

This is one of the world's most delicious foods, but it smells terrible. Say hello to stinky tofu, Taiwan's famous snack. People line up at stinky tofu stands all over Taiwan. There, tofu is deep fried until it's golden and crispy on the outside. Then it's served with a spicy sauce of vinegar, sesame oil, pickled cabbage, and cucumber. It looks delicious. So why does it stink so badly? The answer is fermentation. Before cooking, the tofu is soaked in six-month-old broth made from fermenting meat, milk, fish, and vegetables. Most recipes are secrets. What nobody can hide is the terrible smell. If you dare to try stinky tofu, just follow your nose.

이것은 세계에서 가장 맛있는 음식 중에 하나이지만, 지독한 냄새가 난다. 대만의 유명한 간식인 취두부에게 인사를 건네 보자. 대만 전역에 있는 취두부 가판대에는 사람들이 줄을 서 있다. 그곳에서 두부는 표면이 노릇노릇하고 바삭할 때까지 비짝 튀겨진다. 그리고 식초와 참기름, 절인 양배추, 오이로 만든 매콤한 소스와 함께 제공된다. 먹음직스럽게 보인다. 그럼 왜 그렇게 고약한 냄새가 날까? 답은 발효이다. 요리되기 이전에 그 두부는 발효시킨 고기와 우유, 생선, 채소로 만들어진 6개월 된 육수에 담가진다. 대부분의 조리법은 비밀이다. 누구도 감출 수 없는 것은 지독한 냄새이다. 만약 당신이 용기를 내 취두부를 먹어 보고 싶다면, 그저 냄새가 나는 데로 따라가라.

정답 p.54

2 Vocabulary & Pronunciation

다음 어휘를 발음에 유의하며 크게 말해 보세요.

line up 줄을 서다	**crispy** a. 바삭한	**spicy** a. 매운
stink v. 악취를 풍기다	**badly** ad. 몹시	**soak** v. 적시다, 담그다
broth n. 즙, 육수	**ferment** v. 발효되다, 발효시키다	**recipe** n. 조리법

3 Vocabulary Check 1

다음 빈칸에 들어갈 알맞은 단어를 2번 어휘에서 찾아 넣으세요.

1 내 아이들은 놀이공원에 가길 몹시 원했다.
My kids ______________ wanted to go to the amusement park.

2 우리는 겉은 바삭하고 속은 부드러운 것을 먹었다.
We ate something ______________ on the outside, soft on the inside.

3 그를 직접 만나기 위해서 팬들이 줄 서 있는 것을 보는 것은 어려운 일이 아니다.
It's not hard to see fans ______________ just to meet him in person.

4 Vocabulary Check 2

다음 설명에 해당하는 단어를 2번 어휘에서 찾아 넣으세요.

1 ______________ : a set of instructions for cooking a particular type of food

2 ______________ : to smell very unpleasant

3 ______________ : to put something in liquid for a time so that it becomes completely wet

5 Speak

다음 표현을 활용하여 말해 보세요.

1 be served with ~ ~와 함께 제공되다

Each burger is served with fresh salad. 각각의 버거는 신선한 샐러드와 함께 제공된다.

A bowl of ramen is served with kimchi. 라면 한 그릇이 김치와 함께 제공된다.

My pecan pie was served with a cup of coffee. 내 피칸 파이는 커피 한 잔과 함께 제공되었어.

2 dare to ~ 감히 ~하다, ~할 엄두를 내다

He wouldn't dare to refuse the wage freeze. 그는 감히 임금 동결을 거절하지 않을 것이다.

Not many students dared to speak up. 감히 소신껏 말하려는 학생들이 별로 없었다.

Who would dare to break the rules? 누가 감히 그 규칙을 어길 수 있을까?

6 Speaking Check

위의 표현을 참고하고 다음 주어진 단어를 활용하여 문장을 말해 보세요.

1 그 요리는 감자튀김과 음료수와 함께 제공됩니다. (plate, fries, and, a beverage)

2 저희 타코는 사워크림과 살사와 함께 제공됩니다. (tacos, sour cream, and, salsa)

3 그 전채 요리들은 이국적인 칵테일과 함께 제공되었다. (appetizers, an exotic cocktail)

4 어떤 경찰관은 뇌물을 받을 엄두를 낸다. (some, police officers, take, bribes)

5 나는 감히 내 상사에게 말대꾸하지 않을 거야. (wouldn't, talk back to, boss)

6 아무도 감히 그녀의 눈을 쳐다볼 수가 없었다. (no one, look, in the eye)

7 Write

다음 문법 사항을 활용하여 영작 연습을 해 보세요.

1 look + 형용사 ~하게 보이다

These dishes look delicious. 이 요리들은 맛있어 보이네요.

His laptop looks expensive. 그의 노트북컴퓨터는 비싸 보이네요.

The waterfalls looked spectacular. 그 폭포는 장관이었어.

2 Why + do/does/did + 주어 + 동사원형 ~? 왜 주어가 ~해/했어?

Why do you keep coming to work late? 왜 당신은 계속해서 출근할 때 지각하나요?

Why does the boy band have so many followers? 왜 그 남자 그룹은 팔로워가 엄청 많아?

Why did the cop pull over the driver? 왜 그 경찰관은 운전자가 길옆에 차를 세우게 했어?

8 Writing Check

위의 문법 사항을 활용해 다음 문장을 영작해 보세요.

1 우리의 운동화는 똑같아 보이네요. (sneakers, identical)

2 당신의 이력서는 흥미로워 보이네요. (résumé, interesting)

3 그들의 특수 업무는 거대해 보였다. (special, task, enormous)

4 왜 내가 현기증이 나지? (feel, dizzy)

5 왜 지구는 자전을 하지? (the Earth, rotate)

6 왜 일본은 한국을 침략했을까? (Japan, invade, Korea)

Unit 9

ANCIENT CHINESE HISTORY

1 Listen & Read

먼저 음원을 듣고 나서 지문을 읽어 보세요.

What do you think it would be like to discover an ancient army? Well, that's what happened to a group of local farmers in 1974. They accidentally discovered Emperor Qin's Terracotta Army in the Shaanxi Province of China. It turned out to be one of the greatest archaeological finds in history. This ancient army of clay soldiers dates back to 210 BC. Emperor Qin, the first Emperor of China, ordered his people to construct this army at the age of thirteen. He asked them to make every soldier look different. According to ancient historians, the army was created to help the emperor rule his kingdom in the afterlife. It took 700,000 workers to construct the statues. To date, over 8,500 different soldiers, chariots, and horses have been found by archaeologists.

고대 군대를 발견하면 어떨 것 같은가? 1974년에 한 무리의 농부들에게 실제로 그런 일이 일어났다. 중국 산시성 지방에서 그들은 우연히 진시황의 병마용을 발견했다. 그것은 역사상 가장 위대한 고고학적 발견 중 하나로 판명되었다. 이 고대 점토 군인의 군대는 기원전 210년으로 거슬러 올라간다. 중국 최초의 황제인 진시황은 13세 때 그의 부하들에게 이 군대를 만들 것을 명령했다. 그는 그들에게 모든 군인이 다르게 보이도록 만들라고 지시했다. 고대 역사가에 따르면, 이 군대는 황제가 사후에 자신의 왕국을 통치하는 데 도움을 받기 위해 만들어졌다. 이 동상들을 만드는 데 70만 명의 근로자가 동원되었다. 오늘날까지 8,500개 이상의 군인, 전차, 말이 고고학자들에 의해 발견되었다.

정답 p.54

2 Vocabulary & Pronunciation

다음 어휘를 발음에 유의하며 크게 말해 보세요.

army n. 군대, 병력, 육군	**local** a. 지방의, 지역의	**accidentally** ad. 우연히
archaeological a. 고고학적	**date back to** ~로 거슬러 올라가다	**order** v. 명령하다
rule v. ~을 통치하다, 지배하다	**afterlife** n. 사후 세계	**statue** n. 동상

3 Vocabulary Check 1

다음 빈칸에 들어갈 알맞은 단어를 2번 어휘에서 찾아 넣으세요.

1 내 두 아들 모두 육군에서 복무 중에 있어요.
Both of my sons are serving in the ______________.

2 그 고고학 유적지의 몇 곳은 도굴로 인해 손상되었다.
Some parts of the ______________ site were damaged by illegal digging.

3 이 아름다운 집들은 1800년대로 거슬러 올라간다.
These beautiful houses ____________________________ the 1800s.

4 Vocabulary Check 2

다음 설명에 해당하는 단어를 2번 어휘에서 찾아 넣으세요.

1 ______________ : relating to the particular area you live in, or the area you are talking about

2 ______________ : to tell someone that they must do something, especially using your official power or authority

3 ______________ : to officially control or govern a country or area

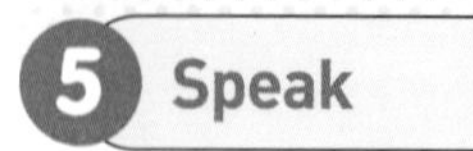

5 Speak

다음 표현을 활용하여 말해 보세요.

1 That's what happened to ~ 그것이 ~에게 일어난 일이다

That's what happened to us a couple of days ago. 그것이 며칠 전 우리에게 일어난 일이다.

That's what happened to my baby that day. 그것이 그날 우리 아기에게 생긴 일이다.

That's what happened to the engine while I was driving.
그것은 내가 운전하는 도중에 엔진에게 일어난 일이에요.

2 turn out to be ~ ~로 드러나다/밝혀지다

His headaches could turn out to be a brain tumor. 그의 두통은 뇌종양으로 드러날 수도 있어.

The baby turned out to be my biological child. 그 아기는 내 친자로 밝혀졌다.

Sometimes the worst day turns out to be the best day ever.
가끔 최악의 날이 알고 보니 지금껏 최고의 날이 되기도 한다.

6 Speaking Check

위의 표현을 참고하고 다음 주어진 단어를 활용하여 문장을 말해 보세요.

1 그것이 수술 중에 나의 아버지에게 발생한 일입니다. (father, during, the surgery)

2 그것이 탈출 후에 왕에게 생긴 일입니다. (the king, after, the escape)

3 그것이 지난 분기 매출에 있었던 일입니다. (sales, last quarter)

4 그는 나쁜 남자인 것으로 밝혀졌다. (a bad guy)

5 그 전문가의 분석은 항상 잘못된 것으로 드러난다. (the expert's, analysis, always, wrong)

6 그 행사는 큰 성공인 것으로 드러났다. (event, a huge success)

7 Write

다음 문법 사항을 활용하여 영작 연습을 해 보세요.

1 ask + A + to 동사원형 A에게 ~하라고 시키다/요청하다

Let's ask the customers to keep it down. 그 손님들에게 조용히 해 달라고 요청하자.

The pilot asks the flight attendants to be seated. 비행 조종사는 승무원들에게 착석하라고 요청한다.

He asked us to put our phones on vibrate. 그는 우리에게 폰을 진동으로 설정해 달라고 요청했다.

2 It takes + (시간/돈/노력) + to 동사원형 ~하는 데 …가 소요되다

It takes 30 minutes to change the engine oil. 엔진 오일 교체하는 데 30분 걸립니다.

It takes $100 to fill up the tank. 연료 가득 채우는 데 100달러가 들어요.

It takes a lot of effort to master something. 무언가를 통달하는 데 많은 노력이 필요해요.

8 Writing Check

위의 문법 사항을 활용해 다음 문장을 영작해 보세요.

1 그녀는 나에게 월세를 현금으로 지급해 달라고 요청했다. (pay my rent, with cash)

2 내가 Jessica에게 식사 비용을 지불해 달라고 요청할게. (ask, to, pay for, the meal)

3 그녀는 그 심판에게 그의 판정을 재고해 달라고 요청했다. (referee, reconsider, decision)

4 모든 것을 준비하는 데 꼬박 1년이 걸려요. (a whole year, get, everything, ready)

5 성을 짓는 데 거금이 들어요. (a fortune, build, a castle)

6 당신의 목표를 성취하는 데는 부단한 노력이 필요해요. (hard work, accomplish, goals)

Unit 10 IMPORTANT SPORTS AROUND THE WORLD

1 Listen & Read

먼저 음원을 듣고 나서 지문을 읽어 보세요.

Do you think that sports are just fun and games? In a lot of countries they are more than that. Sports can be a very serious event, more than simply a pastime. In Canada, for example, ice hockey is very important for national identity. Many Canadians say that hockey is a great part of being "Canadian." In the United States, football is like a religion in many parts of the country. Many people train, play, and watch the sport as if it is the most important part of life. In some countries, sports can even lead to large fights. In 1970, El Salvador and Honduras actually fought a short war after a soccer match, which was a World Cup qualifying game.

스포츠를 단순히 재미있게 즐기는 게임 정도로 생각하는가? 많은 나라에서 스포츠는 그것 이상이다. 단순한 오락거리를 뛰어넘어 아주 진지한 행사가 되기도 하는 것이다. 예를 들어, 캐나다에서 아이스하키는 국민의 정체성을 확인하는 아주 중요한 운동이다. 캐나다인이 "캐나다 사람"일 수 있는 것에는 아이스하키가 큰 몫을 차지한다고 말하는 캐나다인들이 많다. 미국에서는 미식축구가 마치 종교처럼 인식되고 있는 곳이 많다. 그 운동이 마치 인생의 가장 중요한 부분이라도 되는 것처럼 연습을 하고, 경기를 하고, 관람하는 사람들이 많은 것이다. 어떤 나라에서는 운동 때문에 커다란 싸움이 벌어지기도 한다. 1970년에는 엘살바도르와 온두라스는 월드컵 축구 예선 경기가 끝난 후에 실제로 단기간의 전쟁을 치르기도 했다.

정답 p.55

2 Vocabulary & Pronunciation

다음 어휘를 발음에 유의하며 크게 말해 보세요.

fun and games 재미를 위한 활동, 오락	**serious** a. 진지한	**simply** a. 단순히
pastime n. 오락	**identity** n. 정체성	**religion** n. 종교
country n. 나라, 국가	**train** v. 훈련하다	**qualifying** a. 자격을 주는

3 Vocabulary Check 1

다음 빈칸에 들어갈 알맞은 단어를 2번 어휘에서 찾아 넣으세요.

1 그 폭풍은 단순히 나의 집을 파괴한 것이 아니라, 모든 것을 가지고 간 것이다.
The storm didn't ______________ destroy my house — it took everything.

2 Elias는 자신의 여자 친구와 결별하는 거에 대해 진지해요.
Elias is ______________ about breaking up with his girlfriend.

3 그 선수들은 결승전을 위해 훈련하려고 파주에 모였다.
The players gathered in Paju to ______________ for the final match.

4 Vocabulary Check 2

다음 설명에 해당하는 단어를 2번 어휘에서 찾아 넣으세요.

1 ______________ : something that you do because you think it is enjoyable or interesting

2 ______________ : a set of beliefs about a god, and the ceremonies and customs that go with these beliefs.

3 ______________ : who or what somebody/something is

5 Speak

다음 표현을 활용하여 말해 보세요.

1 be (very) important for ~ **~에/을 위해 (매우) 중요하다**

The meeting is important for my career. 그 회의는 제 직장 경력에 중요합니다.

Minerals are very important for health. 무기질은 건강을 위해 매우 중요해요.

My testimony was very important for his victory. 나의 증언은 그의 승리에 매우 중요했다.

2 lead to ~ **~로 이어지다, ~을 초래하다**

This economic crisis could lead to war. 이 경제 위기가 전쟁으로 이어질 수 있다.

Mistakes sometimes lead to better outcomes. 실수가 가끔 더 좋은 결과를 낳는다.

Healthy relationships usually lead to marriage. 건강한 관계는 보통 결혼으로 이어진다.

6 Speaking Check

위의 표현을 참고하고 다음 주어진 단어를 활용하여 문장을 말해 보세요.

1 당신의 의견은 내 성공에 있어 매우 중요합니다. (opinion, success)

2 벌은 인간의 생존에 매우 중요하다. (bees, the survival, of humans)

3 보안이 그 회사의 미래에 매우 중요했다. (security, the future, of, company)

4 하나의 사고가 누군가의 죽음을 초래할 수 있다. (an accident, can, someone's death)

5 어떤 바이러스는 심각한 병을 초래한다. (some, viruses, severe, illness)

6 성급한 결정은 종종 예기치 못한 결과로 이어진다. (hasty, decisions, often, unexpected, consequences)

7 Write

다음 문법 사항을 활용하여 영작 연습을 해 보세요.

1 be like **~와 같다**

I am like you. 나는 너와 같다.

My sons were like crazy little monkeys. 우리 아들들은 정신 나간 작은 원숭이들 같았어요.

What is your husband like? 당신의 남편은 어떤 사람이에요?

2 as if + 주어 + 동사 **마치 ~인 것처럼**

The guy talks as if he is a millionaire. 그 남자는 마치 자신이 백만장자인 것처럼 말해.

The couple acts as if they are living separately. 그 커플은 마치 그들이 따로 사는 것처럼 행동해.

My cat looked as if she wanted to vomit. 나의 고양이는 마치 토하고 싶은 것처럼 보였다.

8 Writing Check

위의 문법 사항을 활용해 다음 문장을 영작해 보세요.

1 Rose 이모는 나에게 엄마 같은 분이셔. (aunt, a mother, to)

2 북한과 한국은 로미오와 줄리엣 같다. (North Korea and South Korea, Romeo and Juliet)

3 그것은 롤러코스터를 타는 것과 같았어요. (riding, on, a rollercoaster)

4 그 운전자는 마치 술 취한 것처럼 걸었다. (driver, walk, be, drunk)

5 Elena와 Jasper는 서로를 좋아하는 것처럼 보인다. (and, look, like, each other)

6 그는 마치 갈 곳이 없는 것처럼 계속 서성입니다. (keeps, hanging around, have, nowhere, to go)

Unit 11 THE TRUE COLORS OF THE RAINBOW

1 Listen & Read

먼저 음원을 듣고 나서 지문을 읽어 보세요.

Most people believe that there are seven colors to every rainbow. Most picture books draw rainbows with red, indigo, violet, orange, yellow, green, and blue lines. But in reality, there are actually a very large number of distinct colors in every rainbow. In between yellow and green, for example, you can find yellow-green, and greenish yellow-green, and so on and so forth. So, how many colors are there in a rainbow? It's not easy to say. It depends on the person looking at the rainbow as much as on the rainbow itself. Different people have a different ability to perceive different colors, while rainbows change slightly depending on several factors like moisture, sunlight, and time of day.

대부분의 사람들은 무지개는 일곱 가지 색으로 되어 있다고 생각한다. 대부분의 그림책에서도 무지개를 빨간색, 남색, 보라색, 주황색, 노란색, 초록색, 파란색 선으로 그리고 있다. 하지만 실제로 모든 무지개는 각각 아주 많은 수의 별개의 색으로 이루어져 있다. 예를 들어 노란색과 초록색만 봐도 그 사이에 녹황색, 푸르스름한 녹황색 등이 있다. 그렇다면 무지개에는 몇 가지 색이 있을까? 단정을 짓기는 힘들다. 무지개 색은 무지개 자체만큼이나 무지개를 보는 사람의 시각에 달려 있기 때문이다. 또 개개의 사람들은 각각 색을 지각하는 능력이 다르고, 무지개 역시 습기와 햇살, 그리고 시각과 같은 여러 요인에 의해 조금 변화한다.

2 Vocabulary & Pronunciation

다음 어휘를 발음에 유의하며 크게 말해 보세요.

reality n. 현실	**distinct** a. 별개의, ~와 다른	**and so forth** 등등
depend on ~에 달려 있다	**ability** n. 능력	**perceive** v. ~을 지각하다
slightly ad. 약간	**factor** n. 요인	**moisture** n. 습기, 수분

3 Vocabulary Check 1

다음 빈칸에 들어갈 알맞은 단어를 2번 어휘에서 찾아 넣으세요.

1 우리의 제품은 뚜렷이 다른 4개의 품목으로 나뉩니다.
Our products fall into four ______________ categories.

2 Lucy는 모두의 하루를 자신의 미소로 밝게 해주는 능력이 있어.
Lucy has the ______________ to brighten everyone's day with her smile.

3 그는 항상 자신이 얼마나 부유한지 자랑하지만 실제로는 그는 땡전 한 푼 없다.
He always brags about how rich he is, but in ______________ he is penniless.

4 Vocabulary Check 2

다음 설명에 해당하는 단어를 2번 어휘에서 찾아 넣으세요.

1 ______________ : to notice, see, or recognize something

2 ______________ : one of several things that influence or cause a situation

3 ______________ : small amounts of water that are present in the air, in a substance, or on a surface

5 Speak

다음 표현을 활용하여 말해 보세요.

1 a (large) number of ~ **다수의 ~, 매우 많은 ~**

We have been business partners for a number of years. 우리는 수년간 사업 파트너로 지내왔다.

A number of passengers were on the bus. 다수의 승객이 그 버스를 타고 있었다.

This hospital can accommodate a number of patients. 이 병원은 다수의 환자를 수용할 수 있다.

2 depend on ~ **~을 믿다, ~에 의존[의지]하다, ~에 달려 있다**

Many followers depend on his word. 많은 추종자가 그의 말을 믿습니다.

The city's economy mainly depended on tourism. 그 도시의 경제는 주로 관광에 의존했다.

Your future depends on what you do now. 당신의 미래는 당신이 지금 하는 것에 달려 있습니다.

6 Speaking Check

위의 표현을 참고하고 다음 주어진 단어를 활용하여 문장을 말해 보세요.

1 나는 우리의 서비스에 관한 많은 불만 사항을 받았어요. (have received, complaints, about, service)

2 수많은 시위자가 그 광장에 모였습니다. (large, protesters, gathered, at the square)

3 많은 수의 직원이 추가 근무하는 것을 반대합니다. (employees, object to, working overtime)

4 어떤 학생들은 모든 것을 자신의 부모에게 의존한다. (some, students, parents, for everything)

5 모든 것은 시기에 달려 있다. (everything, timing)

6 그의 성공은 다양한 요인에 달려 있었다. (success, various, factors)

7 Write

다음 문법 사항을 활용하여 영작 연습을 해 보세요.

1 명사 + 동사의 -ing ~하는 명사

The dog barking outside the building is unleashed. 건물 밖에서 짖고 있는 개는 목줄을 안 했어.

The only problem remaining was that I had no internet connection.
남아있는 유일한 문제는 인터넷 연결이 안 된다는 것이었다.

I walked up to the guy standing by the window. 나는 창가에 서있는 남자에게 걸어서 다가갔다.

2 as much as ~만큼 (많이)

I love Korean movies as much as you do. 나도 너만큼 한국 영화를 좋아해.

He makes as much as one million dollars a year. 그는 1년에 백만 달러만큼 많이 벌어.

Brian bought groceries as much as he wanted to. Brian은 자신이 원하는 만큼 식료품을 샀다.

8 Writing Check

위의 문법 사항을 활용해 다음 문장을 영작해 보세요.

1 나는 환불을 요구하는 손님들을 응대합니다. (deal with, customers, demand, refunds)

2 그는 계속 울리는 전화기를 받지 않았다. (answer, the phone, ring, continuously)

3 내 사촌은 선글라스를 쓰고 있는 애야. (cousin, the kid, wear, sunglasses)

4 당신이 원하는 만큼 많이 마실 수 있어요. (can, drink, want)

5 그 속편은 첫 번째 것만큼 많이 벌어들일 것이다. (sequel, will, earn, the first one)

6 워라밸(일과 삶의 균형)은 급여만큼이나 중요하다. (work-life balance, matter, salary)

Unit 12 A SYMBOLIC ARCHITECTURE OF LOVE

1 Listen & Read

먼저 음원을 듣고 나서 지문을 읽어 보세요.

Did you know that the Taj Mahal was built because of a great love affair? At the age of fourteen, Prince Khurrum fell in love with a girl. They finally married and lived happily. Unfortunately, his beloved wife died three years later after the prince became the Emperor of India in 1628. In his sadness, the Emperor decided to build a beautiful monument in her memory. The monument was named the Taj Mahal, and it means "Crown Palace." The Taj Mahal was built entirely out of white marble. The marble had to be brought in from all over Asia. For this reason, more than twenty years and 22,000 workers were needed to complete the monument. To this day, the Taj Mahal remains one of the Seven Wonders of the World, and it has become a symbol of India.

타지마할이 위대한 사랑 때문에 건설되었다는 것을 알고 있었는가? 쿠람 왕자는 열네 살의 나이에 한 소녀와 사랑에 빠졌다. 그들은 마침내 결혼했고 행복하게 살았다. 불행하게도, 그의 사랑스러운 아내는 왕자가 1628년 인도의 황제가 된 지 3년 만에 죽고 말았다. 슬픔에 빠진 황제는 그녀를 기념하는 아름다운 기념물을 만들기로 결정했다. 그 기념물은 타지마할이라고 명명되었는데, 그것은 '왕관 궁전'이라는 뜻이다. 타지마할은 온통 하얀 대리석으로 지어졌다. 대리석은 아시아 전역에서 공수되어야 했다. 이런 이유로, 이 건물을 완성하는 데 20년 이상이 걸렸으며, 22,000명의 노동자들이 동원되었다. 오늘날까지 타지마할은 세계 7대 불가사의 중 하나로 남아 있으며, 인도의 상징이 되었다.

2 Vocabulary & Pronunciation

다음 어휘를 발음에 유의하며 크게 말해 보세요.

marry v. (~와) 결혼하다	**unfortunately** ad. 불행하게도	**beloved** a. 사랑 받는
monument n. 기념비, 기념물	**crown** n. 왕관	**entirely** ad. 전적으로
marble n. 대리석	**complete** v. 완성하다	**symbol** n. 상징

3 Vocabulary Check 1

다음 빈칸에 들어갈 알맞은 단어를 2번 어휘에서 찾아 넣으세요.

1 그들은 전투에 사망한 군인들을 위한 기념비를 세웠다.
They built a ____________ to the soldiers who died in the battle.

2 우리는 전혀 다른 문제를 다루고 있는 것입니다.
We are dealing with an ____________ different problem.

3 너는 언제 그녀에게 청혼할 예정이니?
When are you going to ask her to ____________ you?

4 Vocabulary Check 2

다음 설명에 해당하는 단어를 2번 어휘에서 찾아 넣으세요.

1 ____________ : loved very much by someone

2 ____________ : to finish doing or making something, especially when it has taken a long time

3 ____________ : a picture or shape that has a particular meaning or represents a particular organization or idea

5 Speak

다음 표현을 활용하여 말해 보세요.

1 fell in love with ~ **~와 사랑에 빠졌다**

I fell in love with Olivia. 나는 Olivia와 사랑에 빠졌다.

We instantly fell in love with each other. 우리는 즉시 서로와 사랑에 빠졌다.

They fell in love with K-dramas. 그들은 한국 드라마와 사랑에 빠졌다.

2 decided to ~ **~하기로 결정했다**

We decided to get married. 우리는 결혼하기로 결정했다.

The chairman decided to take a step back. 회장은 한 걸음 물러서기로 결정했다.

The company decided to launch a free app. 회사는 무료 앱을 출시하기로 결정했다.

6 Speaking Check

위의 표현을 참고하고 다음 주어진 단어를 활용하여 문장을 말해 보세요.

1 나는 즉시 골프와 사랑에 빠졌다. (immediately, golf)

2 많은 관광객이 그 도시와 사랑에 빠졌다. (many, tourists, the city)

3 그 외로운 여인은 고양이와 사랑에 빠졌다. (lonely, lady, cats)

4 몇몇의 유럽 국가들은 북대서양조약기구에서 탈퇴하기로 결정했다. (a few, European nations, leave, NATO)

5 나의 가족은 부산에서 정착하기로 결정했다. (family, settle down, in Busan)

6 그 팀은 그들의 새로운 프로젝트에 집중하기로 결정했다. (team, focus on, new, project)

7 Write

다음 문법 사항을 활용하여 영작 연습을 해 보세요.

1 had to be p.p. ~되어야 했다

The swimmer had to be taken to the hospital. 그 수영선수는 병원으로 옮겨져야 했다.

The couple had to be separated. 그 커플은 갈라져야 했다.

The injured dog had to be put down. 그 부상당한 개는 안락사당해야 했다.

*put down 안락사시키다

2 be동사 + p.p. + to 동사원형 ~하기 위해 …되다

Dash cams are installed to capture car accidents. 블랙박스는 자동차 사고를 담기 위해서 설치된다.

A graph was used to compare data. 데이터를 비교하기 위해 그래프 하나가 사용되었다.

Many charging stations will be built to accommodate more cars.
더 많은 차를 수용하기 위해 많은 충전소가 지어질 것이다.

*dash cam 블랙박스

8 Writing Check

위의 문법 사항을 활용해 다음 문장을 영작해 보세요.

1 내 사진들이 업로드되어야 했다. (photos, upload)

2 그 환자의 신장[콩팥]은 제거되어야 했다. (patient's, kidney, remove)

3 그 재소자는 다른 시설로 이감되어야 했다. (prisoner, transfer, to, another, facility)

4 그 결혼식을 발표하기 위해 기자 회견이 열렸다. (a press conference, hold, announce, wedding)

5 그들의 얼굴은 체온을 확인하기 위해서 스캔된다. (faces, scan, check, their body temperature)

6 그 회계사를 대신하기 위해서 누군가가 고용될 거야. (someone, will, replace, accountant)

정답

Unit 1 p.5~7

3. Vocabulary Check 1

1 quality 2 shocking 3 left-handed

4. Vocabulary Check 2

1 form 2 significant 3 brain

6. Speaking Check

1 Here are some ways to cut down on spending.
2 Here are 3 fun facts about Korean people.
3 Here are the best sunscreens for skin protection.
4 Did you know that they also speak French in Canada?
5 Did you know that I go swimming every morning?
6 Did you know that Luke died of pancreatic cancer last month?

8. Writing Check

1 I weigh 60kg, while Margot weighs 40kg.
2 While I drink coffee, Sam drinks milk.
3 While we focus on technological development, they focus on marketing.
4 You are the only one that has new ideas.
5 Ivy is the only employee that works overtime.
6 Hyundai is the only manufacturer that offers a 10-year warranty.

Unit 2 p.9~11

3. Vocabulary Check 1

1 originally 2 run 3 reach

4. Vocabulary Check 2

1 industry 2 merchant 3 heavily

6. Speaking Check

1 We are ready to run our own business.
2 The makeup artist wants to run her own business.
3 High school students are able to run their own business.
4 I can't[cannot] stop practicing until I reach my peak.
5 She didn't reach her peak in the Olympics.
6 The Blood Moon will reach its peak at 1 AM.

8. Writing Check

1 This material is made from waste seashells.
2 Gum used to be made from chicle.
3 Conventional solar cells are made from silicon.
4 We sell valuable antiques and jewelry to the public.
5 He sold his old motorcycle to a collector.
6 North Korea sells missiles to Iran and Syria.

Unit 3 p.13~15

3. Vocabulary Check 1

1 investigator 2 statement 3 peculiar

4. Vocabulary Check 2

1 prank 2 claim 3 witness

6. Speaking Check

1 You are responsible for your own safety.
2 Several factors are responsible for the damage.
3 The man is responsible for the deadly explosion.
4 A lot of people believe in the afterlife.
5 I don't believe in ghosts.
6 The author believes in the power of reading.

8. Writing Check

1 We believe (that) Jeremy is still alive in the woods.
2 I heard (that) you speak five languages.
3 The company announced that they will lay off hundreds of employees.
4 I seem to have lost their trust.
5 An elephant appears to have escaped from the zoo.
6 The physicist claims to have made a shocking discovery.

Unit 4 p.17~19

3. Vocabulary Check 1

1 apply 2 supernatural 3 rescue

4. Vocabulary Check 2

1 debate 2 alien 3 mission

6. Speaking Check

1 The art museum is located in London.
2 Major oil-producing countries are located in this area.
3 The medical center will be located within walking distance of the fire station.
4 Many packages get lost in delivery.
5 The boys got lost on the way home.
6 My letter got lost in the mail for 10 years.

8. Writing Check

1 Give him a call if he is not in the room.
2 We should postpone the meeting if the projector doesn't work.
3 What can I do if they don't approve my plan?
4 They spread false news which can mislead the public.
5 We can help animals which are in danger.
6 This is a serious illness which needs more attention.

Unit 5 p.21~23

3. Vocabulary Check 1

1 business 2 invention 3 messy

4. Vocabulary Check 2

1 wonder 2 brilliant 3 annual

6. Speaking Check

1 All of a sudden, the light went out.
2 All of a sudden, the driver turned the steering wheel to the left.
3 All of a sudden, I began to bleed from the nose.
4 My team will come up with better ideas.
5 Try to come up with a simple solution.
6 I should come up with cool hashtags for my posts.

8. Writing Check

1 Patrick was texting his girlfriend.
2 The President was dealing with life-and-death issues.
3 Both countries were facing a food shortage.
4 My problem is too difficult to solve.
5 Some animals are too dangerous to approach.
6 The damage was too obvious to ignore.

Unit 6 p.25~27

3. Vocabulary Check 1

1 perform 2 revolution 3 society

4. Vocabulary Check 2

1 critic 2 release 3 inspiring

6. Speaking Check

1 The book is based on a true crime story.
2 Her music therapy was based on science.
3 Most smartphone ads are based on your location.
4 This online language course is worth the money.
5 The air show was well worth watching.
6 My treadmill was well worth the investment.

8. Writing Check

1 We suggest finding a replacement.
2 The app suggests taking the subway.
3 He suggested gathering various data.
4 I will not[won't] touch anything.
5 Your children will not[won't] forgive you.
6 The administrator will not[won't] accept my offer.

Unit 7 p.29~31

3. Vocabulary Check 1

1 Civilization 2 development 3 fail

4. Vocabulary Check 2

1 cycle 2 measure 3 phase

6. Speaking Check

1 The mechanic is able to repair electric vehicles, too.
2 We are able to share our stories at the meeting.
3 The singer was able to perform the show live.
4 The rumor about their relationship will spread around the world.
5 Funny memes rapidly spread around the world.
6 Squid Game's popularity spread around the world.

8. Writing Check

1 If there were no eggs, we would have a poor breakfast.
2 If there were no homework, children could read more.
3 If there were no sun, everyone would freeze to death.
4 She could not[couldn't] look at herself in the mirror.
5 He could not[couldn't] reach the summit of Mount Everest.
6 The new manager could not[couldn't] handle the work.

Unit 8 p.33~35

3. Vocabulary Check 1

1 badly 2 crispy 3 line up

4. Vocabulary Check 2

1 recipe 2 stink 3 soak

6. Speaking Check

1 The plate is served with fries and a beverage.
2 Our tacos are served with sour cream and salsa.
3 The appetizers were served with an exotic cocktail.
4 Some police officers dare to take bribes.
5 I wouldn't dare to talk back to my boss.
6 No one dared to look her in the eye.

8. Writing Check

1 Our sneakers look identical.
2 Your résumé looks interesting.
3 Their special task looked enormous.
4 Why do I feel dizzy?
5 Why does the Earth rotate?
6 Why did Japan invade Korea?

Unit 9 p.37~39

3. Vocabulary Check 1

1 army 2 archaeological 3 date back to

4. Vocabulary Check 2

1 local 2 order 3 rule

6. Speaking Check

1 That's what happened to my father during the surgery.
2 That's what happened to the king after the escape.
3 That's what happened to sales last quarter.
4 He turned out to be a bad guy.
5 The expert's analysis always turns out to be wrong.
6 The event turned out to be a huge success.

8. Writing Check

1 She asked me to pay my rent with cash.
2 I will ask Jessica to pay for the meal.
3 She asked the referee to reconsider his decision.
4 It takes a whole year to get everything ready.
5 It takes a fortune to build a castle.
6 It takes hard work to accomplish your goals.

Unit 10 p.41~43

3. Vocabulary Check 1

1 simply 2 serious 3 train

4. Vocabulary Check 2

1 pastime 2 religion 3 identity

6. Speaking Check

1 Your opinion is very important for my success.
2 Bees are very important for the survival of humans.
3 Security was very important for the future of the company.
4 An accident can lead to someone's death.
5 Some viruses lead to severe illness.
6 Hasty decisions often lead to unexpected consequences.

8. Writing Check

1 Aunt Rose is like a mother to me.
2 North Korea and South Korea are like Romeo and Juliet.
3 It was like riding on a rollercoaster.
4 The driver walked as if he was drunk.
5 Elena and Jasper look as if they like each other.
6 He keeps hanging around as if he has nowhere to go.

Unit 11 p.45~47

3. Vocabulary Check 1

1 distinct 2 ability 3 reality

4. Vocabulary Check 2

1 perceive 2 factor 3 moisture

6. Speaking Check

1 I have received a number of complaints about our service.
2 A large number of protesters gathered at the square.
3 A number of employees object to working overtime.
4 Some students depend on their parents for everything.
5 Everything depends on timing.
6 His success depended on various factors.

8. Writing Check

1 I deal with customers demanding refunds.
2 He didn't answer the phone ringing continuously.
3 My cousin is the kid wearing sunglasses.
4 You can drink as much as you want.
5 The sequel will earn as much as the first one.
6 Work-life balance matters as much as salary.

Unit 12 p.49~51

3. Vocabulary Check 1

1 monument 2 entirely 3 marry

4. Vocabulary Check 2

1 beloved 2 complete 3 symbol

6. Speaking Check

1 I immediately fell in love with golf.
2 Many tourists fell in love with the city.
3 The lonely lady fell in love with cats.
4 A few European nations decided to leave NATO.
5 My family decided to settle down in Busan.
6 The team decided to focus on their new project.

8. Writing Check

1 My photos had to be uploaded.
2 The patient's kidney had to be removed.
3 The prisoner had to be transferred to another facility.
4 A press conference was held to announce the wedding.
5 Their faces are scanned to check their body temperature.
6 Someone will be hired to replace the accountant.

매일 영어 루틴
올인원(All-in-one)

지은이 넥서스콘텐츠개발팀
강의 김일승
펴낸이 임상진
펴낸곳 (주)넥서스

출판신고 1992년 4월 3일 제311-2002-2호
주소 10880 경기도 파주시 지목로 5
전화 (02)330-5500 팩스 (02)330-5555

ISBN 979-11-6683-424-0 13740

가격은 뒤표지에 있습니다.
잘못 만들어진 책은 구입처에서 바꾸어 드립니다.

www.nexusbook.com

매일 30분,
삶이 바뀌는
영어 습관 쌓기

하루 2장씩 도전해 보세요!

넥서스

듣기, 독해, 어휘, 말하기, 쓰기

통합 영어 학습지

매일 영어 루틴 올인원

넥서스콘텐츠개발팀 지음 | 김일승 강의

MP3 음원 &
무료 해설 강의

매일 영어 루틴 올인원

넥서스콘텐츠개발팀 지음 | 김일승 강의

5

넥서스

구성 및 특징

2주에 1권씩, 3개월 영어 루틴 만들기

무료 음성 강의 & 원어민 MP3

김일승 선생님의 해설 강의와 원어민 mp3를 활용하여 책을 더 알차게 공부해 보세요.

Listening / Reading

다양한 주제의 흥미로운 영어 지문을 원어민 mp3를 활용하여 듣고, 직접 소리 내어 읽어 보세요.

2

Vocabulary

지문에서 나온 단어들을 정확하게 발음해 보고, 문장에서 어떻게 쓰이는지 확인해 보세요.

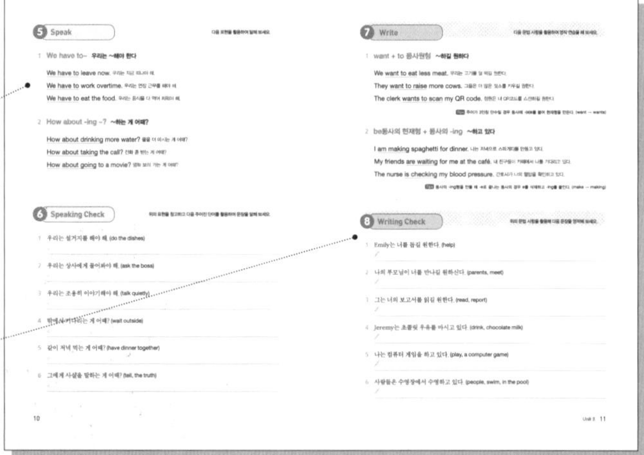

3

Speaking

지문에서 배운 표현을 활용하여 speaking 연습을 해 보세요.

4

Writing

지문에서 나온 문법 사항을 활용하여 writing 연습을 해 보세요.

무료 MP3 & 해설 강의 듣는 방법

원어민 MP3 듣기
- 스마트폰으로 책 속의 QR코드를 인식하세요.
- PC에서 MP3 다운받기 www.nexusbook.com

저자 해설 강의 듣기
- 스마트폰으로 책 속의 QR코드를 인식하세요.
- 오디오클립에서 **매일 영어 루틴 올인원** 을 검색하세요.

audioclip.naver.com

차례

《매일 영어 루틴 올인원》을 시작하는 동기나 각오를 적어 주세요.
이 책을 완주할 때까지 매일 읽어 보세요.

Unit 1 FROM SEASHELLS TO PAPER

1 Listen & Read

먼저 음원을 듣고 나서 지문을 읽어 보세요.

When it comes to the ancient history of money, China was the birthplace of modern money. The Chinese started using cowrie shells as money around 3,000 years ago. But people living far inland couldn't get these sea shells easily. So they started making imitation shells from metal about 2,000 years ago. These were the first metal coins. Over the centuries, the coins gradually changed into flat disks with a hole in the middle. Traders carried them on strings. It was very difficult to travel long distances with thousands of coins on strings. To avoid this heavy burden, they started using paper instead. This was the world's first paper money.

*cowrie 별보배조개 **disk 동글납작한 원반

화폐의 역사에 관해서라면, 중국은 근대 화폐의 발생지였다. 중국인들은 약 3,000년 전에 화폐로 별보배 조개껍데기를 사용하기 시작했다. 하지만 먼 내륙에 살고 있는 사람들은 이 바다 조개껍데기를 쉽게 구할 수 없었다. 그래서 그들은 약 2,000년 전에 금속으로 모조 조개껍데기를 만들기 시작했다. 이것이 최초의 금속 주화였다. 수 세기에 걸쳐서, 그 주화는 점차 가운데에 구멍이 있는 평평한 원반으로 바뀌었다. 상인들은 그것을 실에 꿰어 가지고 다녔다. 실로 꿴 수천 개의 주화를 가지고 먼 거리를 여행하는 것은 매우 어려웠다. 이 무거운 짐을 줄이기 위해, 그들은 종이를 대신 사용하기 시작했다. 이것이 세계 최초의 지폐였다.

2 Vocabulary & Pronunciation

다음 어휘를 발음에 유의하며 크게 말해 보세요.

birthplace n. 발상지, 근원	**inland** ad. 내륙으로	**imitation** n. 모조(품)
metal n. 금속	**gradually** ad. 점차	**flat** a. 평평한
trader n. 상인	**string** n. 실	**burden** n. 짐

3 Vocabulary Check 1

다음 빈칸에 들어갈 알맞은 단어를 2번 어휘에서 찾아 넣으세요.

1 그들의 마지막 협상은 점차 진전을 보이기 시작했다.
Their final negotiation ____________ began to make progress.

2 반드시 당신의 아기를 단단하고 평평한 표면에 올려놓으세요.
Make sure you place your baby on a firm, ____________ surface.

3 대부분의 부모들은 자신의 자식에게 짐이 되고 싶지 않다.
Most parents don't want to be a ____________ to their children.

4 Vocabulary Check 2

다음 설명에 해당하는 단어를 2번 어휘에서 찾아 넣으세요.

1 ____________ : a hard, usually shiny substance such as iron, gold, or steel

2 ____________ : someone who buys and sells things

3 ____________ : something that is a copy of something else, usually not as good as the original thing

5 Speak

다음 표현을 활용하여 말해 보세요.

1 when it comes to ~ ~에 관한 한, ~에 대해서라면

Dr. Oh is second to none when it comes to parenting. 육아에 관한 한 오 박사를 따라올 사람이 없다.

He is generous when it comes to money matters. 돈 문제에 있어서는 그는 관대하다.

I think Korea is leading the world when it comes to recycling.
내 생각엔 재활용에 대해서라면 한국이 세계에서 1등인 것 같아.

2 change into ~ ~로 변하다

Water vapor changes into liquid water. 수증기는 액체 상태의 물로 변한다.

This old place will change into a café. 이 낡은 장소는 카페로 변할 것입니다.

In the movie, she changes into a hero. 그 영화에서 그녀는 영웅으로 변신한다.

6 Speaking Check

위의 표현을 참고하고 다음 주어진 단어를 활용하여 문장을 말해 보세요.

1 안전에 관한 한 나의 어머니는 매우 엄격하시다. (mother, very, strict, safety)

2 인터넷 보안에 관련해서는 우리가 여러분에게 최고의 해결책을 제시해 줍니다. (offer, the best, solution, Internet security)

3 영어를 가르치는 데 있어서 Jack은 전문가이다. (expert, teaching, English)

4 그 저녁 행사는 댄스파티로 변했다. (evening event, a dance party)

5 가끔은 희망이 절망으로 바뀐다. (sometimes, hope, despair)

6 위치에너지는 운동에너지로 바뀐다. (potential energy, kinetic energy)

다음 문법 사항을 활용하여 영작 연습을 해 보세요.

1 start + 동명사/to부정사 **~하기 시작하다**

Let's start cleaning up. 청소를 시작합시다.

My husband starts cooking dinner around at 7. 우리 남편은 7시 정도에 저녁을 요리하기 시작한다.

The girl started to scream. 그 여자아이는 소리 지르기 시작했다.

2 주어 + 일반동사의 과거형 **(주어)가 ~했다**

I watched an interesting movie last night. 나는 어젯밤에 재미있는 영화를 한 편 봤어.

The farmers looked tired this morning. 그 농부들은 오늘 아침에 피곤해 보였다.

The carpenter left his hammer on the log. 그 목수는 통나무 위에 자신의 망치를 두었다.

8 Writing Check

위의 문법 사항을 활용해 다음 문장을 영작해 보세요.

1 방문객들은 5시 30분에 박물관을 떠나기 시작합니다. (visitors, leave, the museum, at)

2 한국 음악 한 곡이 연주되기 시작했다. (Korean, song, play)

3 벌이 곧 사라지기 시작할 것이다. (bees, will, disappear, soon)

4 우리는 쇼핑몰에서 Gibson씨를 봤어요. (see, Mr. Gibson, at the mall)

5 그 형사는 어제 자신의 총을 잃어버렸다. (detective, lose, gun, yesterday)

6 그 사건은 2년 전에 발생했다. (incident, happen, years, ago)

THE MOST POWERFUL HISTORICAL SITE IN FRANCE

1 Listen & Read

먼저 음원을 듣고 나서 지문을 읽어 보세요.

The Palace of Versailles, built in 1624, is the royal house of France. Originally, it was only a small hunting lodge, but King Louis XIV had an enormous expansion constructed during his reign. The Palace of Versailles became a symbol of his power. It also demonstrated the vast wealth of the Royal Court. King Louis XIV held parties at the palace. These parties distracted many of the nobles from taking responsibility for performing their duties, which allowed King Louis XIV to rule France without any interference from them. The Palace's luxuries were so expensive that a lot of money was needed to maintain the palace. In addition, the palace also had a huge staff dedicated to serving the king and his guests. In fact, twenty-five percent of France's national income was used to pay for the extravagances in the palace. Now the palace is used as a National Museum, and in 1979 it was named a World Heritage Site.

*the Royal Court 왕실, 궁정
**World Heritage Site 세계 문화유산

1624년에 세워진 베르사유 궁은 프랑스의 궁전이다. 원래 그곳은 작은 사냥 별장이었으나, 국왕 루이 14세가 그의 재위 기간 중 거대한 확장 공사를 하게 했다. 베르사유 궁은 그의 권력의 상징이 되었다. 또한 그것은 왕실의 막대한 부를 과시했다. 루이 14세는 궁에서 파티를 열었다. 이런 파티가 귀족들의 관심을 의무 수행에 대한 책임감으로부터 다른 곳으로 돌리게 했고, 이로써 루이 14세는 그들의 간섭을 받지 않고 프랑스를 통치할 수 있게 되었다. 궁전의 사치품이 지나치게 비싸서 궁을 유지하려면 돈이 많이 필요했다. 게다가 베르사유 궁에는 왕과 왕의 손님의 시중을 드는 데 종사하는 엄청난 수의 시종이 있었다. 실제로 프랑스 국가 수입의 25%는 궁의 사치품 비용을 지급하는 데 사용되었다. 지금 궁은 국립 박물관으로 사용되고 있으며, 1979년에는 세계 문화유산으로 지정되었다.

정답 p.52

2 Vocabulary & Pronunciation

다음 어휘를 발음에 유의하며 크게 말해 보세요.

lodge n. 산장, 별장

enormous a. 거대한, 막대한

reign n. 재위 기간

demonstrate v. 보여 주다, 입증하다

distract v. (마음 · 주의를) 흐트러뜨리다, 산만하게 하다

interference n. 방해, 간섭

maintain v. 유지하다

dedicate v. 헌신하다

extravagance n. 사치, 낭비

3 Vocabulary Check 1

다음 빈칸에 들어갈 알맞은 단어를 2번 어휘에서 찾아 넣으세요.

1 가족과 좋은 관계를 유지하는 것은 중요합니다.
It's important to ______________ a good relationship with your family.

2 그 팀은 이번 주에 엄청난 양의 일을 처리하고 있습니다.
The team is handling an ______________ amount of work this week.

3 우리 아이들은 내가 운전하는 동안 항상 정신 산만하게 합니다.
My children always ______________ me while I am driving.

4 Vocabulary Check 2

다음 설명에 해당하는 단어를 2번 어휘에서 찾아 넣으세요.

1 ______________ : to show or prove something clearly

2 ______________ : the period when someone is king, queen, or emperor

3 ______________ : to give all your attention and effort to one particular thing

5 Speak

다음 표현을 활용하여 말해 보세요.

1 take responsibility for ~ ~에 책임을 지다

You should take responsibility for your actions. 너는 너 자신의 행동에 책임을 져야 한다.

You must take responsibility for making the mistake. 당신은 그 실수를 한 것에 책임을 져야 합니다.

He took responsibility for the whole thing and resigned. 그는 모든 것에 대한 책임을 졌고 사임했다.

2 dedicated to ~ ~에 전념[헌신]하는, ~에 바치는

They are dedicated to protecting our planet. 그들은 지구를 보호하는 것에 헌신합니다.

This song is dedicated to my mother. 이 노래는 나의 어머니께 바치는 곡입니다.

These NGOs are dedicated to gender equality. 이러한 민간단체는 양성 평등에 전념합니다.

6 Speaking Check

위의 표현을 참고하고 다음 주어진 단어를 활용하여 문장을 말해 보세요.

1 진짜 어른은 자신의 결정에 책임을 진다. (real, adults, decisions)

2 나의 상사는 빠르게 행동하지 않은 것에 책임을 졌다. (boss, not, acting, quickly)

3 누군가가 오늘 일어난 일에 대해 책임을 져야 합니다. (someone, should, what, happen, today)

4 목숨을 구하는 데 헌신하는 많은 소방관이 있습니다. (there, many, firefighters, saving, lives)

5 우리는 아메리카 원주민의 문화를 보존하는 데 헌신합니다. (preserving, Native American culture)

6 이 단체는 습지 복원에 전념합니다. (organization, wetland, restoration)

7 Write

다음 문법 사항을 활용하여 영작 연습을 해 보세요.

1 allow + A + to 동사원형 **A가 ~하도록 허락하다**

Allow me to introduce myself. 제 자신을 소개하도록 하겠습니다.

They didn't allow me to take any photos. 그들은 내가 어떤 사진도 찍는 것을 허락하지 않았다.

My boss allows us to dress casually. 우리 사장님은 우리가 편한 복장을 착용하도록 허락한다.

2 so + 형용사 + that + 주어 + 동사 **너무 ~해서 …하다**

This puzzle is so difficult that no one can solve it. 이 퍼즐은 너무 어려워서 아무도 풀 수 없다.

My car is so old that I can't even sell it. 내 차는 너무 낡아서 팔 수조차 없다.

The job was so stressful that she lost weight. 그 일이 너무 스트레스를 줘서 그녀는 살이 빠졌다.

8 Writing Check

위의 문법 사항을 활용해 다음 문장을 영작해 보세요.

1 나는 그가 내 컴퓨터를 쓰는 것을 허락했다. (use, computer)

2 그 메신저는 사용자가 사진을 보낼 수 있도록 해준다. (messenger, users, send, pictures)

3 그녀는 자신의 아이들이 게임하는 것을 허락하지 않았다. (allow, children, play, games)

4 그는 재능이 매우 뛰어나서 프리미어리그에서 뛸 수 있다. (talented, play, in the Premier League)

5 그 영화는 매우 무서워서 난 잠을 잘 수가 없었다. (movie, scary, could, sleep)

6 꽃병들이 매우 깨지기 쉬우니 당신은 조심해야 한다. (the vases, delicate, need to, be, careful)

MINIMALIST ART AND ITS EXPANSION

1 Listen & Read

먼저 음원을 듣고 나서 지문을 읽어 보세요.

Following the Second World War, a new form of art began to emerge. It was called minimalism. This term refers to artwork that emphasizes extreme simplicity of form by using essential elements. For instance, minimalist artists use only a few colors in their paintings. Another feature of this type of artwork can be seen in its appearance. Many minimalist painters use simple geometric designs, such as squares or rectangles. Frank Stella was one of the first artists who used minimalist concepts in their artwork. Several of his paintings are nothing more than stripes on a canvas. Minimalism can be found in many other forms of art as well. This includes music, literature, architecture, and even philosophy. Minimalist musicians use only simple melodies and rhythms in their songs, and the songs often contain many repetitive elements. Minimalism continued through the seventies and made a great impact on postmodern art.

제2차 세계대전 이후 새로운 형태의 예술이 등장하기 시작했다. 그것은 미니멀리즘(최소 표현주의)라고 불렸다. 이 용어는 필수적 요소를 사용하여 극단적으로 간단한 형태를 강조하는 예술작업을 말한다. 예를 들어 미니멀리즘 작가들은 그림에서 몇 가지의 색깔만을 사용한다. 이러한 형태의 예술 작품의 또 다른 특징은 그 외형에서도 볼 수 있다. 많은 미니멀리즘 화가는 정사각형이나 직사각형 같은 단순한 기하학적 디자인을 사용한다. 프랭크 스텔라는 예술작업에 미니멀리즘이라는 개념을 사용한 최초의 예술가 중 한 명이었다. 그의 몇몇 그림은 캔버스에 단지 줄을 쭉쭉 그은 것에 지나지 않는다. 미니멀리즘은 많은 다른 형태의 예술에서도 찾아볼 수 있다. 여기에는 음악과 문학, 건축, 심지어 철학까지도 포함된다. 미니멀리즘 음악가는 노래에 간단한 멜로디와 리듬만을 사용하고, (미니멀리즘) 노래에는 대개 반복적 요소가 많이 포함된다. 미니멀리즘은 70년대 내내 계속되었고 포스트모던 예술에 큰 영향을 주었다.

정답 p.52

2 Vocabulary & Pronunciation

다음 어휘를 발음에 유의하며 크게 말해 보세요.

emerge v. 나타나다, 나오다	**emphasize** v. 강조하다	**extreme** a. 극한
element n. 요소	**geometric** a. 기하학의	**concept** n. 개념
architecture n. 건축, 건축 양식	**philosophy** n. 철학	**repetitive** a. 반복적인

3 Vocabulary Check 1

다음 빈칸에 들어갈 알맞은 단어를 2번 어휘에서 찾아 넣으세요.

1 믿음은 건강한 결혼 생활의 핵심 요소이다.
Trust is a key __________ of a healthy marriage.

2 창덕궁은 조선시대 건축의 좋은 예이다.
Changdeokgung Palace is a good example of Joseon __________.

3 시 당국은 바이러스가 퍼지는 것을 막기 위해 극단적인 조치를 취했다.
The city took __________ measures to prevent the virus from spreading.

4 Vocabulary Check 2

다음 설명에 해당하는 단어를 2번 어휘에서 찾아 넣으세요.

1 __________ : done many times in the same way, and boring

2 __________ : to say strongly or show clearly that a fact is especially important

3 __________ : to appear or come out from somewhere

5 Speak

다음 표현을 활용하여 말해 보세요.

1 refer to ~ ~을 지칭하다, 나타내다

LGBT refers to lesbian, gay, bisexual, and transgender identities.
LGBT는 레즈비언, 게이, 양성애자, 트랜스젠더를 지칭한다.

Lame duck refers to a politician that no longer has any power.
레임덕은 더 이상 실질적인 힘이 없는 정치가를 가리킨다.

I don't know what you're referring to. 나는 당신이 무엇을 지칭하는지 잘 모르겠다.

2 be nothing more than ~ ~에 지나지 않는다

Love is nothing more than a fairy tale. 사랑은 단지 동화에 지나지 않는다.

The disease is nothing more than a regular flu. 그 질병은 일반적인 독감에 지나지 않는다.

You guys are nothing more than cowards. 너희들은 겁쟁이에 지나지 않는다.

6 Speaking Check

위의 표현을 참고하고 다음 주어진 단어를 활용하여 문장을 말해 보세요.

1 밈이라는 용어는 아주 우스운 글, 사진, 그리고 비디오를 가리킨다. (term, meme, hilarious, texts, images, and, videos)

2 튀르키예라는 이름은 터키어로 터키를 지칭한다. (name, Türkiye, Turkey, in Turkish)

3 동의어는 같은 의미를 갖고 있는 두 단어나 관용구를 말한다. (synonyms, words, or, phrases, with, the same, meaning)

4 저는 한 명의 경비원에 지나지 않아요. (a security guard)

5 그들의 결혼은 선전용 쇼에 지나지 않아. (wedding, a publicity stunt)

6 이것들은 사소한 문제에 지나지 않습니다. (these, minor, problems)

7 Write

다음 문법 사항을 활용하여 영작 연습을 해 보세요.

1 by + 동사의 -ing ~함으로써

He shocked the crowd by scoring another goal. 그는 또 다른 골을 넣음으로써 관중을 놀라게 했다.

I try to lose some weight by skipping dinner. 나는 저녁식사를 거름으로써 살을 좀 빼려고 한다.

My mother starts her day by stretching. 우리 엄마는 스트레칭을 함으로써 하루를 시작합니다.

2 can be + 과거분사 ~될 수 있다

We can be distracted by small noises. 우리는 작은 소음에도 방해 받을 수 있다.

The disease can be spread by physical contact. 그 질병은 신체 접촉으로 퍼질 수 있다.

The battery can be replaced easily. 그 배터리는 쉽게 교체될 수 있습니다.

8 Writing Check

위의 문법 사항을 활용해 다음 문장을 영작해 보세요.

1 사람들은 대개 핑계를 대면서 자기 자신을 변호한다. (usually, defend, themselves, make, excuses)

2 우리는 헬스장에 감으로써 몸매를 유지하려고 노력한다. (try to, keep in shape, go to the gym)

3 James는 설거지를 함으로써 집안일을 돕는다. (help, around the house, do, the dishes)

4 그 과정은 3단계로 나눠질 수 있습니다. (process, break, into, three, phases)

5 허리케인은 수 주 전에 미리 예측될 수 있다. (hurricanes, predict, weeks, in advance)

6 파스타는 수많은 방식으로 준비될 수 있습니다. (pasta, prepare, in numerous ways)

Unit 4 THE DEADLIEST GAS FROM ANIMALS

1 Listen & Read

먼저 음원을 듣고 나서 지문을 읽어 보세요.

A cow burps about 280 liters of methane every day. That doesn't seem very important to us, but the methane that cows burp up is dangerous for our environment. Methane is a greenhouse gas, and global warming is related to greenhouse gases. In the United States alone, about six million tons of cows' methane go up toward the sky every year. Around the world, this number increases up to 80 million tons, when sheep, goats, and buffalos are included. Carbon dioxide is the major greenhouse gas, but methane is 21 times more effective at trapping heat in the atmosphere. The bottom line: Every time a cow belches, it is contributing to global warming and the melting of the polar ice caps.

소는 매일 약 280리터 가량의 메탄을 트림으로 방출한다. 이것은 그리 중요한 사실처럼 보이지 않으나, 소가 트림하면서 내는 메탄은 우리 환경에 위험한 요소이다. 메탄은 온실가스이고, 지구온난화는 이 온실가스와 연관이 있다. 미국 한 곳만 봐도, 매해 소에서 배출되는 6백만 톤의 메탄이 하늘로 올라간다. 전 세계적으로, 양, 염소, 들소를 포함하면 이 메탄 수치는 8천만 톤에 육박한다. 이산화탄소가 주요한 온실가스이나, 메탄은 대기 중의 열을 붙드는 데 있어 이산화탄소보다 21배나 더 효과적이다. 결론: 소가 트림을 할 때마다, 지구온난화와 극지방의 만년설을 녹이는 데 일조한다.

2 Vocabulary & Pronunciation

다음 어휘를 발음에 유의하며 크게 말해 보세요.

burp v. 트림하다	**environment** a. 환경	**greenhouse gas** n. 온실가스
major a. 주요한	**trap** v. (흐름을) 막다, 잡다	**atmosphere** n. 대기
belch v. 트림하다	**contribute to** ~에 기여하다	**polar** a. 극지의

3 Vocabulary Check 1

다음 빈칸에 들어갈 알맞은 단어를 2번 어휘에서 찾아 넣으세요.

1 산업에서 사용되는 많은 화학물질이 환경을 오염시킨다.
A lot of chemicals used in industry pollute the ______________ .

2 과한 음주는 간암의 주요한 원인 중 하나이다.
Drinking too much alcohol is one of the ______________ causes of liver cancer.

3 유성체는 지구의 대기에 진입하면서 다 타버린다.
Meteoroids burn up as they enter Earth's ______________ .

4 Vocabulary Check 2

다음 설명에 해당하는 단어를 2번 어휘에서 찾아 넣으세요.

1 ______________ : to pass gas loudly from your stomach out through your mouth

2 ______________ : to prevent something such as gas or water from getting away

3 ______________ : to help to make something happen

5 Speak

다음 표현을 활용하여 말해 보세요.

1 **be related to ~ ~와 관련 있다**

The hippocampus is related to learning and memory. 해마는 학습과 기억력에 관련 있다.

The police think I am related to the drug dealer. 경찰은 내가 그 마약상과 관계가 있다고 생각한다.

These fatal accidents were related to drunk driving. 이 치명적인 사고들은 음주 운전과 관련 있었다.

2 **the bottom line is ~ 핵심/요점은 ~이다**

The bottom line is that I need more staff. 요점은 내가 더 많은 직원이 필요하다는 거야.

The bottom line is that we should protect nature. 핵심은 우리가 환경을 보호해야 한다는 것이다.

The bottom line is, we must spend more money on national defense.
요점은 우리가 국방비에 더 많은 돈을 써야 한다는 것입니다.

6 Speaking Check

위의 표현을 참고하고 다음 주어진 단어를 활용하여 문장을 말해 보세요.

1 그 수영선수의 은퇴는 부상과 연관 있었다. (swimmer's retirement, an injury)

2 당신의 직장동료가 그 살인 사건과 연관이 있습니다. (coworker, the murder case)

3 미국의 많은 범죄는 아시아 혐오와 관련이 있다. (many, crimes, in America, anti-Asian hate)

4 요점은 당신의 아이들은 당신의 지지가 필요하다는 것이에요. (children, need, support)

5 핵심은 우리가 지금 포기할 수 없다는 것입니다. (that, can't, give up, now)

6 요점은 한국이 가장 혁신적인 나라라는 것입니다. (that, Korea, the most innovative, country)

7 Write

다음 문법 사항을 활용하여 영작 연습을 해 보세요.

1 every + 단수명사 **모든 (명사)**

Every country has its own flag. 모든 나라는 각자만의 국기를 가지고 있다.

I don't like every member of my team. 내가 우리 팀의 모든 구성원을 좋아하는 것은 아니야.

She smiles at me every moment I see her. 내가 그녀를 보는 모든 순간마다 그녀는 내게 미소 지어.

2 명사 + that + 주어 + 동사 **(주어)가 ~하는 (명사)**

The wallet that you are holding belongs to Ken. 당신이 들고 있는 지갑은 Ken의 것이다.

I don't understand anything that she says. 나는 그녀가 말하는 어떤 것도 이해를 못하겠어요.

Jack over there is the guy that you are looking for. 저기 있는 Jack이 네가 찾고 있는 사람이야.

8 Writing Check

위의 문법 사항을 활용해 다음 문장을 영작해 보세요.

1 매시간이 일 년처럼 느껴졌다. (hour, feel, like, a year)

2 그 운전기사는 버스에 탄 모든 승객에게 사과를 했다. (driver, apologize, to, passenger, on the bus)

3 그의 입 밖으로 나오는 모든 말은 거짓말이야. (word, out of, mouth, a lie)

4 이것이 내가 답할 수 있는 유일한 문제입니다. (this, the only, question, can, answer)

5 그가 가진 주식은 엄청나게 많은 돈의 가치가 있다. (the stocks, own, are, worth a fortune)

6 너의 엄마와 갖고 있는 문제들에 대해 내게 말해 봐. (tell, about, the problems, have, with, mom)

HOW IMPRESSIONIST ARTWORK MADE AN IMPRESSION

1 Listen & Read

먼저 음원을 듣고 나서 지문을 읽어 보세요.

Impressionist artwork originated in France during the nineteenth century. Impressionism was a significant departure from traditional artwork. Before Impressionism, artwork usually depicted royalty or religious figures, who were usually placed in the center of the painting. However, the background of the painting was not important. The introduction of Impressionism changed the old belief of what art was and how artwork was created. Artists began to focus on illustrating beautiful outdoor scenes. Impressionist artists often painted landscapes, people, and historical events. They used not only direct but reflected light to depict nature objectively. This was very different from what most people were accustomed to seeing. Every part of the painting was important. Furthermore, the people that were depicted in the paintings were not always from a royal family. Anybody could be painted! The subject of a painting could be a person walking in a park, or it could be a bartender in a tavern. Some famous Impressionist painters include Renoir, Monet, and Degas.

*Impressionist a. 인상주의의 n. 인상파 화가

인상주의 예술작품은 19세기에 프랑스에서 시작되었다. 인상주의는 전통적인 예술작품에서 상당히 벗어나 있었다. 인상주의 이전의 예술작품은 대개 왕족 혹은 종교인을 묘사했으며, 그들은 주로 그림의 가운데에 배치되었다. 하지만, 그림의 배경은 중요시 하지 않았다. 인상주의의 도입은 예술이란 무엇인가와 예술작품이 어떻게 만들어지는가에 대한 오랜 믿음을 변화시켰다. 예술가들은 집 밖의 아름다운 경치를 묘사하는 데 초점을 맞추기 시작했다. 인상파 화가들은 흔히 풍경, 인물, 역사적 사건을 그렸다. 그들은 자연을 객관적으로 묘사하기 위해 직사광선뿐 아니라 반사광선도 사용했다. 이는 사람들 대부분이 익숙하게 보아왔던 것과는 매우 달랐다. 그림의 모든 부분이 중요했다. 더 나아가 그림에 묘사된 사람이 항상 왕족인 것은 아니었다. 누구든 그림의 대상이 될 수 있었다! 공원에서 걷고 있는 사람도, 술집의 바텐더도 그림의 대상이 될 수 있었다. 유명한 인상파 화가들로는 르누아르, 모네, 드가 등이 있다.

2 Vocabulary & Pronunciation

다음 어휘를 발음에 유의하며 크게 말해 보세요.

departure n. 이탈, 벗어남; 출발	**depict** v. 그리다, 묘사하다	**royalty** n. 왕족
figure n. 인물	**illustrate** v. 삽화를 넣다, 설명[예증]하다	**landscape** n. 경치, 풍경
reflect v. 반사하다, 비추다	**objectively** ad. 객관적으로	**accustomed** a. 익숙해진

3 Vocabulary Check 1

다음 빈칸에 들어갈 알맞은 단어를 2번 어휘에서 찾아 넣으세요.

1 이 그림들은 천국과 지옥의 모습이 어떨지 묘사하고 있습니다.
These paintings ______________ what heaven and hell would look like.

2 현재 상황을 객관적으로 분석하는 게 중요해요.
It is important to analyze the current situation ______________ .

3 제주도의 풍경은 독특하고 기가 막히도록 아름답다.
Jeju Island's ______________ is unique and breathtaking.

4 Vocabulary Check 2

다음 설명에 해당하는 단어를 2번 어휘에서 찾아 넣으세요.

1 ______________ : a way of doing something that is different from the usual, traditional, or expected way

2 ______________ : someone who is important or famous in some way

3 ______________ : familiar with something

5 Speak

다음 표현을 활용하여 말해 보세요.

1 different from ~ ~와 다른

We are so different from one another. 우리는 서로 매우 다릅니다.

This is very different from other electronic devices. 이것은 다른 전자기기와는 매우 달라요.

Koreans look different from the Chinese or the Japanese.
한국인은 중국인이나 일본인과는 다르게 보인다.

2 accustomed to ~ ~에 익숙한

I am accustomed to western culture. 나는 서양 문화에 익숙해.

We are accustomed to being treated this way. 우리는 이런 방식으로 취급당하는 것에 익숙해요.

He soon became accustomed to the life of the rich. 그는 부유한 삶에 곧 익숙해졌다.

6 Speaking Check

위의 표현을 참고하고 다음 주어진 단어를 활용하여 문장을 말해 보세요.

1 내 목걸이는 너의 것과 달라. (necklace, yours)

2 친절한 것은 순진한 것과 다르다. (being, nice, being, naive)

3 네 옷의 질감은 내 것과 많이 다르게 느껴진다. (the texture, of, clothes, feel, a lot, mine)

4 우리는 마스크 착용하는 것에 익숙하다. (wearing, masks)

5 그 유학생은 혼자 공부하는 것에 익숙했었다. (visa student, studying, alone)

6 이제 그 민간인들은 폭발음에 익숙해져 있습니다. (civilians, now, the sound of explosions)

7 Write

다음 문법 사항을 활용하여 영작 연습을 해 보세요.

1 not only A but also B **A뿐만 아니라 B도**

He owns not only a yacht but also a private jet. 그는 요트뿐만 아니라 개인 제트기도 가지고 있다.

She is not only a doctor but also an influencer. 그녀는 의사뿐만 아니라 인플루언서이다.

Not only my sisters but also my cousins came to my exhibition.
내 언니들뿐만 아니라 내 사촌들도 나의 전시회에 왔다.

2 명사 + that + be동사 + 과거분사 **~되는 (명사)**

We met at the festival that was held in Hongdae. 우리는 홍대에서 열린 축제에서 만났어요.

Refurbished phones are used phones that are repaired and sold back into the market.
리퍼폰은 수리되고 다시 시장에 판매되는 중고폰이다.

The software can recover files that were deleted. 그 소프트웨어는 삭제된 파일을 복구할 수 있어요.

8 Writing Check

위의 문법 사항을 활용해 다음 문장을 영작해 보세요.

1 Dwayne은 똑똑한 것뿐만 아니라 운동도 잘한다. (smart, athletic)

2 그 행사는 서울뿐만 아니라 부산에서도 대성공이었다. (event, a big success, in Seoul, in Busan)

3 북한뿐만 아니라 인도와 파키스탄도 핵무기를 갖고 있다. (North Korea, India, and, Pakistan, have, nuclear weapons)

4 성공은 하룻밤 사이에 이루어지는 것이 아니다. (success, not, something, achieve, overnight)

5 어제 구조된 개들은 어떻게 됐지? (what, happend, to, the dogs, rescue, yesterday)

6 제가 양쪽이 다 서명한 그 계약서를 잃어버렸습니다. (lose, contract, sign, by, both parties)

Unit 6 THE BEST PART OF THE CHRISTMAS HOLIDAYS

1 Listen & Read

먼저 음원을 듣고 나서 지문을 읽어 보세요.

Boxing Day is one of the best shopping days of the year. It takes place on December 26, just after Christmas. For many stores, Boxing Day generates the highest revenues of the year. They often sell their products at highly discounted prices. This attracts huge crowds of people. Stores are always full of shoppers on Boxing Day. Sometimes, people even wait outside of stores before they open. They have a good chance to get products at the lowest prices. They hope to purchase cheap televisions, clothes, or furniture. However, Boxing Day can also make people a little bit crazy. Once inside, they often rush around and grab whatever they can. They even get into fights over merchandise! Boxing Day sales have the potential to create customer stampedes, injuries, and even fatalities. In order to protect customers, they often limit the number of people who are allowed inside.

박싱데이는 연중 가장 쇼핑하기 좋은 날 중 하루이다. 이날은 크리스마스 바로 다음 날인 12월 26일이다. 박싱데이에는 많은 상점이 연중 최고의 매상을 올린다. 상점은 종종 가장 많이 할인된 가격으로 상품을 판매한다. 이 점이 상당히 많은 사람을 유인한다. 박싱데이에는 언제나 상점이 쇼핑객으로 가득 찬다. 때때로 사람들은 상점이 문을 열기 전에 매장 밖에서 기다리기도 한다. 그들은 상품을 가장 저렴한 가격에 구매할 좋은 기회를 얻는다. 그들은 값싼 텔레비전이나 옷, 가구를 구매하고 싶어 한다. 하지만, 박싱데이는 사람들을 다소 미치게 하기도 한다. 그들은 일단 상점에 발을 들여놓으면 마구 돌아다니면서 닥치는 대로 물건을 집는다. 심지어 그들은 물건을 놓고 싸움을 벌이기도 한다! 박싱데이에는 고객들이 몰리거나, 다치거나, 심지어 죽을 가능성도 있다. 고객들을 보호하기 위해서 상점은 흔히 입장객 수를 제한하기도 한다.

2 Vocabulary & Pronunciation

다음 어휘를 발음에 유의하며 크게 말해 보세요.

generate v. 산출하다	**revenue** n. 수익	**discount** v. 할인하다
purchase v. ~을 구입하다	**rush** v. 급하게 가다, 돌진하다	**merchandise** n. 상품
potential n. 잠재성, 가능성	**fatality** n. 죽음	**limit** v. 제한하다

3 Vocabulary Check 1

다음 빈칸에 들어갈 알맞은 단어를 2번 어휘에서 찾아 넣으세요.

1 요즘 소비자들은 온라인상으로 상품을 구매하기를 선호한다.
These days, consumers prefer to ______________ goods online.

2 급하게 결론을 내지 맙시다.
Let's not ______________ to conclusions.

3 경험 부족이 너의 구직 기회를 제한할지도 모른다.
A lack of experience may ______________ your job opportunities.

4 Vocabulary Check 2

다음 설명에 해당하는 단어를 2번 어휘에서 찾아 넣으세요.

1 ______________ : to produce or cause something

2 ______________ : the possibility that something will develop in a particular way, or have a particular effect

3 ______________ : a death in an accident or a violent attack

5 Speak

다음 표현을 활용하여 말해 보세요.

1 take place 일어나다, 발생하다

This year's talent show takes place on April 15. 올해의 장기자랑 대회는 4월 15일에 열립니다.

The hearing will take place tomorrow. 청문회는 내일 열립니다.

A car accident took place here yesterday. 어제 여기서 자동차 사고가 발생했다.

2 in order to ~ ~하기 위해서

He will do anything in order to protect his son. 그는 자기 아들을 보호하기 위해 어떤 일이든 할 것이다.

She worked day and night in order to buy the car. 그녀는 그 차를 사려고 밤낮으로 일했다.

I turned on the app in order to check the weather forecast.
나는 일기예보를 확인하려고 그 앱을 켰다.

6 Speaking Check

위의 표현을 참고하고 다음 주어진 단어를 활용하여 문장을 말해 보세요.

1 이 행사들은 3일 동안 시청에서 열립니다. (these, events, at City Hall, for three days)

2 오해는 항상 발생합니다. (misunderstandings, all the time)

3 그 끔찍한 사건이 로비에서 일어났어요. (horrible, incident, in the lobby)

4 그 학생은 더 잘 집중하기 위해서 도서관에 갔다. (student, go, to the library, concentrate, better)

5 그들은 자신들의 결혼기념일을 축하하기 위해 하와이에 가요. (are going, to Hawaii, celebrate, wedding anniversary)

6 그녀는 자신의 감정을 표현하기 위해 나에게 편지를 써줬다. (write, me, a letter, express, feelings)

7 Write

다음 문법 사항을 활용하여 영작 연습을 해 보세요.

1 hope + to 동사원형 ~하길 바라다

I hope to see you again soon. 당신을 곧 다시 뵙고 싶네요.

The OTT streaming company hopes to expand its service network.
그 OTT 서비스 회사는 공급망을 확장하길 바란다.

The mayor hoped to provide shelter for the refugees. 시장은 난민들에게 거처를 제공하길 희망했다.

2 whatever + 주어 + 동사 ~하는 무엇이든, ~하는 모든 것

I have done whatever he told me to do. 나는 그가 시킨 모든 것을 했습니다.

She is able to purchase whatever she wants. 그녀는 자신이 원하는 것은 무엇이든지 구매할 수 있다.

Whatever I do for my parents is never enough. 내가 부모님을 위해 무엇을 하든 결코 충분치 않네요.

8 Writing Check

위의 문법 사항을 활용해 다음 문장을 영작해 보세요.

1 우리는 어려움에 처한 많은 가정을 돕고 싶어요. (help, many families, in need)

2 뉴욕시는 인종 간의 빈부 격차를 해소하길 희망합니다. (the City of New York, close, the racial wealth gap)

3 그 나라는 집단 면역을 달성하길 원했습니다. (country, achieve, herd immunity)

4 그가 말하는 것은 다 사실입니다. (say, true)

5 네가 원하는 무엇이든 내게 말해봐. (tell, want)

6 그 선수는 클럽이 제시한 것은 무엇이든 거절했다. (player, turn down, the club, offer)

REAL GOOSEBUMPS STORIES

1 Listen & Read

먼저 음원을 듣고 나서 지문을 읽어 보세요.

When you suddenly feel cold and scared, your skin becomes like chicken skin. You can say that you got goosebumps. Do you know why you get them? To answer the question, we need to remember our earliest ancestors. They were totally covered in hair. When we're cold, tiny muscles in our skin suddenly contract. The skin rises a little bit, which makes bumps. These bumps make hair stand up straight. Lots of these hairs trap warm air next to the skin and keep cold air out. This is how hairy animals keep themselves warm today. But why does it also happen when we're frightened? Well, the bumpy skin and standing-up-straight hairs make animals look a bit bigger, and bigger animals are less likely to be attacked.

갑자기 추위를 느끼거나 겁을 먹었을 때, 여러분의 피부는 닭살처럼 된다. 이것을 닭살이 돋았다고 말할 수 있다. 왜 닭살이 돋는지 알고 있는가? 이 질문에 대답하기 위해, 우리는 인류 초기의 조상을 기억할 필요가 있다. 그들은 완전히 털로 덮여 있었다. 우리가 추울 때는, 피부 안에 있는 아주 작은 근육이 수축한다. 피부가 조금 올라오고, 이는 돌기를 만든다. 이 돌기는 털이 똑바로 서게 한다. 이런 털은 피부 옆에 따뜻한 공기를 가두고 차가운 공기는 들어오지 못하게 한다. 이것이 털이 많은 동물이 오늘날 몸을 따뜻하게 유지하는 방법이다. 하지만 왜 우리가 겁을 먹었을 때도 그런 현상이 일어나는 걸까? 울퉁불퉁한 피부와 꼿꼿이 선 털이 동물을 조금 더 크게 보이게 하고, 더 큰 동물들은 공격을 받을 가능성이 적어진다.

2 Vocabulary & Pronunciation

다음 어휘를 발음에 유의하며 크게 말해 보세요.

scared a. 두려워하는	**goosebumps** 소름, 닭살	**ancestor** n. 조상, 선조
muscle n. 근육	**contract** v. 수축하다	**rise** v. 서다, 오르다
hairy a. 털이 많은	**frightened** a. 겁먹은	**bumpy** a. 울퉁불퉁한

3 Vocabulary Check 1

다음 빈칸에 들어갈 알맞은 단어를 2번 어휘에서 찾아 넣으세요.

1 여기부터 길이 울퉁불퉁해지니까 속도를 낮추는 게 좋을 거예요.
You'd better slow down because it gets ____________ from here.

2 나이가 들수록 근력은 감소한다.
As you get older, your ____________ strength decreases.

3 나는 털이 수북한 다리 때문에 반바지 입는 것을 좋아하지 않아.
I don't like wearing shorts because of my ____________ legs.

4 Vocabulary Check 2

다음 설명에 해당하는 단어를 2번 어휘에서 찾아 넣으세요.

1 ____________ : someone who is related to you who lived a long time ago

2 ____________ : to become smaller or narrower

3 ____________ : feeling or showing fear, especially suddenly

5 Speak

다음 표현을 활용하여 말해 보세요.

1 get goosebumps **소름이 돋다**

I get goosebumps just thinking about it. 그것에 대해 생각만 해도 소름이 돋네요.

She got goosebumps when they announced her name.
그들이 그녀의 이름을 발표했을 때 그녀는 소름이 돋았다.

We got goosebumps listening to the song. 우리는 그 노래를 들을 때 소름이 돋았다.

2 be less likely to ~ **~할 가능성[확률]이 낮다**

Japan is less likely to back China. 일본이 중국을 지지할 가능성은 낮다.

Educated people are less likely to commit crimes. 교육받은 사람들이 범죄를 저지를 가능성은 낮다.

His plan was less likely to succeed. 그의 계획은 성공할 확률이 낮았다.

6 Speaking Check

위의 표현을 참고하고 다음 주어진 단어를 활용하여 문장을 말해 보세요.

1 사람들은 추울 때 소름이 돋는다. (people, when, they, are, cold)

2 나는 그것에 대해 말할 때 소름이 돋는다. (when, talk about)

3 모두 그 장면을 보면서 소름이 돋았어요. (everyone, watching, scene)

4 그 회사가 사업을 확장할 확률은 낮습니다. (company, expand, business)

5 그 관광객이 한국어를 이해할 가능성은 낮았다. (tourist, understand, Korean)

6 그 직원들이 파업을 할 가능성은 낮았다. (employees, go on strike)

7 Write

다음 문법 사항을 활용하여 영작 연습을 해 보세요.

1 주어 + 동사 + (목적어), which ~ **(주어)가 ~하다, 그리고 그것이 ~이다**

She didn't return my text messages, which was unusual.
그녀는 내 문자에 답변하지 않았는데, 그것은 드문 일이었다.

I saw them holding hands, which made me furious.
나는 그들이 손잡고 있는 것을 봤고, 그것이 날 정말 화나게 만들었다.

He showed up right on time, which I didn't expect.
그는 시간에 딱 맞춰 나타났는데, 그것은 내가 예상치 못한 일이었다.

2 (주어) + 동사 + -self **자기 자신을 ~하다**

I don't trust myself. 나는 내 자신을 믿지 않아.

Look at yourself in the mirror. 거울로 네 자신을 봐.

Kate tried to defend herself. Kate는 자신을 방어하려 했다.

8 Writing Check

위의 문법 사항을 활용해 다음 문장을 영작해 보세요.

1 나는 아침 4시에 일어나야 하는데, 그것은 미친 짓입니다. (have to, get up, at 4 AM, crazy)

2 그는 변기시트를 올려두고 나오는데, 그녀는 그것을 싫어한다. (leave, the toilet seat, up, hate)

3 우리는 자선단체를 위한 기금을 모았는데, 그것은 기분이 좋았다. (raise, for charity, feel great)

4 우리는 우리 자신에게 다음 질문을 해야 한다. (should, ask, the following question)

5 그 병사들은 전투를 위한 채비를 했다. (soldiers, prepare, for battle)

6 그는 자신이 화장실 안에 갇힌 것을 알게 되었다. (find, locked, in the washroom)

LOVE IS BLIND

1 Listen & Read

먼저 음원을 듣고 나서 지문을 읽어 보세요.

Eros was the Greek god of love. He fell in love with Psyche, a beautiful girl. He didn't want to scare her, so he made himself invisible and came to her. He said, "If you love me, never try to see me." He made her swear to it. Even so, she grew to love him. They lived in a beautiful palace and were very happy together. However, Psyche's sisters became very jealous of her. They wanted to destroy her marriage. So they told her, "Eros is a monster. Leave him, or he will kill you." Psyche cried and cried. "It cannot be true! My wonderful husband is a monster?" Eventually, she decided to find out. One night, she waited until Eros fell asleep. Then she took a candle and looked at his face. He was so beautiful! She was so amazed that she dripped wax from her candle. It fell on Eros's face. He immediately woke up and flew away.

Eros는 그리스의 사랑의 신이었다. 그는 아름다운 소녀인 Psyche와 사랑에 빠졌다. 그는 그녀를 무섭게 하고 싶지 않아서, 자신을 보이지 않게 만들고서는 그녀에게 다가갔다. 그는 "만약 당신이 나를 사랑한다면, 절대 나를 보려고 하지 마시오."라고 말했다. 그는 그것에 그녀가 맹세하게 만들었다. 그렇게 했음에도 불구하고, 그녀는 그를 차츰 사랑하게 되었다. 그들은 아름다운 궁전에서 살았고 함께 매우 행복했다. 하지만, Psyche의 언니들이 그녀를 매우 질투하게 되었다. 그들은 그녀의 결혼을 망가뜨리고 싶었다. 그래서 그들은 그녀에게 "Eros는 괴물이야. 그를 떠나야 해, 그렇지 않으면 그가 너를 죽일 거야"라고 말했다. Psyche는 울고 또 울었다. "그것이 사실일 리가 없어! 나의 멋진 남편이 괴물이라고?" 결국, 그녀는 알아보기로 결심했다. 어느 날 밤, 그녀는 Eros가 잠이 들 때까지 기다렸다. 그러고 나서 그녀는 촛불을 가져와 그의 얼굴을 바라보았다. 그는 너무 아름다웠다! 그녀는 너무 놀라서 양초에서 촛농을 떨어뜨리고 말았다. 그것이 Eros의 얼굴에 떨어졌다. 그는 그 즉시 깨어나 날아가 버렸다.

정답 p.54

2 Vocabulary & Pronunciation

다음 어휘를 발음에 유의하며 크게 말해 보세요.

invisible a. 눈에 보이지 않는	**swear** v. 맹세하다	**marriage** n. 결혼, 결혼 생활
monster n. 괴물	**eventually** ad. 결국	**amazed** a. 놀란
drip v. 떨어뜨리다	**wax** n. 왁스, 촛농	**immediately** ad. 즉시

3 Vocabulary Check 1

다음 빈칸에 들어갈 알맞은 단어를 2번 어휘에서 찾아 넣으세요.

1 전기가 나갔을 때, 모든 것이 눈에 보이지 않게 되었다.
When the power went out, everything became ____________.

2 그들은 그 괴물을 봤을 때 곧바로 차에 다시 탔다.
They ____________ got back into the car when they saw the monster.

3 그 커플의 믿음과 헌신은 행복한 결혼 생활로 이끌었다.
The couple's trust and devotion lead to a happy ____________.

4 Vocabulary Check 2

다음 설명에 해당하는 단어를 2번 어휘에서 찾아 넣으세요.

1 ____________ : to let liquid fall in drops

2 ____________ : after a long time, or after a lot of things have happened

3 ____________ : to promise that you will do something

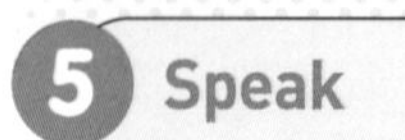

다음 표현을 활용하여 말해 보세요.

1 jealous of ~ **~을 질투하는**

I am jealous of my best friend, Hazel. 나는 내 가장 친한 친구인 Hazel을 질투한다.

Theo became jealous of his brother's success. Theo는 자신의 형의 성공을 질투하게 되었다.

Are you jealous of others' beauty? 당신은 다른 이들의 아름다움을 질투하나요?

2 find out ~ **~을 알아내다**

Let's find out who stole your bike. 누가 너의 자전거를 훔쳤는지 알아보자.

I'd like to find out more about her family. 나는 그녀의 가족에 대해 더 많이 알아보고 싶다.

The police found out that the suspect is left-handed. 경찰은 용의자가 왼손잡이인 것을 알아냈다.

6 Speaking Check

위의 표현을 참고하고 다음 주어진 단어를 활용하여 문장을 말해 보세요.

1 그는 단지 너의 부를 질투하는 거야. (just, wealth)

2 Melanie는 그들의 결혼을 질투하게 되었다. (become, marriage)

3 나는 Mike의 유명세에 질투심을 느꼈어요. (feel, Mike's, fame)

4 우리는 왜 Elliot이 입 다물고 있었는지 알아내야 해. (should, why, remain, silent)

5 인사과는 우리의 관계에 대해 알아냈다. (human resources, about, relationship)

6 그 법의학자는 그 피해자가 임신 중이었다는 것을 알아냈다. (forensic pathologist, that, victim, was pregnant)

7 Write

다음 문법 사항을 활용하여 영작 연습을 해 보세요.

1 동사원형, or + 주어 + 동사 ~해라, 그렇지 않으면 …이다

Stop it now, or you'll be sorry. 당장 멈춰라, 그렇지 않으면 후회하게 될 거야.

Tell me the truth, or I will never forgive you. 사실을 말해, 그렇지 않으면 결코 널 용서하지 않을 거야.

Put the milk back in the fridge, or it will go bad. 우유를 냉장고에 넣어, 그렇지 않으면 상할 거야.

2 cannot[can't] be ~ 일 리가 없다

This cannot be real. 이게 사실일 리가 없어.

You can't be serious. 너는 진심일 리가 없어. (농담하는 거지?)

That can't be my ride. 저게 내가 타고 갈 차일 리가 없어.

8 Writing Check

위의 문법 사항을 활용해 다음 문장을 영작해 보세요.

1 지금 일어나, 그렇지 않으면 너는 또 지각할 거야. (get up, now, will, late, again)

2 이거 치워라, 안 그러면 누군가 다칠 거야. (put, away, someone, will, get hurt)

3 내 핸드백 돌려줘, 그렇지 않으면 경찰을 부를 거야. (give, me, purse, back, will, call, the police)

4 이 답이 옳을 리가 없어. (answer, right)

5 네 아빠가 벌써 집에 왔을 리가 없어. (dad, home, already)

6 내 사물함이 비었을 리가 없어. (locker, empty)

Unit 9 HOW DOVES REPRESENT PEACE

1 Listen & Read

먼저 음원을 듣고 나서 지문을 읽어 보세요.

Do you know Pablo Picasso's *Dove of Peace*? It's not a painting, but a simple line drawing and a famous anti-war symbol. It wasn't Picasso's first anti-war protest. Perhaps his most famous anti-war painting is *Guernica*, which he painted for the 1937 World's Fair in Paris. Many art historians say that it's the world's best anti-war painting. Following the success of *Guernica* and the end of World War II, Picasso was invited to design a symbol for the First International Peace Conference in Paris in 1949. He got an idea for his design from a picture which his friend, the French artist Henri Matisse, gave to him. The symbol was a picture of a dove. Picasso made it into one of the world's most beautiful symbols of peace.

파블로 피카소의 '평화의 비둘기'를 알고 있는가? 그것은 물감으로 그린 그림이 아니라, 단순한 선화(線畫: 선으로 그린 그림)이자, 유명한 반전의 상징이다. 그것은 피카소의 첫 번째 반전 시위가 아니었다. 아마 그의 가장 유명한 반전 작품은 '게르니카'일 것인데, 그것은 1937년 파리 세계 박람회를 위해 그렸던 것이다. 많은 미술가들은 그것이 세계 최고의 반전 그림이라고 말한다. '게르니카'의 성공과 2차 세계대전의 종식에 뒤이어, 피카소는 1949년에 파리에서 열린 첫 번째 세계 평화 회의를 위한 상징을 디자인하기 위해 초청되었다. 그는 절친한 친구인 프랑스 화가 앙리 마티스가 그에게 준 그림에서 그 디자인에 대한 아이디어를 얻었다. 그 상징은 비둘기 그림이었다. 피카소는 그것을 세계에서 가장 아름다운 평화의 상징 중 하나로 만들어냈다.

2 Vocabulary & Pronunciation

다음 어휘를 발음에 유의하며 크게 말해 보세요.

peace n. 평화	**famous** a. 유명한	**protest** n. 항의, 시위(운동)
perhaps ad. 아마, 어쩌면	**fair** n. 박람회	**historian** n. 역사가
success n. 성공	**international** a. 국제적인	**conference** n. 회의

3 Vocabulary Check 1

다음 빈칸에 들어갈 알맞은 단어를 2번 어휘에서 찾아 넣으세요.

1 한국이 지난해의 지구 온난화에 관한 연례 회의를 개최했다.
Korea hosted last year's annual ____________ on global warming.

2 그는 한국에서 가장 유명한 코미디언 중 한 명이었다.
He was one of the most ____________ comedians in Korea.

3 그 감독은 최근에 성공을 거둔 후에, 할리우드 영화배우들과 같이 일할 수 있었다.
After the director's recent ____________, he was able to work with Hollywood movie stars.

4 Vocabulary Check 2

다음 설명에 해당하는 단어를 2번 어휘에서 찾아 넣으세요.

1 ____________ : an event where people or companies bring their products for you to look at or buy

2 ____________ : a strong complaint or disagreement

3 ____________ : involving several countries, or existing between countries

5 Speak

다음 표현을 활용하여 말해 보세요.

1 the world's best ~ 세계 최고의 ~

The MIT is the world's best university according to the magazine.
그 잡지에 따르면 MIT가 세계 최고의 대학이다.

Vancouver is one of the world's best cities. 밴쿠버는 세계 최고의 도시 중 하나이다.

He deserves the title of the World's Best Dad. 그는 '세계 최고의 아빠'라는 칭호가 어울려.

2 get/have an idea for ~ ~을 위한 (좋은) 아이디어가 떠오르다

Do you have an idea for preventing hate crimes. 혐오 범죄를 예방할 좋은 아이디어가 있나요?

I've got an idea for a faster way to finish this. 나는 이것을 더 빨리 끝낼 수 있는 아이디어가 떠올랐어.

It's hard to get an idea for a start-up. 창업을 위한 아이디어를 얻는 것은 어려워요.

6 Speaking Check

위의 표현을 참고하고 다음 주어진 단어를 활용하여 문장을 말해 보세요.

1 그 회사는 세계 최고의 안드로이드 태블릿을 만든다. (company, make, Android tablets)

2 덴마크는 아이들을 위한 세계 최고의 나라 중 하나이다. (Denmark, one of, countries, for children)

3 그의 코치는 그를 세계 최고의 축구 선수로 만들었다. (coach, make, soccer player)

4 신제품에 대한 좋은 아이디어가 있는 분 계신가요? (does, anyone, have, a new product)

5 그 제작자는 그 영화의 속편에 관한 좋은 아이디어가 있었다. (producer, have, the movie's sequel)

6 우리는 그리스 신화에서 우리 브랜드명에 대한 아이디어를 얻었어요. (get, brand name, from, Greek mythology)

7 Write

다음 문법 사항을 활용하여 영작 연습을 해 보세요.

1 not A, but B **A가 아니라 B**

I warned him not once, but three times. 나는 그에게 한 번이 아니라 세 번이나 경고했다.

We should judge people not by the color of their skin, but by their actions.
우리는 피부색이 아닌 행동으로 사람들을 판단해야 한다.

The man dropped his wallet not accidentally, but deliberately.
그 남자는 사고가 아니라 의도적으로 자신의 지갑을 떨어뜨렸다.

2 명사 + which + 주어 + 동사 **~하는 명사**

This is the toy which every kid wants to have. 이것이 모든 아이가 갖길 원하는 그 장난감입니다.

I loved the pecan pie which your mom baked. 나는 너의 엄마가 만드신 피칸파이가 정말 맛있었어.

The story which you told me yesterday was scary. 네가 어제 말해 준 그 이야기는 무서웠어.

8 Writing Check

위의 문법 사항을 활용해 다음 문장을 영작해 보세요.

1 이 오렌지는 새콤하진 않고 달콤해. (orange, sour, sweet)

2 나는 여기에 시간을 낭비하러 온 것이 아니라 돈을 벌려고 왔어요. (come, here, to, waste time, to, make money)

3 내 딸은 미국에서가 아니라 캐나다에서 공부했어요. (daughter, study, in America, in Canada)

4 그 피해자들이 겪어야 했던 굴욕은 상당했다. (the humiliation, the victims, have to, suffer, great)

5 내가 사길 원하는 그 크리스마스트리는 키가 6피트다. (Christmas tree, hope, to, buy, feet, tall)

6 누군가가 내 아들이 만든 로봇을 훔쳐갔다. (someone, steal, the robot, son, make)

TURN RIGHT TO LOOK RIGHT

먼저 음원을 듣고 나서 지문을 읽어 보세요.

Do you want to know how to look prettier in photos? Just turn your face a little more to the right! According to many studies, people's left side is usually more attractive than their right side. What's going on? Well, the two sides of your face are not exactly the same. They're more or less different, and the difference increases with age. It's because the right half of your brain moves the left side of your face, and the left half moves the right. Keep in mind that the right brain is more emotional. Therefore, the left side of the face shows more emotion, especially love and humor. In other words, it's the side that "lights up" the most. And when a face "lights up," it looks lovelier. Painters throughout history seem to agree. One study found that two thirds of famous European portraits show the left side of the person's face! So, the left side is the better side.

사진에서 더 예쁘게 보이는 방법을 알고 싶은가? 그저 당신의 얼굴을 오른쪽으로 살짝 돌리면 된다! 많은 연구에 따르면, 사람들의 왼쪽 옆얼굴은 보통 오른쪽 옆얼굴보다 더 매력적이다. 무슨 일인 걸까? 자, 당신의 양옆 얼굴은 완전히 똑같지 않다. 그것들은 다소 다르고, 그 차이는 나이를 먹어감에 따라 커진다. 이는 당신 뇌의 오른쪽 부분이 당신 얼굴의 왼쪽을 움직이고, 왼쪽 부분이 오른쪽을 움직이기 때문이다. 우뇌가 더 감성적이라는 것을 명심해라. 그러므로 왼쪽 옆얼굴이 더 많은 감정, 특히 사랑과 유머를 보여준다. 다시 말하자면, 그것은 가장 '환해지는' 부분이다. 그리고 얼굴이 '환해질' 때, 더 사랑스러워 보인다. 예로부터 화가들은 이에 동의하는 것 같다. 한 연구에서 유럽의 유명한 초상화의 3분의 2가 사람 얼굴의 왼쪽 부분을 보여주고 있다는 것을 발견했다! 그러니까 왼쪽 얼굴이 더 나은 얼굴이다.

2 Vocabulary & Pronunciation

다음 어휘를 발음에 유의하며 크게 말해 보세요.

attractive a. 매력적인	**exactly** ad. 정확히	**age** n. 나이, 오래됨
keep in mind 명심하다	**emotion** n. 감정	**humor** n. 유머
light up 밝게 하다, 밝아지다	**agree** v. 동의하다	**portrait** n. 초상화

3 Vocabulary Check 1

다음 빈칸에 들어갈 알맞은 단어를 2번 어휘에서 찾아 넣으세요.

1 Eric은 유머감각이 뛰어나다.
Eric has a good sense of ______________.

2 그녀는 매우 매력적이지만 나는 그녀를 좋아하는 감정은 없다.
Although she is very ______________, I don't have any feelings for her.

3 그는 무엇이 정확히 그녀를 그렇게 화나게 만들었는지 짐작할 수도 없었다.
He didn't have a clue what ______________ had made her so mad.

4 Vocabulary Check 2

다음 설명에 해당하는 단어를 2번 어휘에서 찾아 넣으세요.

1 ______________ : a strong human feeling such as love, hate, or anger

2 ______________ : to have or express the same opinion about something as someone else

3 ______________ : a painting, drawing, or photograph of a person

5 Speak

다음 표현을 활용하여 말해 보세요.

1 What's going on? **무슨 일이야?**

What's going on here? 여기에 무슨 일이 있는 겁니까?

What's going on in there? 거기 안에 무슨 일이니?

What's going on with you? 너 왜 그러니?

2 keep in mind that ~ **~라는 것을 명심하다**

Keep in mind that you only live once. 인생은 한 번뿐이라는 것을 명심하세요.

Keep in mind that a rolling stone gathers no moss. 구르는 돌에는 이끼가 끼지 않는다는 것을 명심해라.

Keep in mind that all people will die someday. 모든 사람은 언젠가 죽는다는 것을 명심해라.

6 Speaking Check

위의 표현을 참고하고 다음 주어진 단어를 활용하여 문장을 말해 보세요.

1 우크라이나에 무슨 일이 일어나고 있는 거지? (in Ukraine)

2 지금 기름 값에 무슨 일이 일어나는 겁니까? (gas prices, with, now)

3 무슨 일이 일어나고 있는지 모르겠어. (not, know)

4 이것이 우리의 마지막 기회라는 것을 명심하세요. (this, last, chance)

5 시간은 돈이라는 것을 제발 명심하세요. (please, time, money)

6 그 프로젝트를 끝내기에 너에겐 오직 1주일만 남았다는 것을 명심해라. (only, have, a week, left, to finish, project)

7 Write

다음 문법 사항을 활용하여 영작 연습을 해 보세요.

1 명사 + that + 동사 ~하는 명사

He wrote a sentence that puzzled everyone. 그는 모두를 어리둥절하게 만든 문장을 하나 썼다.

I need a refrigerator that consumes less energy. 나는 에너지를 더 적게 소비하는 냉장고가 필요하다.

The laptop that was on the table belongs to me. 탁자 위에 있었던 그 노트북 컴퓨터는 내 것이야.

2 seem + to 동사원형 ~하는 것 같다

You seem to know a thing or two about cryptocurrency.
당신은 암호 화폐에 관해 꽤 해박하신 것 같군요.

Simon seems to have trouble hearing. Simon은 청력에 문제가 있는 것 같아요.

No one seemed to understand the rules. 아무도 그 규칙을 이해하지 못하는 것 같았다.

8 Writing Check

위의 문법 사항을 활용해 다음 문장을 영작해 보세요.

1 버스 정류장 옆에 서 있는 그 큰 나무는 약 200살이다. (big, tree, stand, next to, the bus stop, about, years old)

2 내가 장애를 가진 사람들을 어떻게 도울 수 있을까? (how, can, help, people, have, disabilities)

3 누가 내 책상 위에 있었던 물티슈를 가져갔어요? (who, take, the wet wipes, on, desk)

4 그들은 서울 외곽에서 사는 것을 선호하는 것 같아요. (prefer, living, in, a suburb of Seoul)

5 그 변호사는 일 년에 2백만 달러는 버는 것 같아. (lawyer, make, two million dollars, a year)

6 그들은 팀워크의 중요성을 깨닫는 것 같았다. (realize, the significance of teamwork)

HOW TO LEARN A NEW LANGUAGE QUICKLY

먼저 음원을 듣고 나서 지문을 읽어 보세요.

Learning a new language is not easy. But not all languages are equally difficult to learn. Some are easy, and others are hard. Languages that are related to yours are easier to learn. Languages that aren't related to yours are harder. Although all languages seem different, many languages share the same roots. Languages with the same roots usually have two things in common — grammar and vocabulary. Take English and French, for example. They share the same roots. And they have the same rule for word order: subject-verb-object. Furthermore, they have thousands of words in common. In fact, there are many English speakers who know about 10,000 words in French. And that's without studying French at all! So if you want to learn another language quickly, choose a language related to your mother tongue!

새로운 언어를 배우는 것은 쉽지 않다. 하지만 모든 언어가 똑같이 배우기 어려운 것은 아니다. 어떤 것은 쉽고, 다른 어떤 것은 어렵다. 당신이 쓰는 언어와 관련된 언어는 배우기 더 쉽다. 당신의 언어와 관련되지 않은 것은 더 어렵다. 모든 언어가 달라 보이겠지만, 많은 언어들은 같은 뿌리를 갖고 있다. 같은 뿌리를 가진 언어는 보통 두 가지에서 공통점이 있는데 그것은 문법과 어휘이다. 영어와 프랑스어를 예로 들어 보자. 그들은 뿌리가 같다. 그리고 주어, 동사, 목적어로 어순도 같다. 게다가, 공통적인 단어가 수천 개가 있다. 사실, 프랑스어를 10,000개 정도 알고 있는 영어권 사람들이 많다. 프랑스어를 전혀 공부하지 않고서 말이다! 그러므로 만약 다른 언어를 빨리 배우고 싶다면, 모국어와 관련된 언어를 선택하라!

2 Vocabulary & Pronunciation

다음 어휘를 발음에 유의하며 크게 말해 보세요.

language n. 언어	**share** v. 공유하다	**grammar** n. 문법
vocabulary n. 어휘	**order** n. 순서	**subject** n. 주어
verb n. 동사	**object** n. 목적어	**mother tongue** 모국어

3 Vocabulary Check 1

다음 빈칸에 들어갈 알맞은 단어를 2번 어휘에서 찾아 넣으세요.

1 나는 새로운 어휘를 배우기 위해 매일 신문을 읽으려고 노력한다.
I try to read the newspaper every day to learn new ______________ .

2 Amanda는 그 언어(한국어)를 완전히 익히기 위해 한국에서 공부하길 원한다.
Amanda wants to study in Korea to master the ______________ .

3 Jason은 이메일을 보내기 전에 철자와 문법을 확인한다.
Jason checks his spelling and ______________ before he sends an email.

4 Vocabulary Check 2

다음 설명에 해당하는 단어를 2번 어휘에서 찾아 넣으세요.

1 ______________ : to have or use something with other people

2 ______________ : the way in which a set of things is arranged or done, so that it is clear which thing is first, second, third etc

3 ______________ : the main language that you learn as a child

5 Speak

다음 표현을 활용하여 말해 보세요.

1 have ~ in common ~을 공통적으로 지니다

It's too bad that we have nothing in common. 우리가 공통점이 없는 게 참 아쉽네요.

Matthew and I have a lot in common. Matthew와 나는 공통점이 많아요.

What do Germany and Italy have in common? 독일과 이탈리아의 공통점이 무엇인가요?

2 take ~, for example / take for example ~ ~을 예로 들다

Take Korea, for example. 한국을 예로 들어봅시다.

Let's take your financial situation, for example. 당신의 재정 상황을 예로 들어봅시다.

Take for example the mistake he made in the morning. 아침에 그가 한 실수를 예로 들어 보자.

6 Speaking Check

위의 표현을 참고하고 다음 주어진 단어를 활용하여 문장을 말해 보세요.

1 너희 부모님은 공통점이 엄청 많으시네. (parents, so much)

2 내 파트너와 나는 공통점이 거의 없다. (partner, and, little)

3 그 운동선수들은 한 가지 공통점이 있어요. (athletes, thing)

4 지난 선거를 예로 들어 봅시다. (the last, election)

5 일본의 경제를 예로 들어 보자. (let's, Japan's, economy)

6 로스쿨에 다니는 학생 한 명을 예로 들어 보자. (student, in law school)

7 Write

다음 문법 사항을 활용하여 영작 연습을 해 보세요.

1 some ~, and others ... **어떤 것[사람]은 ~하고 어떤 것[사람]은 …하다**

Some people love coffee, and others don't. 어떤 사람들은 커피를 좋아하고 어떤 이들 그렇지 않다.

Some businesses succeed, and others fail. 어떤 사업은 성공하고 어떤 것은 실패한다.

Some students are good at math, and others aren't. 어떤 학생들은 수학을 잘하고, 어떤 이들은 그렇지 않다.

2 (al)though + 주어 + 동사 **비록 ~일지라도**

Although I am a U.S. citizen, I feel more comfortable speaking Spanish.
나는 미국인이지만 스페인어가 더 편하다.

Though he is rich, he lives in a small apartment. 비록 그는 부자이지만, 작은 아파트에서 산다.

Although I live alone, I don't feel lonely. 나는 비록 혼자 살지만, 외롭지 않다.

8 Writing Check

위의 문법 사항을 활용해 다음 문장을 영작해 보세요.

1 어떤 직원들은 열심히 일하고, 어떤 이들은 게으름을 피운다. (employees, work hard, slack off)

2 어떤 식물은 꽃을 피우고, 어떤 것들은 시든다. (plants, blossom, wither)

3 어떤 병사들은 고향으로 돌아갔고, 어떤 이들은 죽었다. (soldiers, return, home, died)

4 비록 네가 나의 가장 친한 친구이지만, 네게 모든 것을 말할 수는 없어. (best, can, tell, everything)

5 비록 Kevin은 키가 작지만 농구선수가 되길 원한다. (want, to, be, a basketball player, short)

6 비록 엔진이 멈췄지만, 그는 그 비행기를 안전하게 착륙시켰다. (the engines, die, land, plane, safely)

RUSSIA'S BIG MISTAKE

1 Listen & Read

먼저 음원을 듣고 나서 지문을 읽어 보세요.

The U.S. bought Alaska from Russia for 7 million dollars in 1867. Most Americans thought it was a big mistake and a waste of money. They called Alaska "Seward's Folly" or "Seward's Icebox." They named it after William H. Seward, the Secretary of State of the United States, who insisted on making the purchase. However, gold was discovered there between 1896 and 1902, and whole cities grew almost overnight. By then, many Alaskans fought for statehood, but the government ignored them. During World War II, in 1941, America declared war on Japan, and Alaska's strategic position became very important. The U.S. government began to seriously consider its statehood. Alaskans elected delegates who met President Eisenhower. They convinced him to sign the Alaska Statehood Act in 1958. Finally, on January 3, 1959, Alaska became the forty-ninth state of the United States of America.

미국은 1867년에 러시아에 7백만 달러를 주고 알래스카를 샀다. 미국인들은 대부분 이것은 큰 실수이며 돈 낭비라고 생각했다. 그래서 알래스카를 "수어드의 바보 짓"이라느니, "수어드의 아이스박스"라고 불렀다. 당시 미국의 국무부 장관으로, 알래스카의 매입을 주장했던 윌리엄 H. 수어드의 이름을 따서 그렇게 불렀던 것이다. 그러나 1896년에서 1902년 사이에 그곳에서 금이 발견되었고, 거의 하룻밤 사이에 알래스카의 도시들이 모두 성장했다. 그때쯤에는 벌써 많은 알래스카 주민들은 주로 승격시켜 달라고 싸웠지만, 정부는 그 요구를 무시했다. 제2차 세계대전이 벌어지고 있던 1941년에 미국이 일본에 선전포고를 하게 되자, 알래스카는 그 전략적 위치 때문에 상당히 중요해졌다. 그래서 미국 정부는 알래스카를 주로 승격시키는 문제를 진지하게 고려하기 시작했다. 알래스카 주민들은 대표단을 선출해 아이젠하워 대통령과 면담을 추진했다. 이 대표단은 대통령을 설득해 1958년에 알래스카 주 승격 법안에 서명하도록 만들었다. 드디어 1959년 1월 3일에 알래스카는 미국의 49번째 주가 되었다.

2 Vocabulary & Pronunciation

다음 어휘를 발음에 유의하며 크게 말해 보세요.

waste n. 낭비

name after ~의 이름을 따서 짓다

insist v. 주장하다

statehood n. 주(州)로서의 지위

ignore v. 무시하다

strategic a. 전략적인

elect v. 뽑다, 선출하다

delegate n. 대표, 사절

convince v. 확신시키다, 설득하다

3 Vocabulary Check 1

다음 빈칸에 들어갈 알맞은 단어를 2번 어휘에서 찾아 넣으세요.

1 많은 학생은 숙제가 시간 낭비라고 생각한다.
Many students think homework is a ______________ of time.

2 당신은 상대방을 이기기 위해선 좀 더 전략적인 계획을 가져야 해요.
You have to have a more ______________ plan to beat your opponent.

3 우리는 우리와 긴밀히 일할 수 있는 공직자를 선출해야 해요.
We need to ______________ officials who are able to work closely with us.

4 Vocabulary Check 2

다음 설명에 해당하는 단어를 2번 어휘에서 찾아 넣으세요.

1 ______________ : to demand that something happen or that somebody agree to do something

2 ______________ : to intentionally not listen or give attention to

3 ______________ : to persuade someone or make someone certain

5 Speak

다음 표현을 활용하여 말해 보세요.

1 **a waste of money 돈 낭비**

Some think higher education is a waste of money. 어떤 사람들은 고등 교육이 돈 낭비라고 생각한다.

Paying rent is a waste of money. 월세를 내는 것은 돈 낭비이다.

A lot of holiday gifts are a waste of money. 많은 명절 선물은 돈 낭비이다.

2 **declare war on ~ ~에게 선전포고를 하다, ~와의 전쟁을 선포하다**

Russia declared war on Ukraine. 러시아는 우크라이나에게 선전포고를 했다.

The two nations agreed not to declare war on one another.
그 두 개국은 서로에게 전쟁을 선포하지 않기로 동의했다.

The government will declare war on drugs. 정부는 마약과의 전쟁을 선포할 것이다.

6 Speaking Check

위의 표현을 참고하고 다음 주어진 단어를 활용하여 문장을 말해 보세요.

1 이 영어 학습 앱은 돈 낭비입니다. (English learning app)

2 그의 마지막 콘서트는 돈 낭비였어. (last, concert)

3 영양보충제에 수백 달러를 쓰는 것은 돈 낭비이다. (spend, hundreds of dollars, on, dietary supplements)

4 그 정치 지도자는 자신의 적들에게 선전포고를 했다. (political leader, enemies)

5 경찰은 음주운전과의 전쟁을 선포할 것이다. (the police, will, drunk driving)

6 2003년에 미국이 이라크에게 선전포고를 했다. (in, the U.S., Iraq)

7 Write

다음 문법 사항을 활용하여 영작 연습을 해 보세요.

1 명사, who + 동사 **그리고/그런데 명사는 ~하다**

Lydia has a brother, who works for Google. Lydia는 남동생이 하나 있는데, 그는 구글에서 일해.

I met brilliant researchers, who are from Korea. 나는 연구진을 만났는데, 그들은 한국에서 왔어요.

We hired Jack, who lacks practical experience. 우리는 Jack을 고용했는데, 그는 실무 경험이 부족합니다.

2 convince + A + to 동사원형 **A가 ~하도록 설득하다**

The police officer convinced us to stay inside. 그 경찰관은 우리가 안에서 머무르도록 설득했다.

I will convince my family to vote for you. 나는 우리 가족에게 당신을 뽑으라고 설득할 것이다.

He is convincing his friend to taste his pizza. 그는 친구에게 자신의 피자를 맛보라고 설득하고 있다.

8 Writing Check

위의 문법 사항을 활용해 다음 문장을 영작해 보세요.

1 그녀는 Ellie와 같이 사는데, 그녀는 Ellie에게 가족 같은 사람이다. (live with, is, like, family, to)

2 나는 어린 아들이 있는데, 그 애는 바닥에 누워 있다. (a little son, lie, on the floor)

3 사람들은 Jim을 불쌍히 여기는데, 그는 마을에 몇 개의 건물을 소유하고 있다. (people, feel sorry for, own, several, building, in town)

4 그 점원은 나의 아버지에게 그 진공청소기를 사라고 설득했다. (clerk, father, vacuum cleaner)

5 그가 Lucy에게 그 시험 사업을 멈추도록 설득할 것이다. (will, stop, pilot project)

6 그 사기꾼은 사람들이 송금하도록 확신시키고 있다. (fraudster, people, transfer, money)

정답

Unit 1 p.5~7

3. Vocabulary Check 1

1 gradually 2 flat 3 burden

4. Vocabulary Check 2

1 metal 2 trader 3 imitation

6. Speaking Check

1 My mother is very strict when it comes to safety.
2 We offer you the best solution when it comes to Internet security.
3 Jack is an expert when it comes to teaching English.
4 The evening event changed into a dance party.
5 Sometimes hope changes into despair.
6 Potential energy changes into kinetic energy.

8. Writing Check

1 Visitors start leaving[to leave] the museum at 5:30.
2 A Korean song started playing[to play].
3 Bees will start disappearing[to disappear] soon.
4 We saw Mr. Gibson at the mall.
5 The detective lost his gun yesterday.
6 The incident happened two years ago.

Unit 2 p.9~11

3. Vocabulary Check 1

1 maintain 2 enormous 3 distract

4. Vocabulary Check 2

1 demonstrate 2 reign 3 dedicate

6. Speaking Check

1 Real adults take responsibility for their decisions.
2 My boss took responsibility for not acting quickly.
3 Someone should take responsibility for what happened today.
4 There are many firefighters dedicated to saving lives.
5 We are dedicated to preserving Native American culture.
6 This organization is dedicated to wetland restoration.

8. Writing Check

1 I allowed him to use my computer.
2 The messenger allows users to send pictures.
3 She didn't[did not] allow her children to play games.
4 He is so talented that he can play in the Premier League.
5 The movie was so scary that I couldn't sleep.
6 The vases are so delicate that you need to be careful.

Unit 3 p.13~15

3. Vocabulary Check 1

1 element 2 architecture 3 extreme

4. Vocabulary Check 2

1 repetitive 2 emphasize 3 emerge

6. Speaking Check

1 The term meme refers to hilarious texts, images, and videos.
2 The name Türkiye refers to Turkey in Turkish.
3 Synonyms refer to two words or phrases with the same meaning.
4 I am nothing more than a security guard.
5 Their wedding is nothing more than a publicity stunt.
6 These are nothing more than minor problems.

8. Writing Check

1 People usually defend themselves by making excuses.
2 We try to keep in shape by going to the gym.
3 James helps around the house by doing the dishes.
4 The process can be broken into three phases.

5 Hurricanes can be predicted weeks in advance.
6 Pasta can be prepared in numerous ways.

Unit 4 p.17~19

3. Vocabulary Check 1

1 environment 2 major 3 atmosphere

4. Vocabulary Check 2

1 burp/belch 2 trap 3 contribute

6. Speaking Check

1 The swimmer's retirement was related to an injury.
2 Your coworker is related to the murder case.
3 Many crimes in America are related to anti-Asian hate.
4 The bottom line is, your children need your support.
5 The bottom line is that we can't give up now.
6 The bottom line is that Korea is the most innovative country.

8. Writing Check

1 Every hour felt like a year.
2 The driver apologized to every passenger on the bus.
3 Every word out of his mouth is a lie.
4 This is the only question that I can answer.
5 The stocks that he owns are worth a fortune.
6 Tell me about the problems that you have with your mom.

Unit 5 p.21~23

3. Vocabulary Check 1

1 depict 2 objectively 3 landscape

4. Vocabulary Check 2

1 departure 2 figure 3 accustomed

6. Speaking Check

1 My necklace is different from yours.
2 Being nice is different from being naive.
3 The texture of your clothes feels a lot different from mine.
4 We are accustomed to wearing masks.
5 The visa student was accustomed to studying alone.
6 The civilians are now accustomed to the sound of explosions.

8. Writing Check

1 Dwayne is not only smart but also athletic.
2 The event was a big success not only in Seoul but also in Busan.
3 Not only North Korea but also India and Pakistan have nuclear weapons.
4 Success is not something that is achieved overnight.
5 What happened to the dogs that were rescued yesterday?
6 I lost the contract that was signed by both parties.

Unit 6 p.25~27

3. Vocabulary Check 1

1 purchase 2 rush 3 limit

4. Vocabulary Check 2

1 generate 2 potential 3 fatality

6. Speaking Check

1 These events take place at City Hall for three days.
2 Misunderstandings take place all the time.
3 The horrible incident took place in the lobby.
4 The student went to the library in order to concentrate better.
5 They are going to Hawaii in order to celebrate their wedding anniversary.
6 She wrote me a letter in order to express her feelings.

8. Writing Check

1 We hope to help many families in need.
2 The City of New York hopes to close the racial wealth gap.

3 The country hoped to achieve herd immunity.
4 Whatever he says is true.
5 Tell me whatever you want.
6 The player turned down whatever the club offered.

Unit 7 p.29~31

3. Vocabulary Check 1

1 bumpy 2 muscle 3 hairy

4. Vocabulary Check 2

1 ancestor 2 contract 3 frightened

6. Speaking Check

1 People get goosebumps when they are cold.
2 I get goosebumps when I talk about it.
3 Everyone got goosebumps watching the scene.
4 The company is less likely to expand business.
5 The tourist was less likely to understand Korean.
6 The employees were less likely to go on strike.

8. Writing Check

1 I have to get up at 4 AM, which is crazy.
2 He leaves the toilet seat up, which she hates.
3 We raised money for charity, which felt great.
4 We should ask ourselves the following question.
5 The soldiers prepared themselves for battle.
6 He found himself locked in the washroom.

Unit 8 p.33~35

3. Vocabulary Check 1

1 invisible 2 immediately 3 marriage

4. Vocabulary Check 2

1 drip 2 eventually 3 swear

6. Speaking Check

1 He is just jealous of your wealth.
2 Melanie became jealous of their marriage.
3 I felt jealous of Mike's fame.
4 We should find out why Elliot remained silent.
5 Human resources found out about our relationship.
6 The forensic pathologist found out that the victim was pregnant.

8. Writing Check

1 Get up now, or you will be late again.
2 Put this away, or someone will get hurt.
3 Give me my purse back, or I will call the police.
4 This answer cannot[can't] be right.
5 Your dad cannot[can't] be home already.
6 My locker cannot[can't] be empty.

Unit 9 p.37~39

3. Vocabulary Check 1

1 conference 2 famous 3 success

4. Vocabulary Check 2

1 fair 2 protest 3 international

6. Speaking Check

1 The company makes the world's best Android tablets.
2 Denmark is one of the world's best countries for children.
3 His coach made him the world's best soccer player.
4 Does anyone have an idea for a new product?
5 The producer had an idea for the movie's sequel.
6 We got the idea for our brand name from Greek mythology.

8. Writing Check

1 This orange is not[isn't] sour, but sweet.
2 I came here not to waste time, but to make money.
3 My daughter studied not in America, but in Canada.
4 The humiliation which the victims had to suffer was great.
5 The Christmas tree which I hope to buy is 6 feet tall.
6 Someone stole the robot which my son made.

Unit 10 p.41~43

3. Vocabulary Check 1

1 humor 2 attractive 3 exactly

4. Vocabulary Check 2

1 emotion 2 agree 3 portrait

6. Speaking Check

1 What's going on in Ukraine?
2 What's going on with gas prices now?
3 I don't know what's going on.
4 Keep in mind that this is our last chance.
5 Please keep in mind that time is money.
6 Keep in mind that you only have a week left to finish the project.

8. Writing Check

1 The big tree that stands next to the bus stop is about 200 years old.
2 How can I help the people that have disabilities?
3 Who took the wet wipes that were on my desk?
4 They seem to prefer living in a suburb of Seoul.
5 The lawyer seems to make two million dollars a year.
6 They seemed to realize the significance of teamwork.

Unit 11 p.45~47

3. Vocabulary Check 1

1 vocabulary 2 language 3 grammar

4. Vocabulary Check 2

1 share 2 order 3 mother tongue

6. Speaking Check

1 Your parents have so much in common.
2 My partner and I have little in common.
3 The athletes have one thing in common.
4 Take the last election, for example.
5 Let's take Japan's economy, for example.
6 Take for example a student in law school.

8. Writing Check

1 Some employees work hard, and others slack off.
2 Some plants blossom, and others wither.
3 Some soldiers returned home, and others died.
4 (Al)though you are my best friend, I cannot [can't] tell you everything.
5 Kevin wants to be a basketball player, (al)though he is short.
6 (Al)though the engines died, he landed the plane safely.

Unit 12 p.49~51

3. Vocabulary Check 1

1 waste 2 strategic 3 elect

4. Vocabulary Check 2

1 insist 2 ignore 3 convince

6. Speaking Check

1 This English learning app is a waste of money.
2 His last concert was a waste of money.
3 Spending hundreds of dollars on dietary supplements is a waste of money.
4 The political leader declared war on his enemies.
5 The police will declare war on drunk driving.
6 In 2003, the U.S. declared war on Iraq.

8. Writing Check

1 She lives with Ellie, who is like family to her.
2 I have a little son, who is lying on the floor.
3 People feel sorry for Jim, who owns several buildings in town.
4 The clerk convinced my father to buy the vacuum cleaner.
5 He will convince Lucy to stop the pilot project.
6 The fraudster is convincing people to transfer money.

매일 영어 루틴
올인원(All-in-one)

지은이 넥서스콘텐츠개발팀
강의 김일승
펴낸이 임상진
펴낸곳 (주)넥서스

출판신고 1992년 4월 3일 제311-2002-2호
주소 10880 경기도 파주시 지목로 5
전화 (02)330-5500 팩스 (02)330-5555

ISBN 979-11-6683-424-0 13740

가격은 뒤표지에 있습니다.
잘못 만들어진 책은 구입처에서 바꾸어 드립니다.

www.nexusbook.com

매일 30분,
삶이 바뀌는
영어 습관 쌓기

하루 2장씩 도전해 보세요!

넥서스

듣기, 독해, 어휘, 말하기, 쓰기

통합 영어 학습지

매일 영어 루틴 올인원

넥서스콘텐츠개발팀 지음 | 김일승 강의

MP3 음원 &
무료 해설 강의

매일 영어 루틴 올인원

넥서스콘텐츠개발팀 지음 | 김일승 강의

넥서스

구성 및 특징

2주에 1권씩, 3개월 영어 루틴 만들기

무료 음성 강의 & 원어민 MP3

김일승 선생님의 해설 강의와 원어민 mp3를 활용하여 책을 더 알차게 공부해 보세요.

Listening / Reading

다양한 주제의 흥미로운 영어 지문을 원어민 mp3를 활용하여 듣고, 직접 소리 내어 읽어 보세요.

2

Vocabulary

지문에서 나온 단어들을 정확하게 발음해 보고, 문장에서 어떻게 쓰이는지 확인해 보세요.

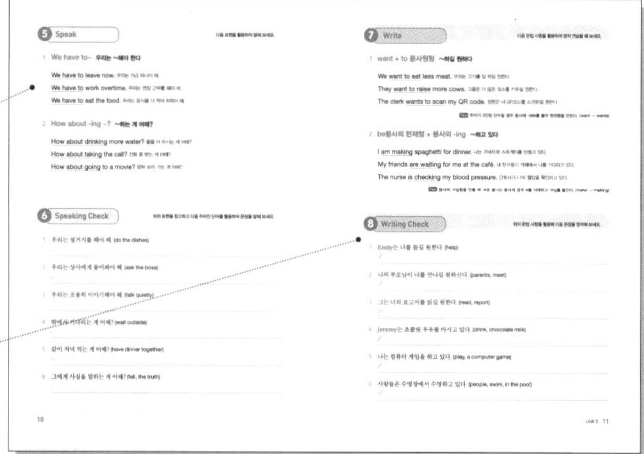

3

Speaking

지문에서 배운 표현을 활용하여 speaking 연습을 해 보세요.

4

Writing

지문에서 나온 문법 사항을 활용하여 writing 연습을 해 보세요.

무료 MP3 & 해설 강의 듣는 방법

원어민 MP3 듣기
- 스마트폰으로 책 속의 QR코드를 인식하세요.
- PC에서 MP3 다운받기 www.nexusbook.com

저자 해설 강의 듣기
- 스마트폰으로 책 속의 QR코드를 인식하세요.
- 오디오클립에서 **매일 영어 루틴 올인원** 을 검색하세요.

audioclip.naver.com

차례

《매일 영어 루틴 올인원》을 시작하는 동기나 각오를 적어 주세요.
이 책을 완주할 때까지 매일 읽어 보세요.

Unit 1 THE WAVES OF THE SKY

1 Listen & Read

먼저 음원을 듣고 나서 지문을 읽어 보세요.

It is a common myth that the sky is blue because of a reflection of the seas and oceans. But it is not true at all. In reality, blue light from the sun spreads around much more than all of the other colors. That's what causes the sky to appear blue. Light is made up of electromagnetic waves, and the distance between two crests in this wave is called the wavelength. Red light, for instance, has the longest wavelength. The wavelength of blue light is about half that of red light. This difference in wavelength causes blue light to be scattered nearly ten times more than red light. Lord Rayleigh studied this phenomenon in detail, and that's why it is commonly called as "Rayleigh scattering." There are some scientists, however, who call this "the Tyndall effect."

하늘은 바다와 대양이 반사되어 푸르다는 것이 일반적인 통념이다. 그러나 그것은 전혀 사실이 아니다. 실제로, 태양에서 온 푸른 광선은 다른 색의 광선들에 비해 훨씬 더 넓게 퍼진다. 그것이 하늘이 푸르게 보이는 이유이다. 빛은 전자파로 이루어져 있고, 마루와 마루 사이의 거리를 파장이라고 부른다. 예를 들어, 붉은 광선은 가장 긴 파장을 가지고 있다. 푸른 광선의 파장은 붉은 광선의 절반 정도의 길이이다. 이 파장의 차이로 인해 푸른 광선이 붉은 광선에 비해 거의 10배 이상 자주 흩어진다. 레일리 경이 이 현상을 상세히 연구했는데, 그 때문에 이 현상은 '레일리 산란'이라고 불린다. 그러나 어떤 과학자들은 이 현상을 '틴들 효과'라고 부른다.

정답 p.52

2 Vocabulary & Pronunciation

다음 어휘를 발음에 유의하며 크게 말해 보세요.

common a. 흔한, 공동의

myth n. 잘못 알려진 통념; 신화

reflection n. 반사

electromagnetic wave n. 전자파

distance n. 거리

wavelength n. 파장

scatter v. 흩어지다, 흩뿌리다

phenomenon n. 현상

detail n. 세부 사항

3 Vocabulary Check 1

다음 빈칸에 들어갈 알맞은 단어를 2번 어휘에서 찾아 넣으세요.

1 그 아이들은 종종 꽃씨를 흩뿌린다.
The children often ______________ flower seeds.

2 미확인 비행현상은 어느 비행사에 의해 목격되었다.
The unidentified aerial ______________ was observed by a pilot.

3 선풍기 미신설에 따르면, 여러분은 폐쇄된 방에서 선풍기를 켠 채 잠을 자면 죽게 된다.
According to the fan death ______________, you die if you sleep in a closed room with an electric fan on.

4 Vocabulary Check 2

다음 설명에 해당하는 단어를 2번 어휘에서 찾아 넣으세요.

1 ______________ : an image that you can see in a mirror, glass, or water

2 ______________ : the amount of space between two places or things

3 ______________ : all the separate features and pieces of information about something

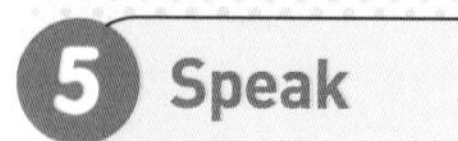

5 Speak

다음 표현을 활용하여 말해 보세요.

1 be made up of ~ ~로 만들어지다, ~로 구성되다

Saturn's rings are made up of dust, rock, and ice.
토성의 고리는 먼지와 돌, 그리고 얼음으로 만들어져 있다.

The committee is made up of teachers and parents. 그 위원회는 교사와 학부모로 구성되어 있어요.

The task force team is made up of former prosecutors. 그 전담팀은 검사 출신들로 구성되어 있다.

2 in detail 상세하게, 세부적으로

Let's discuss the issue in detail later on. 나중에 그 문제를 상세하게 논의해봅시다.

The client explained in detail why she was upset. 그 고객은 왜 기분이 상했는지 상세하게 설명했다.

You can check out the features in detail in his video. 그의 영상에서 기능들을 상세하게 확인할 수 있다.

6 Speaking Check

위의 표현을 참고하고 다음 주어진 단어를 활용하여 문장을 말해 보세요.

1 그 나라는 9개의 작은 섬으로 이루어져 있다. (country, nine, small, islands)

2 그 판정단은 유명한 가수들로 구성되어 있었다. (judging panel, famous, singers)

3 캔은 알루미늄과 강철 같은 금속으로 만들어진다. (cans, metals, like, aluminum, and, steel)

4 그의 비밀들이 그 다큐멘터리에서 세부적으로 드러난다. (secrets, are revealed, in the documentary)

5 그 매뉴얼은 그 과정을 상세하게 설명하고 있다. (manual, describe, process)

6 전문가들이 그 유물들을 세부적으로 조사할 것이다. (experts, will, examine, artifacts)

7 Write

다음 문법 사항을 활용하여 영작 연습을 해 보세요.

1 the + 형용사의 최상급 + 명사 가장 ~한 명사

She is the smartest person I know. 그녀는 내가 아는 가장 똑똑한 사람이야.

We watched the most amazing film of all time. 우린 시대를 통틀어 가장 멋진 영화를 봤어요.

I think the dumbest idea is to not try. 나는 가장 어리석은 생각은 시도조차 안 하는 것이라고 생각해.

2 배수사 + 형용사/부사의 비교급 + than …보다 ~배 더 ~한/하게

The new facility is two times larger than the previous building.
새 시설은 이전 건물보다 두 배 더 크다.

Bison can run three times faster than humans. 들소는 인간보다 세 배 더 빨리 달릴 수 있다.

An earthquake of magnitude 5 is ten times more powerful than one of magnitude 4.
규모 5의 지진은 규모 4의 지진보다 열 배 더 강하다.

8 Writing Check

위의 문법 사항을 활용해 다음 문장을 영작해 보세요.

1 그 골키퍼가 최우수 선수로 선출되었다. (goalkeeper, vote, the most valuable player)

2 나에게 가장 중요한 것은 당신의 행복입니다. (most, important, thing, to, happiness)

3 나는 내 인생에서 가장 큰 문제를 처리하고 있다. (deal with, big, problem, in my life)

4 이 새로운 물질은 전통적인 아스팔트보다 네 배 더 길게 지속될 것입니다. (new, material, last, long, traditional, asphalt)

5 당신의 시계는 제 것보다 다섯 배 더 비쌉니다. (watch, expensive, mine)

6 나는 Tim보다 Mark를 백 배 더 많이 신뢰한다. (trust, a hundred times)

Unit 2

PLANTS FROM THE SAME ROOTS

Listen & Read

먼저 음원을 듣고 나서 지문을 읽어 보세요.

Did you know that kiwi fruit has many genes in common with tomatoes and potatoes? They had the same parents millions of years ago. After the kiwi plant started to evolve separately from them, it experienced something strange. The kiwi plant's genome copied itself twice. Making an extra complete set of genes isn't harmful. What usually happens is that the extra genes mutate and start to develop new characteristics. For the kiwi, the changes helped to form some of the characteristics that make it such an important fruit to us today. It has remarkably high vitamin C and plenty of dietary fiber and minerals.

*genome 유전체(한 생물이 가지는 모든 유전 정보) **mutate 돌연변이를 일으키다

키위가 토마토, 감자와 많은 유전자를 공통으로 가지고 있다는 것을 알고 있는가? 그것들은 수백만 년 전에 같은 조상을 가졌다. 키위 나무가 그것들로부터 따로 진화하기 시작했을 때, 키위 나무는 뭔가 이상한 일을 경험했다. 키위 나무의 유전체는 스스로를 두 번 복제했다. 추가로 완벽한 유전자 한 쌍을 만드는 것은 해롭지 않다. 일반적으로 일어나는 일은 추가 유전자가 돌연변이를 일으키고 새로운 형질로 발달하기 시작한다는 것이다. 키위에게 그 변화는 오늘날 우리에게 키위를 매우 중요한 과일로 만들어 주는 몇몇 형질을 형성하도록 도와 줬다. 그것은 매우 많은 비타민 C와 섬유질, 무기질을 가지고 있다.

2 Vocabulary & Pronunciation

다음 어휘를 발음에 유의하며 크게 말해 보세요.

gene n. 유전자	**separately** ad. 별도로, 따로	**experience** v. 경험하다
strange a. 이상한	**copy** v. 복제하다	**extra** a. 추가의
plenty of 많은	**dietary fiber** 섬유질, 섬유소	**mineral** n. 무기질, 미네랄

3 Vocabulary Check 1

다음 빈칸에 들어갈 알맞은 단어를 2번 어휘에서 찾아 넣으세요.

1 내가 발표를 하는 동안 무언가 이상한 일이 일어났다.
Something ____________ happened while I was giving a presentation.

2 너희들은 서로 떨어져서 점심을 먹어야 해.
You guys need to have lunch ____________ from each other.

3 데스크톱에 있는 제 MP3파일을 복사하지 마세요.
Please do not ____________ my MP3 files on the desktop.

4 Vocabulary Check 2

다음 설명에 해당하는 단어를 2번 어휘에서 찾아 넣으세요.

1 ____________ : more of something, in addition to the usual or standard amount or number

2 ____________ : a natural substance in the earth, for example coal, salt, gold, or diamonds

3 ____________ : knowledge or skill that you gain from doing a job or activity, or the process of doing this

5 Speak

다음 표현을 활용하여 말해 보세요.

1 such (a/an) **너무나 ~한, 대단한**

I am such an idiot. 나는 정말 바보야.

The Parks are such diligent people. 박 씨네 가족은 아주 부지런한 사람들이야.

It was such a beautiful morning. 너무나 아름다운 아침이었어요.

2 plenty of ~ **많은 ~**

There are plenty of fish in the sea. 바다에 물고기는 많다. (기회는 많다.)

We have plenty of things to talk about. 우리는 할 얘기가 많아.

I will give you plenty of time to complete it. 당신에게 그것을 끝낼 수 있는 많은 시간을 드릴게요.

6 Speaking Check

위의 표현을 참고하고 다음 주어진 단어를 활용하여 문장을 말해 보세요.

1 당신은 너무나 예쁜 눈을 가지고 있네요. (have, pretty, eyes)

2 주말은 매우 훌륭한 해독제이다. (weekends, great, antidote)

3 Flora는 나의 팀에서 매우 중요한 역할을 하고 있습니다. (play, important, part, on, team)

4 당신의 피부를 위해 많은 물을 마셔라. (drink, water, for, skin)

5 나는 많은 햇빛을 담기 위해 큰 창문들을 설치했어요. (install, large windows, to, get, sunlight)

6 그 운영체제는 많은 문제를 일으킬 것입니다. (operating system, will, cause, problems)

7 Write

다음 문법 사항을 활용하여 영작 연습을 해 보세요.

1 동명사 + 단수 동사 ~하기는 …이다/하다

Walking is an excellent activity for us all. 걷기는 우리 모두에게 훌륭한 활동이다.

Reading makes you smart and wise. 독서는 당신을 똑똑하고 현명하게 만듭니다.

For some people, talking takes a lot of effort. 어떤 이들에게는 말하는 것이 많은 노력을 필요로 한다.

2 What + 동사 + 동사 ~하는 것은 …이다/하다

What goes up must come down. 오르막이 있으면 내리막도 있다.

What happened to the nice, young man is a tragedy. 그 착한 청년에게 일어난 일은 비극입니다.

What was done to the victims shouldn't be forgotten. 그 피해자들에게 일어난 일은 잊히면 안 된다.

8 Writing Check

위의 문법 사항을 활용해 다음 문장을 영작해 보세요.

1 서울에서는 사는 것은 많은 비용이 든다. (live, in Seoul, cost, lots of, money)

2 혼자서 여행하는 것은 꽤 위험하다. (travel, alone, quite, dangerous)

3 친구가 없는 것은 우울증을 일으킬 수 있다. (have, no, friends, can, lead to, depression)

4 나를 행복하게 만드는 것은 그들의 미소이다. (make, happy, smile)

5 지금 찾아볼 수 없는 것이 팀워크예요. (is missing, now, teamwork)

6 내 마음을 아프게 한 것은 그녀의 응답이었다. (break, heart, response)

Unit 3 STRANGE CUSTOMS AROUND THE WORLD

1 Listen & Read

먼저 음원을 듣고 나서 지문을 읽어 보세요.

In England in the late 1500s, only rich people ate sugar, since it was rare and very expensive. The English Queen, Elizabeth I, loved sugary foods and sweetened drinks. She consumed so much sugar that her teeth quickly decayed. Some of them fell out, and the others became black. Soon enough, black teeth became a great fashion trend among women in England. They painted their teeth black so that other people might think, "She must be very wealthy!" A similar fashion trend existed in ancient Japan. Men and women of the nobility painted their teeth black so that they would not look like slaves, since slaves ate no sugar and had nice white teeth!

1500년대 말 영국에서는 오직 부자들만이 설탕을 먹었는데, 이는 설탕이 귀하고 매우 비쌌기 때문이다. 영국의 엘리자베스 여왕 1세는 설탕이 든 음식과 달콤한 음료를 좋아했다. 그녀는 설탕을 아주 많이 먹어서 치아가 빨리 썩었다. 치아 중 몇 개는 빠졌고, 나머지는 검게 변했다. 금세 검은 치아가 영국 여성들 사이에서 크게 유행했다. 그들은 사람들이 "그녀는 매우 부유한 것이 틀림없어!"라고 생각할 수 있도록 이를 검게 칠했다. 비슷한 유행은 고대 일본에도 있었다. 노예들은 설탕을 먹지 않아 건강한 하얀 치아를 가지고 있었기 때문에, 남녀 귀족들은 노예처럼 보이지 않기 위해서 이를 검은색으로 칠했다.

정답 p.52

2 Vocabulary & Pronunciation

다음 어휘를 발음에 유의하며 크게 말해 보세요.

rare a. 진귀한, 드문	**sugary** a. 설탕이 든	**sweetened** a. 설탕을 넣은
consume v. 먹다, 마시다	**decay** v. 썩다	**fashion** n. 유행, 인기
wealthy a. 부유한	**similar** a. 비슷한	**nobility** n. 귀족

3 Vocabulary Check 1

다음 빈칸에 들어갈 알맞은 단어를 2번 어휘에서 찾아 넣으세요.

1 선명하고 밝은 색상이 요즘 유행인가요?
Are vivid, bright colors in ______________ nowadays?

2 Smith 교수는 희귀한 도서를 수집하신다.
Professor Smith collects ______________ books.

3 내 가장 친한 친구와 나는 둘 다 지난해에 유사한 경험을 했다.
My best friend and I both had a ______________ experience last year.

4 Vocabulary Check 2

다음 설명에 해당하는 단어를 2번 어휘에서 찾아 넣으세요.

1 ______________ : to eat or drink something

2 ______________ : to be slowly destroyed by a natural chemical process, or to make something do this

3 ______________ : having a lot of money, possessions, etc.

5 Speak

다음 표현을 활용하여 말해 보세요.

1 fall out **헐거워지다, 떨어져 나가다**

My hair is starting to fall out. 나는 머리가 빠지기 시작해.

His foot injury made his toenails fall out. 그의 발 부상으로 발톱이 빠지게 되었다.

I took a bite of the apple, and my tooth fell out. 나는 사과 한입을 물었는데 치아가 하나 빠졌다.

2 look like ~ **~처럼 보이다**

You look like a movie star. 너는 영화배우처럼 보인다.

The device looks like a trap. 그 장치는 함정처럼 보인다.

They looked like identical twins. 그들은 일란성 쌍둥이처럼 보였다.

6 Speaking Check

위의 표현을 참고하고 다음 주어진 단어를 활용하여 문장을 말해 보세요.

1 내 손가락은 부었고 손톱이 빠졌다. (fingers, swell up, and, my nails)

2 왜 눈썹이 빠지나요? (why, eyebrows)

3 우리의 속눈썹은 정기적으로 빠진다. (eyelashes, regularly)

4 내가 이 스웨터를 입으니까 바보처럼 보인다. (a fool, in this sweater)

5 그것은 간단힌 업무치럼 보인다. (a, simple, task)

6 우리는 한 무리의 술 취한 사람들처럼 보였다. (a group of, drunken people)

7 Write

다음 문법 사항을 활용하여 영작 연습을 해 보세요.

1 so that + 주어 + 동사 ~하기 위해서

Please turn down the volume so that the kids can study. 아이들이 공부할 수 있게 소리 좀 줄여주세요.

I grabbed her hand so that she would feel safer. 그녀가 더 안전하게 느끼도록 난 그녀의 손을 잡았다.

We get up early in the morning so that we can go jogging.
조깅하러 갈 수 있도록 우리는 아침에 일찍 일어난다.

2 must + 동사원형 ~임에 틀림없다

You must be really smart. 너는 정말 똑똑한 게 틀림없어.

There must be something wrong with the engine. 엔진에 이상이 생긴 게 틀림없어.

Harry must have lots of financial worries. Harry는 금전적인 걱정이 많은 게 틀림없어.

8 Writing Check

위의 문법 사항을 활용해 다음 문장을 영작해 보세요.

1 네가 길을 잃지 않도록 지도를 똑바로 읽어. (read, the map, correctly, don't, get lost)

2 Jane은 자신의 프로젝트에 집중할 수 있게 자신의 폰을 꺼둔다. (keep, phone, off, can, concentrate on, project)

3 나는 그들이 따로 얘기할 수 있도록 그 방에서 나갔다. (get out of, room, could, talk, in private)

4 그녀는 일하고 있는 게 틀림없다. (at work)

5 그들은 당신의 잔소리가 지겨운 게 틀림없다. (tired of, your, nagging)

6 Julie는 고급 자동차를 몇 대 소유하고 있는 게 틀림없다. (own, several, luxury, car)

Unit 4 A SEARCH FOR ANOTHER EARTH

1 Listen & Read

먼저 음원을 듣고 나서 지문을 읽어 보세요.

Nowadays, there are a lot of disease, wars, and pollution on Earth, so people think that humans might live on another planet sometime soon. Most planets are hotter than the places on the Earth's equator, colder than the Earth's north or south poles, or too far away for people to live. However, many scientists think that Mars might be a planet where people could live in the future. It would take a long time to travel to Mars, but it is still the closest planet to Earth. A short time ago, the United States sent a spacecraft to Mars to search for water. Now it is proven that there is water on Mars. If there is water, then it might be possible for humans to live there. This is important because all humans need water to live, and also, the water could be used to make fuel to return back to Earth. However, Mars can have too much wind and not enough oxygen, which might make it difficult for people to live there. Would you like to go there sometime soon?

요즘에는 지구에 질병, 오염, 전쟁이 많이 발생해서, 언젠가는 인간이 다른 행성에서 살게 될지도 모른다고 사람들은 생각한다. 그러나 대부분의 행성들은 지구의 적도 지역보다 덥거나, 남극이나 북극보다 더 추운가 하면 사람이 가서 살기에는 너무 멀리 떨어져 있다. 하지만 많은 과학자들이 화성은 사람들이 미래에 살 수 있는 행성일지도 모른다고 생각한다. 화성까지 가려면 시간이 오래 걸리겠지만, 그래도 지구에서 가장 가까운 행성이다. 얼마 전에 미국은 화성에 물이 있는지 조사하려고 우주선을 보냈다. 이제 화성에 물이 존재한다는 것이 밝혀졌다. 물이 있다면 인간이 그곳에서 사는 것도 가능할 것이다. 인간이 사는 데는 물이 필요하고, 또 물은 지구로 돌아오는 데 필요한 연료를 만드는 데 사용될 수도 있기 때문에 이 사실은 중요한 것이다. 그러나 화성에는 바람이 너무 강하고 산소가 충분하지 않을 수 있어서 사람이 사는 것이 어려울 수도 있다. 그래도 언젠가 곧 화성에 가고 싶은가?

2 Vocabulary & Pronunciation

다음 어휘를 발음에 유의하며 크게 말해 보세요.

nowadays ad. 요즘	war n. 전쟁	equator n. 적도
spacecraft n. 우주선	search for v. ~을 찾다	prove v. 증명하다
possible a. 가능한	fuel n. 연료	oxygen n. 산소

3 Vocabulary Check 1

다음 빈칸에 들어갈 알맞은 단어를 2번 어휘에서 찾아 넣으세요.

1 이 장치로 인터넷 접속이 가능한가요?
Is it ______________ to get online with this device?

2 경찰은 그 미아를 찾기 위해서 어떤 일이든 할 것이다.
The police will do anything to ______________ the missing child.

3 사람들은 요즘 혼자 먹는 것에 익숙하다.
People are used to eating by themselves ______________.

4 Vocabulary Check 2

다음 설명에 해당하는 단어를 2번 어휘에서 찾아 넣으세요.

1 ______________ : an imaginary line that goes round the Earth and divides it into the northern and southern hemispheres

2 ______________ : to show that something is true by providing facts, information, etc.

3 ______________ : a substance such as coal, gas, or oil that can be burned to produce heat or energy

5 Speak

다음 표현을 활용하여 말해 보세요.

1 it is proven that ~ **~라는 것이 증명되다**

It is proven that Korean cars are of good quality. 한국 자동차가 품질이 좋다는 것은 증명되었다.

It is proven that black holes can bend light. 블랙홀이 빛을 휠 수 있다는 것이 증명되었다.

It is proven that outdoor activities make children smarter.
실외 활동이 아이들을 더 똑똑하게 만든다는 것이 증명되었다.

2 it is (im)possible for A to ~ **A가 ~하는 것은 (불)가능하다**

It is possible for her to eat it. 그녀가 그것을 먹어 치우는 것은 가능해.

It was impossible for me to live there. 내가 거기에 사는 것은 불가능했다.

It will be impossible for him to win this game. 그가 이 게임에서 이기는 것은 불가능할거야.

6 Speaking Check

위의 표현을 참고하고 다음 주어진 단어를 활용하여 문장을 말해 보세요.

1 그가 회사를 이끌 능력이 없다는 것은 증명되었다. (is incapable of, leading, the company)

2 가장 많은 학습은 또래 간에 이뤄진다는 것은 증명되었다. (the most learning, happens, between, peers)

3 토마토가 건강상의 이익을 제공한다는 것은 증명되었다. (tomatoes, provide, health benefits)

4 고양이가 나무에 올라가는 것 가능하다. (cats, climb up, trees)

5 한국 사람이 뒤처지는 것은 불가능하다. (Koreans, lag behind)

6 그 군중이 침착하게 있는 것은 불가능했다. (crowd, stay calm)

7 Write

다음 문법 사항을 활용하여 영작 연습을 해 보세요.

1 too + 형용사 + for A + to 동사원형 **A가 ~하기에 너무 …하다**

This game is too hard for kids to play. 이 게임은 아이들이 하기에는 너무 어려워요.

The wine was too strong for me to drink. 그 와인은 내가 마시기에는 너무 강했어요.

The dog was too aggressive for the vet to handle. 그 개는 그 수의사가 다루기에 너무 사나웠다.

2 send A to B **A를 B에게 보내다**

Please send this document to the judge. 이 문서를 판사님에게 보내주세요.

Some guy sent a package to my office. 어떤 남자가 제 사무실에 소포를 보냈어요.

Don't forget to send an invoice to the client. 그 고객에게 송장 보내야 할 것을 잊지 마세요.

8 Writing Check

위의 문법 사항을 활용해 다음 문장을 영작해 보세요.

1 내가 다이빙해서 들어가기에 물이 너무 차갑다. (the water, cold, dive into)

2 당신의 집은 우리가 구매하기에 너무 비싸군요. (house, expensive, purchase)

3 그의 문제는 그 선생님이 무시하기에는 너무 심각했다. (problem, serious, teacher, ignore)

4 나는 내 친척들에게 크리스마스카드를 보낼 것이다. (will, Christmas cards, relatives)

5 우리는 사장님에게 강한 메시지를 전달해야 해요. (have to, a strong message, the owner)

6 그 정치인은 그 고아원에 돈을 조금 보냈다. (politician, some, money, orphanage)

Unit 5

VOLUNTEERING ACTUALLY HELPS

1 Listen & Read

먼저 음원을 듣고 나서 지문을 읽어 보세요.

If you'd like to reduce suffering and increase happiness in your life, volunteering is a great way to do it. Volunteering helps others, of course, but it also helps you. First, you can gain valuable work skills and experience. You can find out the things you're good at and enjoy the most. Second, when others depend on you, you can change the way you look at yourself. You can even feel proud of yourself because you did something good for them. This also shows you that your life is meaningful. Third, volunteering gives you a better point of view on your own life. It's easy to waste time worrying about grades, friends, and little fights. Volunteering helps you deal with these. It helps you focus on others instead of yourself. Finally, volunteering is a great remedy for boredom. It's a break from studying and is usually lots of fun!

만약 당신이 삶에서 고통을 줄이고 행복을 늘리고 싶다면, 자원봉사가 정말 좋은 방법이다. 물론, 자원봉사는 다른 사람들을 돕지만, 당신을 돕기도 한다. 먼저, 당신은 가치 있는 작업 능력과 경험을 얻을 수 있다. 당신이 잘하고 가장 즐거워하는 것을 알아낼 수 있다. 둘째로, 다른 사람들이 당신에게 의지할 때, 당신은 스스로를 바라보는 방법을 바꿀 수 있다. 당신이 그들을 위해 뭔가 좋은 일을 했기 때문에 심지어 스스로를 자랑스러워할 수도 있다. 이는 당신의 삶이 의미 있다는 것을 보여주기도 한다. 셋째로, 자원봉사는 당신의 삶에 대해 더 나은 관점을 갖게 한다. 성적과 친구들, 작은 다툼을 걱정하느라 시간을 낭비하기가 쉽다. 자원봉사는 당신이 이런 일을 처리할 수 있도록 돕는다. 이는 당신 자신 대신에 다른 사람들에게 집중할 수 있도록 돕는다. 마지막으로, 자원봉사는 지루함에 대한 훌륭한 치료법이다. 그것은 공부로부터의 휴식이며 대체로 정말 즐겁다!

2 Vocabulary & Pronunciation

다음 어휘를 발음에 유의하며 크게 말해 보세요.

suffering n. 고통, 괴로움	**gain** v. ~을 얻다	**valuable** a. 가치 있는
be good at ~을 잘하다	**point of view** 관점, 견해	**grade** n. 성적
deal with 다루다, 처리하다	**remedy** n. 치료법	**boredom** n. 지루함

3 Vocabulary Check 1

다음 빈칸에 들어갈 알맞은 단어를 2번 어휘에서 찾아 넣으세요.

1 그 워크숍은 나에게 가치 있는 경험을 줄 것이다.
The workshop will give me ____________ experience.

2 그 세미나는 너무 길었고 지루함으로 나를 미치게 만들었다.
The seminar was too long and drove me crazy with ____________.

3 경제적 측면에서 봤을 때 두 나라는 항상 경쟁 관계였다.
From an economic ____________, both countries have always been rivals.

4 Vocabulary Check 2

다음 설명에 해당하는 단어를 2번 어휘에서 찾아 넣으세요.

1 ____________ : to get or achieve something, usually as a result of a lot of effort

2 ____________ : a mark that a student is given for their work or for an examination

3 ____________ : a solution to a particular problem

5 Speak

다음 표현을 활용하여 말해 보세요.

1 waste time -ing ~하면서 시간을 낭비하다

Why does he waste time playing mobile games? 왜 그는 모바일 게임을 하면서 시간을 낭비할까?

She wastes time watching sitcom reruns. 그녀는 시트콤 재방송을 보면서 시간을 낭비해요.

The hunter wasted no time shooting the boar. 그 사냥꾼은 그 멧돼지를 쏘는 데 시간을 끌지 않았다.

2 deal with ~ ~을 다루다, 처리하다

I don't know how to deal with this situation. 나는 이 상황을 어떻게 처리해야 할지 모른다.

Our institute deals with global warming. 우리 기관은 지구 온난화를 다룹니다.

The customer service department has dealt with consumers for many years.
그 고객 서비스 부서는 많은 해 동안 소비자들을 상대해왔다.

6 Speaking Check

위의 표현을 참고하고 다음 주어진 단어를 활용하여 문장을 말해 보세요.

1 유튜브 동영상을 보면서 너의 시간을 낭비하지 마. (don't, watch, YouTube videos)

2 그들은 사소한 것들로 말다툼하면서 시간을 낭비한다. (argue about, little things)

3 Stacy는 자신의 삶에 대해 불평하면서 나의 시간을 낭비했다. (waste, complain about, life)

4 Potter 선생님은 문제아들을 잘 다루십니다. (Mr., good at, troublemakers)

5 우리는 각종 금전적인 문제를 처리합니다. (all sorts of, financial issues)

6 대통령은 현재의 정치 위기를 처리해야 한다. (the president, has to, the current, political, crisis)

7 Write

다음 문법 사항을 활용하여 영작 연습을 해 보세요.

1 명사 + 주어 + 동사 주어가 ~하는 명사

The problem I have with my boss is serious. 내가 내 직장상사와 갖고 있는 문제는 심각하다.

What's the title of the book you are reading? 네가 읽고 있는 책의 제목이 뭐야?

Nobody liked the idea we came up with. 아무도 우리가 고안해 낸 아이디어를 마음에 들어 하지 않았다.

2 instead of + (동)명사 ~ 대신에

Take the subway instead of the bus. 버스 대신에 지하철을 타라.

I bought her flowers instead of writing her a letter. 나는 그녀에게 편지를 쓰는 것 대신 꽃을 사주었다.

Jeremy remained silent instead of telling her the truth.
Jeremy는 그녀에게 사실을 말하는 것 대신에 침묵을 유지했다.

8 Writing Check

위의 문법 사항을 활용해 다음 문장을 영작해 보세요.

1 그 도둑은 그녀가 가진 모든 값비싼 것들을 가지고 갔다. (thief, take, all the valuable things, own)

2 나는 당신이 출근할 때 입고 오는 옷이 정말 마음에 들어요. (like, the clothes, wear, to work)

3 내가 갖고 있는 가장 큰 고민은 우리에 관한 것이 아냐. (the biggest concern, have, not, about)

4 우리 파스타 대신에 피자를 먹어도 되나요? (can, have, pizza, pasta)

5 나는 해변에서 수영하는 것 대신에 하이킹을 가고 싶다. (want, go hiking, swim, at the beach)

6 내 아내가 나 대신에 아이들을 학교에 차로 데려다 주었다. (wife, drive, the kids, to school)

Unit 6

THE GREATEST MEXICAN PAINTER OF THE 20TH CENTURY

1 Listen & Read

먼저 음원을 듣고 나서 지문을 읽어 보세요.

Fresco painting is a picture that is painted on a wall while the plaster is still wet. During the Renaissance in Europe, this technique was very popular, and many artists used it to decorate buildings and church vaults. One of the most famous fresco painters was Diego Rivera. He inspired a revival of this art form in Mexico. Born in 1886, Diego studied art in Mexico. He traveled to Europe in 1907 to continue his study of art. Once he returned to Mexico, the government agreed to sponsor his work. He painted a number of murals that depict scenes from Mexican history. Diego Rivera also worked in the United States. He painted murals for the City Club of the San Francisco Stock Exchange and the California School of Fine Art, and he once drew a communist picture of Lenin on the RCA Building at the Rockefeller Center in Manhattan. This created a lot of controversy for the artist, and his mural was destroyed shortly afterward. Even though his work was not welcomed by everyone, he made an impact on America's public art scene. In 1957, at the age of seventy, Rivera died in Mexico City.

*plaster 회반죽, 벽토(벽에 바르는 흙)

프레스코 벽화는 회반죽이 아직 젖어 있는 동안 벽에 그려지는 그림이다. 유럽에서 르네상스 시기에 이러한 기법이 널리 유행했고, 많은 화가가 건물과 교회의 돔형 천장을 장식하기 위해 이 기법을 사용했다. 가장 유명한 프레스코 화가 중 한 사람은 디에고 리베라였다. 그는 멕시코에서 이러한 미술 형식의 부활이 일어나게 했다. 1886년에 태어난 디에고는 멕시코에서 미술을 공부했다. 그는 1907년에 그림 공부를 계속하려고 유럽으로 떠났다. 그가 멕시코로 돌아오자 정부는 그의 작업을 후원하는 데 동의했다. 그는 멕시코 역사를 묘사한 수많은 벽화를 그렸다. 디에고 리베라는 미국에서도 활동했다. 그는 샌프란시스코 주식거래소 시티 클럽과 캘리포니아 미술 학교를 위한 벽화를 그렸다. 그리고 한번은 맨해튼 록펠러 센터에 있는 RCA 건물에 레닌의 공산주의적 그림을 그렸다. 이는 그 예술가에 대한 큰 논쟁을 불러일으켰으며 그의 벽화는 곧이어 파괴되었다. 그의 작품이 모두에게 환영 받은 것은 아니었지만, 그는 미국의 대중예술에 영향을 주었다. 리베라는 1957년, 70세의 나이로 멕시코시티에서 사망했다.

2 Vocabulary & Pronunciation

다음 어휘를 발음에 유의하며 크게 말해 보세요.

decorate v. 장식하다	**inspire** v. ~에게 영감을 주다	**revival** n. 부흥, 부활
sponsor v. ~을 후원하다	**mural** n. 벽화	**depict** v. ~을 그리다, 묘사하다
communist a. 공산주의의 n. 공산주의자	**controversy** n. 논쟁	**welcome** v. 환영하다, 기꺼이 받아들이다

3 Vocabulary Check 1

다음 빈칸에 들어갈 알맞은 단어를 2번 어휘에서 찾아 넣으세요.

1 크리스마스트리를 장식하기 위해 리본이 필요하나요?
Do we need ribbons to ______________ the Christmas tree?

2 저는 불우한 환경에 있는 어린 운동선수들을 후원하기 위해 행사를 열었습니다.
I held an event to ______________ young athletes in need.

3 많은 이들이 그 난민들을 환영하기 위해 공항에 모였다.
Many gathered at the airport to ______________ the refugees.

4 Vocabulary Check 2

다음 설명에 해당하는 단어를 2번 어휘에서 찾아 넣으세요.

1 ______________ : to describe something or someone in writing or speech, or to show them in a painting, picture, etc.

2 ______________ : a painting that is painted on a wall, either inside or outside a building

3 ______________ : a serious argument about something that involves many people and continues for a long time

5 Speak

다음 표현을 활용하여 말해 보세요.

1 create controversy 논쟁을 불러일으키다

The singer's new release will create controversy. 그 가수의 신곡은 논쟁을 일으킬 거야.

Her attitude at the awards created a lot of controversy.
시상식에서의 그녀의 태도는 많은 논쟁을 일으켰다.

His painting still creates great controversy. 그의 그림은 여전히 큰 논쟁을 불러일으킨다.

2 at the age of ~ ~세의 나이에

He finished high school at the age of 13. 그는 13세의 나이에 고등학교를 마쳤다.

Tiffany became a mother at the age of 20. Tiffany는 20세의 나이에 아이 엄마가 되었다.

My grandfather passed away at the age of 91. 우리 할아버지는 91세를 일기로 세상을 떠나셨다.

6 Speaking Check

위의 표현을 참고하고 다음 주어진 단어를 활용하여 문장을 말해 보세요.

1 영부인의 발언은 더 많은 논쟁을 일으킬 것이다. (the first lady's, remark, will, more)

2 그 정치인은 소셜 미디어에서 종종 논쟁을 일으킨다. (politician, often, on social media)

3 그 심판의 판정은 많은 논란을 일으켰다. (referee's, decision, much)

4 내 아들은 16세의 나이에 하버드에 들어갔다. (son, get into, Harvard)

5 그들은 21세의 나이에 자신의 회사를 차렸다. (start, own, company)

6 그 노부부는 80세의 연세에 이혼을 했다. (old couple, get divorced)

7 Write

다음 문법 사항을 활용하여 영작 연습을 해 보세요.

1 while + 주어 + 동사 **~하는 동안**

Did something happen while I was in there? 내가 거기 안에 들어가 있는 동안 무언가가 일어났니?

While she was having lunch, I looked after the twins. 그녀가 점심 먹는 동안 나는 쌍둥이를 돌봤다.

Could you answer the phone while I deal with these complaints?
제가 이 불만사항들을 처리하는 동안 전화 좀 받아주시겠어요?

2 once + 주어 + 동사 **~하자마자, 일단 ~하면**

Once we arrived home, I turned on the AC. 우리가 집에 도착하자마자 나는 에어컨을 틀었다.

Everything looked vivid once I put on the glasses. 안경을 착용하니 모든 것이 선명하게 보였다.

Once you have a sip, you'll fall in love with it instantly.
일단 한입 마시면 당신은 바로 그것과 사랑에 빠질 것입니다.

8 Writing Check

위의 문법 사항을 활용해 다음 문장을 영작해 보세요.

1 네가 점심을 먹는 동안 우리는 그 보고서를 끝내야 했어. (have lunch, have to, finish, report)

2 그들이 출장을 간 동안 누군가가 사무실에 침입했어요. (break into, the office, on a business trip)

3 내가 내 항공편을 기다리는 동안에 옛날 친구와 마주쳤다. (run into, an old friend, wait for, flight)

4 그를 알게 되면 그는 그렇게 나쁘진 않아. (not, that, bad, get to, know)

5 내가 그들을 놓아주자 그들은 숲으로 달려갔다. (let go of, run, toward, the woods)

6 그 죄수가 문을 열자마자 경보가 작동했다. (the alarm, go off, prisoner, open, the door)

Unit 7 SHOTGUN CAN KILL YOU

1 Listen & Read

먼저 음원을 듣고 나서 지문을 읽어 보세요.

Who wants to sit in the middle back seat in a car? The answer is nobody, mostly. Teenagers think it's uncool, and adults think it's uncomfortable. That's why the youngest person in the car almost always sits there. Well, here's some interesting news. The most unpopular seat in the car also happens to be the safest. The National Highway Safety Administration studied motor vehicle crashes and found that the back seats are 60 to 85 percent safer than the front seats. What's more, passengers in the middle back seat are 25 percent safer than those in the side seats. This is because the middle seat has a bigger "crush zone." A car's crush zone is the area of the car designed to collapse in order to absorb some of the impact from a crash.

*shotgun 조수석, Shotgun! 앞 조수석 자리 찜!

**crush zone 자동차가 충돌했을 때 승객의 충격을 완화시켜 주기 위해 찌그러지는 부분

누가 자동차의 가운데 뒷좌석에 앉고 싶어 하는가? 대답은 대개 '아무도 없다'일 것이다. 십 대들은 그 자리가 멋지지 않다고 생각하고, 어른들은 불편하다고 생각한다. 그것이 차에서 가장 어린 사람이 거의 언제나 그 자리에 앉는 이유이다. 그런데, 여기에 흥미로운 소식이 있다. 차 안에서 가장 인기 없는 좌석이 뜻밖에도 가장 안전한 좌석이다. 도로교통안전위원회가 자동차 충돌에 관해 연구했는데 뒷좌석이 앞좌석보다 60%에서 85% 더 안전하다는 것을 알아냈다. 더구나, 뒷좌석 가운데 앉은 승객은 양옆 좌석에 앉은 승객보다 25% 더 안전하다. 이는 가운데 좌석이 더 큰 '크러시 존'을 가지기 때문이다. 자동차의 크러시 존은 충돌로부터 오는 충격의 일부를 흡수하기 위해 찌그러지도록 고안된 차의 부분이다.

2 Vocabulary & Pronunciation

다음 어휘를 발음에 유의하며 크게 말해 보세요.

adult n. 성인	**uncomfortable** a. 불편한	**unpopular** a. 인기 없는
vehicle 차량, 탈것	**crash** n. 사고 v. 충돌하다	**what's more** 더구나
passenger n. 승객	**collapse** v. 무너지다, 붕괴하다	**impact** n. 충격, 영향

3 Vocabulary Check 1

다음 빈칸에 들어갈 알맞은 단어를 2번 어휘에서 찾아 넣으세요.

1 그는 가장 인기 없는 대통령으로 기억될 것이다.
He will be remembered as the most ______________ president.

2 그 경찰관들은 쉽게 그 도난 차량을 알아볼 수 있었다.
The police officers could easily identify the stolen ______________.

3 나는 많은 눈 때문에 지붕이 무너질까 걱정되었다.
I was worried that the roof would ______________ because of heavy snow.

4 Vocabulary Check 2

다음 설명에 해당하는 단어를 2번 어휘에서 찾아 넣으세요.

1 ______________ : someone who is no longer a child and is legally responsible for their actions

2 ______________ : someone who is travelling in a vehicle, plane, boat etc, but is not driving it or working on it

3 ______________ : the effect or influence that an event, situation etc has on someone or something

5 Speak

다음 표현을 활용하여 말해 보세요.

1 happen to ~ **우연히 ~하게 되다**

If you happen to be in town, come and join us. 혹시라도 우리 동네에 계시면 놀러 오세요.

I happened to see Jason at the mall today. 나 오늘 쇼핑몰에서 우연히 Jason을 보게 되었다.

We just happen to live in the same dormitory. 우리는 그냥 우연히 같은 기숙사에서 사는 거예요.

2 this/that is because **이것/그것은 ~ 때문이다**

This is because we don't trust each other. 이것은 우리가 서로를 신뢰하지 않기 때문이다.

That is because all of you lack confidence. 그것은 너희 모두가 자신감이 부족해서야.

That was because the dentist did a terrible job on my teeth.
그것은 치과의사가 내 치아를 형편없게 치료해놨기 때문이었다.

6 Speaking Check

위의 표현을 참고하고 다음 주어진 단어를 활용하여 문장을 말해 보세요.

1 당신은 혹시 그 남자가 누구인지 알고 있나요? (do, know, who, guy, is)

2 그녀는 내 목소리의 경미한 변화를 우연히 알아 차렸다. (notice, the slight change, in, voice)

3 나의 부모님은 내 전 남자친구와 우연히 마주치게 되었다. (parents, meet, ex-boyfriend)

4 이것은 몇몇 기자들이 가짜 뉴스를 퍼트리기 때문이다. (some, journalists, spread, fake, news)

5 그것은 네가 건강하지 않은 음식을 먹기 때문이야. (eat, unhealthy, food)

6 그것은 그 소방관이 출구를 찾을 수가 없었기 때문이었다. (firefighter, could, find, the exit)

7 Write

다음 문법 사항을 활용하여 영작 연습을 해 보세요.

1 Who/What + 일반동사 ~? 누가/무엇이 ~하는가?

Who knows the answer? 누가 답을 아니?

Who turned off the lights? 누가 불을 껐나요?

What made you upset? 무엇이 널 화나게 만들었니?

2 that/those(지시 대명사) ~ 것/것들

My opinion is very different from that of my parents. 나의 의견은 부모님의 것과는 매우 다르다.

Their policies are the same as those of their opponent. 그들의 정책들은 상대편의 것들과 같다.

People without obesity are healthier than those with obesity.
비만이 아닌 사람들은 비만인 사람들보다 더 건강하다.

8 Writing Check

위의 문법 사항을 활용해 다음 문장을 영작해 보세요.

1 누가 물을 엎질렀나요? (spill, the water)

2 무엇이 하늘에서 떨어졌나요? (fall down, from, the sky)

3 무엇이 당신을 가장 무섭게 하나요? (scare, the most)

4 미국의 이민자 비율은 캐나다의 것과 유사하다. (the proportion, of, immigrants, in America, similar to, Canada)

5 냉장고에 보관되는 토마토는 찬장에 유지되는 것들보다 더 오래 간다. (tomatoes, stored, in the fridge, last, longer, than, kept, in the cupboard)

6 우리는 구글에서의 것과 같은 연봉을 그들에게 제시했다. (offer, salaries, equal to, at Google)

EDISON VS. TESLA

1 Listen & Read

먼저 음원을 듣고 나서 지문을 읽어 보세요.

Do you know about Nikola Tesla? Then how about Thomas Edison? Maybe you don't know Tesla, but you probably know Edison very well. Sure, Edison invented a lot of stuff. But Tesla did, too. In fact, Tesla was a true genius in the science of electricity. Edison employed Tesla, and Tesla improved Edison's D/C power motor. But Edison never paid Tesla for his work. Tesla then invented a way to send A/C power from power plants to homes. It's the system the whole world uses to this day. He also invented fluorescent lighting and many other great electrical things. Compared to Tesla, Edison was merely a genius businessman. He gained fame and fortune, while Tesla died poor and unknown. Now, however, Tesla's genius is becoming better known. Several Hollywood movies have been made about him over the past few decades. And a company called Tesla produces bestselling electric vehicles. Tesla would be happy to know this, don't you think?

*D/C (direct current) power 직류 전력 (전류의 일종) **A/C(alternating current) power 교류 전력 (전류의 일종)
***fluorescent lighting 형광등

Nikola Tesla에 대해 아는가? 그럼 Thomas Edison은 어떤가? 당신은 Tesla는 모르겠지만, 아마 Edison은 매우 잘 알 것이다. 물론, Edison은 많은 물건을 발명했다. 하지만 Tesla 역시 그랬다. 사실, Tesla는 전기 과학에서 진정한 천재였다. Edison이 Tesla를 고용했고, Tesla는 Edison의 직류 전력 모터를 개선하였다. 하지만 Edison은 Tesla에게 그의 작업에 대해 전혀 보수를 지불하지 않았다. 그다음에 Tesla는 발전소에서 집까지 교류 전력을 보내는 방법을 만들어 냈다. 그것은 오늘날까지 전 세계가 사용하는 체제이다. 그는 또한 형광등과 다른 많은 위대한 전기용품을 발명했다. Tesla에 비하면 Edison은 그저 천재 사업가에 불과했다. Tesla가 가난하고 알려지지 않은 채로 사망한 반면에, 그는 명성과 부를 얻었다. 하지만 이제 Tesla의 천재성이 점점 더 알려지고 있다. 지난 수십 년간 그에 관한 할리우드 영화가 몇몇 만들어졌다. 그리고 Tesla라는 회사는 가장 많이 팔리는 전기 자동차를 만들고 있다. Tesla가 이 사실을 알게 된다면 기뻐할 것이다, 그렇게 생각하지 않는가?

2 Vocabulary & Pronunciation

다음 어휘를 발음에 유의하며 크게 말해 보세요.

stuff n. 물건, 물질	**genius** n. 천재, 천재성	**electricity** n. 전기, 전력
employ v. 고용하다	**merely** ad. 그저, 단지	**fame** n. 명성
fortune n. 부, 재물	**unknown** a. 알려지지 않은	**decade** 십년

3 Vocabulary Check 1

다음 빈칸에 들어갈 알맞은 단어를 2번 어휘에서 찾아 넣으세요.

1 많은 배우들은 명성을 찾고자 할리우드로 온다.
Many actors come to Hollywood in search of ____________.

2 알 수 없는 이유로 내 친구들이 나를 무시하고 있다.
For some ____________ reason, my friends have been ignoring me.

3 Steve는 단지 신인 선수였기 때문에 그의 기여도는 지난 시즌에 그리 크지 않았다.
Steve's contribution wasn't that great last season because he was ____________ a rookie.

4 Vocabulary Check 2

다음 설명에 해당하는 단어를 2번 어휘에서 찾아 넣으세요.

1 ____________ : someone who has an unusually high level of intelligence, mental skill, or ability

2 ____________ : to pay someone to work for you

3 ____________ : a very large amount of money

5 Speak

다음 표현을 활용하여 말해 보세요.

1 compared to ~ **~와 비교하면**

People look happier compared to a year ago. 일 년 전과 비교하면 사람들은 더 행복해 보인다.

Compared to your house, my place is really small. 너의 집에 비하면 우리 집은 정말 작지.

Compared to my hometown, Seoul is full of energy. 내 고향과 비교하면 서울은 에너지로 가득합니다.

2 gain fame and fortune **부와 명예를 얻다 (명예와 부를 얻다)**

He wants to gain fame and fortune. 그는 부와 명예를 얻기 원한다.

This invention will help us gain fame and fortune. 이 발명품이 우리가 부와 명예를 얻는 데 도움이 될 거야.

The actress gained fame and fortune in her early life. 그 여배우는 젊은 시절에 부와 명예를 얻었다.

6 Speaking Check

위의 표현을 참고하고 다음 주어진 단어를 활용하여 문장을 말해 보세요.

1 너의 것에 비교하면 나의 상황은 복잡해. (situation, complicated, yours)

2 라오스와 비교하면 베트남은 인구가 매우 밀집한 나라이다. (Laos, Vietnam, a, very, densely, populated country)

3 4월과 비교하면 5월에 실업률이 증가했다. (the unemployment rate, increase, in, May, April)

4 너는 부와 명예를 얻으려면 더 열심히 훈련해야 한다. (have to, train, harder, to)

5 그 영화는 그가 부와 명예를 얻게 만들었다. (movie, make)

6 그 가수는 데뷔를 하고 나서 바로 부와 명예를 얻었다. (singer, right after, she, make her debut)

7 Write

다음 문법 사항을 활용하여 영작 연습을 해 보세요.

1 부사 + 부사 **부사인 부사**

The supervisor handled the matter very well. 그 관리자는 그 문제를 매우 잘 처리했다.

The White House responded to the news so quickly. 백악관은 그 소식에 정말 빨리 대응했다.

James and I watched the movie quite recently. James와 나는 꽤 최근에 그 영화를 봤다.

2 감정 형용사 + to부정사 **~해서 …한**

I am sorry to hear that. 그 말을 듣게 되어서 유감입니다.

He was very glad to be back home. 그는 고향에 다시 돌아오게 되어서 매우 기뻤다.

They were surprised to find out about my religion. 그들은 나의 종교에 대해 알아내고 놀랐다.

8 Writing Check

위의 문법 사항을 활용해 다음 문장을 영작해 보세요.

1 너는 일을 너무 열심히 해. (work, too, hard)

2 빛은 정말 빨리 이동해요. (light, travel, really, fast)

3 어떤 사람들은 농담을 매우 기분 나쁘게 받아들인다. (some, people, takes, jokes, personally)

4 너를 보게 되어서 나는 매우 기뻐. (so, happy, see)

5 우리는 그를 우리의 상사로 모시게 되어 들떠 있습니다. (excited, have, as, boss)

6 그 선수들을 결승전을 놓치게 되어 실망했다. (players, miss out on, the finals)

Unit 9

THE WORLD'S FASTEST SUIT

1 Listen & Read

먼저 음원을 듣고 나서 지문을 읽어 보세요.

Have you ever heard of wingsuit flying? It is an extremely dangerous form of skydiving or base jumping. Participants wear a special jumpsuit called a "wingsuit," which has fabric that spreads out between the arms and legs. The fabric, like wings, increases the body's surface area and slows the fall after a jump. Essentially, the wingsuit makes your body into a flying machine, and you are the pilot. Wearing a wingsuit, you can stay in the air for minutes and fly for miles. Unlike skydivers, who fall straight down, wingsuit pilots can glide along in the air for some time. It's like experiencing the dream of flying but in real life. Would you like to try it?

* jumpsuit 낙하산 강하용 옷, 점프 슈트(상의와 하의가 붙어 있는 옷)

** wingsuit 팔과 다리 사이에 천이 붙어있는 특수 낙하산 강하용 옷

윙슈트 플라잉에 대해 들어본 적이 있는가? 그것은 스카이다이빙 혹은 베이스 점프의 극도로 위험한 형태이다. 참가자들은 팔과 다리 사이에 펼쳐지는 천이 있는 '윙슈트'라고 불리는 특별한 점프 슈트를 입는다. 그 천은 날개처럼 몸의 표면적을 증가시키고 점프 이후에 떨어짐을 더디게 한다. 기본적으로, 윙슈트는 당신의 몸을 비행기로 만들어 주고 당신은 조종사가 된다. 윙슈트를 입고서 당신은 공기 중에 몇 분간 머무를 수 있고 수 마일을 날 수 있다. 수직으로 떨어지는 스카이다이버들과는 다르게 윙슈트 다이버들은 한동안 공중에서 미끄러지듯이 나아갈 수 있다. 그것은 날아다니는 꿈을 경험하는 것과 같다. 하지만 그것은 현실 세계에서 일어나는 일이다. 당신도 한번 해 보겠는가?

정답 p.54

2 Vocabulary & Pronunciation

다음 어휘를 발음에 유의하며 크게 말해 보세요.

extremely ad. 극도로, 극히	**fabric** n. 천, 직물	**surface** n. 표면
essentially ad. 기본적으로	**machine** n. 기계	**unlike** prep. ~와 달리
fall down 떨어지다, 넘어지다	**straight** ad. 똑바로	**glide** v. 미끄러지듯 가다

3 Vocabulary Check 1

다음 빈칸에 들어갈 알맞은 단어를 2번 어휘에서 찾아 넣으세요.

1 이 기계를 운용할 수 있는 분 계신가요?
Does anybody know how to operate this ____________ ?

2 우리 팀은 극도로 어려운 상황 속에서도 항상 살아남았다.
My team has always survived, even in ____________ difficult situations.

3 대부분의 내 친구들과는 달리 나는 개를 좋아하지 않는다.
____________ most of my friends, I don't like dogs.

4 Vocabulary Check 2

다음 설명에 해당하는 단어를 2번 어휘에서 찾아 넣으세요.

1 ____________ : the top layer of an area of water or land

2 ____________ : in a line or direction that is not curved or bent

3 ____________ : cloth used for making clothes, curtains etc

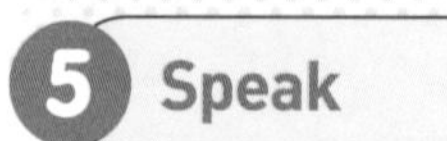

5 Speak

다음 표현을 활용하여 말해 보세요.

1 Have you ever heard of ~? **~에 대해 들어본 적이 있나요?**

Have you ever heard of Mozart? 모차르트에 대해 들어본 적이 있나요?

Have you ever heard of *Murphy's Law*? 머피의 법칙에 대해 들어본 적이 있나요?

Have you ever heard of the phase "TGIF?" TGIF라는 말을 들어본 적이 있나요?

2 make A into B **A를 B로 만들다**

This song will make you into a star. 이 노래가 당신을 스타로 만들 것입니다.

Let's make your story into a movie. 너의 이야기를 영화로 만들자.

The potter made the clay into a vase. 그 도예가는 그 점토를 꽃병으로 만들었다.

6 Speaking Check

위의 표현을 참고하고 다음 주어진 단어를 활용하여 문장을 말해 보세요.

1 원숭이두창에 대해 들어본 적이 있나요? (monkeypox)

2 넥서스라는 회사에 대해 들어본 적이 있나요? (a company, called, Nexus)

3 제노포비아(외국인 혐오증)라는 용어를 들어본 적이 있나요? (the term, xenophobia)

4 내 아들은 차고를 자신의 음악 스튜디오로 개조했어. (son, the garage, music studio)

5 어떻게 냉동고가 물을 얼음으로 만들지? (how, does, the freezer, water, ice)

6 그 긴 가뭄은 그 도시를 생지옥으로 만들었다. (long, drought, city, a living hell)

7 Write

다음 문법 사항을 활용하여 영작 연습을 해 보세요.

1 명사 + 과거분사 ~된/되는 명사

Where did you put the package delivered yesterday? 어제 배송된 소포를 어디다 두었나요?

The amount of oil produced in that region is enormous. 그 지역에서 생산된 석유의 양의 엄청나다.

I will buy the building shown in this picture. 나는 이 사진에 보이는 건물을 살 것이다.

2 동사의 -ing(현재분사구문) ~하면서, ~하는 상태로

Drinking coffee, my wife was watching TV. 내 아내는 커피를 마시면서 TV를 보고 있었다.

I stood in the sun, sweating like a pig. 나는 땀을 뻘뻘 흘리며 햇볕 아래 서있었다.

He tries to put food on the table, working 24/7. 그는 밤낮으로 일하면서 생계를 꾸리려고 노력합니다.

*24/7: 하루 24시간 1주 7일 동안, 1년 내내, 언제나

8 Writing Check

위의 문법 사항을 활용해 다음 문장을 영작해 보세요.

1 나는 순면으로 된 셔츠 몇 장을 갖고 있다. (own, several, shirts, make of, pure cotton)

2 그 차트는 지난해에 관광업에 의해 창출된 직업의 수를 보여줍니다. (chart, show, the number of jobs, create, by, tourism, last year)

3 영어는 인도에서 쓰이는 언어 중 하나이다. (English, one of, the languages, speak, in India)

4 노래를 따라 부르며 그들은 콘서트를 진정으로 즐겼어요. (sing along, really, enjoy, the concert)

5 나는 이 순간을 꿈꾸며 열심히 노력해 왔습니다. (have worked, hard, dream of, this moment)

6 그 여인은 혼잣말을 하며 길을 따라 걸어갔다. (lady, walk, down the street, talk, to herself)

Unit 10

NO MORE ICE FOR POLAR BEARS

1 Listen & Read

먼저 음원을 듣고 나서 지문을 읽어 보세요.

Did you know that February 27 is International Polar Bear Day? Polar bears were the first species to become endangered because of climate change. The warmer the climate gets, the more the ice in the Arctic will melt. This poses a significant threat to the polar bear's home and its survival. If you want to help protect the polar bear, there are numerous ways for you to contribute. There are currently several organizations dedicated to saving the polar bear. They include the National Wildlife Federation and Polar Bears International. Each monetary donation to these organizations will be put toward helping save polar bears. You can also help by making an effort to conserve energy and by using public transportation to reduce your carbon footprint. Slowing global warming will help to preserve the polar bear's natural habitat. Even the smallest changes can make a huge difference!

*carbon footprint 탄소 발자국 (이산화탄소의 배출량) **National Wildlife Federation 미국야생동식물연맹

2월 27일이 국제 북극곰의 날이라는 것을 알고 있는가? 북극곰은 기후 변화 때문에 가장 먼저 멸종 위기에 처한 종이었다. 기후가 따뜻해지면 질수록, 북극의 얼음이 더 많이 녹게 될 것이다. 이는 북극곰의 서식지와 생존에 심각한 위협을 내포한다. 북극곰을 보호하는 것을 돕고 싶다면, 당신이 이바지할 수 있는 방법이 아주 많다. 현재 북극곰을 구하는 데 헌신하는 몇몇 조직이 있다. 여기에는 미국야생동식물연맹과 북극곰 인터내셔널이 포함되어 있다. 이들 단체의 각각의 기부금은 북극곰을 구하는 데 쓰일 것이다. 또한, 에너지를 아끼려고 노력함으로써, 그리고 탄소 발자국을 줄이려고 대중교통을 이용함으로써 (북극곰을) 도울 수도 있다. 지구 온난화를 늦추는 것이 북극곰의 자연 서식지를 보존하는 데 도움이 될 것이다. 가장 작은 변화조차도 큰 차이를 만들 수 있다!

2 Vocabulary & Pronunciation

다음 어휘를 발음에 유의하며 크게 말해 보세요.

endangered a. 멸종 위기의	**pose a threat to** ~에게 위협을 가하다	**numerous** a. 매우 많은
contribute v. 기여하다	**organization** n. 기구, 단체	**monetary** a. 재정적인
donation n. 기부금	**conserve** v. 아끼다, 보호하다	**habitat** n. 서식지

3 Vocabulary Check 1

다음 빈칸에 들어갈 알맞은 단어를 2번 어휘에서 찾아 넣으세요.

1 나는 많은 기술자와 함께 여러 차례 일했습니다.
I've worked with many engineers on ____________ occasions.

2 비무장지대에 얼마나 많은 멸종 위기의 동식물 종이 있나요?
How many ____________ species are there in the DMZ?

3 습지를 보호하기 위해 무언가가 행해져야 합니다.
Something must be done to ____________ the wetlands.

4 Vocabulary Check 2

다음 설명에 해당하는 단어를 2번 어휘에서 찾아 넣으세요.

1 ____________ : something, especially money, that you give to a person or an organization in order to help them

2 ____________ : to give money, help, ideas etc to something that a lot of other people are also involved in

3 ____________ : the natural home of a plant or animal

5 Speak

다음 표현을 활용하여 말해 보세요.

1 make an effort to ~ ~하기 위해 노력하다

He made an effort to stay still. 그는 가만히 있으려고 노력했다.

We have to make every effort to rescue the children.
우리는 그 아이들을 구조하기 위해 최선의 노력을 해야 합니다.

The animals made a desperate effort to escape. 그 동물들은 탈출하기 위해 필사적으로 노력했다.

2 make a difference 변화를 가져오다, 차이를 낳다

Your constant effort will make a difference. 당신의 지속적인 노력이 변화를 가져올 것입니다.

You can make a difference by volunteering. 당신은 자원봉사를 함으로써 변화를 가져올 수 있습니다.

These policies have made a difference to my business.
이러한 정책들이 나의 사업에 변화를 가져왔다.

6 Speaking Check

위의 표현을 참고하고 다음 주어진 단어를 활용하여 문장을 말해 보세요.

1 나는 살을 빼기 위해 많은 노력을 할 거야. (will, big, lose weight)

2 우리는 이곳을 깨끗한 상태로 유지하려고 약간의 노력을 했어요. (little, keep, place, clean)

3 그 운전자는 속도를 늦추려고 노력했다. (driver, slow down)

4 탄력근무제는 실질적인 변화를 가져올 것입니다. (flexible working, will, real)

5 재활용은 큰 변화를 가져옵니다. (recycling, huge)

6 작은 변화가 당신의 삶의 방식에 차이를 만들어낼 수 있어요. (small changes, can, to, lifestyle)

7 Write

다음 문법 사항을 활용하여 영작 연습을 해 보세요.

1 will be + 과거분사 ~될 것이다

The results will be announced on October 15. 결과는 10월 15일에 발표될 것입니다.

Ella will be disappointed to hear this news. Ella는 이 소식을 듣고 실망할 거야.

You will be given a chance to meet him in person. 너는 그를 직접 만날 수 있는 기회가 주어질 거야.

2 the 비교급, the 비교급 더 ~할수록, 더 …하다

The more, the better. 많으면 많을수록 더 좋다.

The harder I work, the richer I get. 내가 더 열심히 일할수록, 내가 더 부유해 진다.

The more knowledge you have, the humbler you become. 더 많은 지식이 있을수록 더 겸손하게 된다.

8 Writing Check

위의 문법 사항을 활용해 다음 문장을 영작해 보세요.

1 불법 주차된 자동차는 견인될 것입니다. (illegally, parked, vehicles, tow away)

2 이 문제에 대해서는 어떤 조치가 취해질까요? (what, do, about, issue)

3 그 살인자는 다시 감옥으로 보내질 것이다. (murderer, send, back, to, prison)

4 우리가 더 약하게 느낄수록 누군가를 더 강하게 의지하게 된다. (weak, feel, hard, lean on, somebody)

5 우리가 더 많은 에너지를 사용할수록, 지구는 더 많이 고통 받는다. (much, energy, use, our planet, suffer)

6 네가 더 높이 올라갈수록 더 멀리 볼 수 있어. (high, go up, far, can, see)

Unit 11 LASTING BEYOND THE LAST DATE

1 Listen & Read

먼저 음원을 듣고 나서 지문을 읽어 보세요.

Do we have to throw food products out after their "best by" date? Except for fresh fish and meat, no, we don't. For instance, a jar of mustard in your fridge may have "expired," but you can keep on using it as long as it looks and smells fine. That's because most "best by" dates are for taste, not safety. Food companies want their products tasted at best quality. They don't want their products to lose quality even by a tiny amount. But most people couldn't even tell the difference. "Let's say your company's product is rated at 9 points when it's fresh," says an expert. "You might decide that 8.5 is the point when you want to remove it from supermarket shelves. But even at 8, it would taste fine to most people."

우리는 '유통기한'이 지난 음식물을 버려야만 할까? 가공하지 않은 생선과 고기를 제외하고는 그럴 필요가 없다. 예를 들어, 냉장고 안에 있는 겨자 소스는 '유통기한이 지났다'해도 생김새와 냄새가 괜찮다면, 계속해서 사용할 수 있다. 대부분의 '유통기한'은 맛을 위한 것이지 안전을 위한 것은 아니기 때문이다. 식품 회사들은 제품이 최상의 상태일 때 시식되기를 원한다. 그들은 제품이 아주 조금이라도 품질을 잃게 되는 것을 원하지 않는다. 하지만 대부분의 사람은 차이점조차 구별해 낼 수 없을 것이다. "당신 회사 제품이 신선할 때 9점의 평가를 받았다고 해 보자. 당신은 슈퍼마켓 진열대에서 그 물건을 치우고 싶은 때를 8.5점이라고 결정할 것이다. 하지만 8점일 때조차 대부분의 사람은 맛이 괜찮다고 느낄 것이다."라고 전문가는 말한다.

정답 p.55

2 Vocabulary & Pronunciation

다음 어휘를 발음에 유의하며 크게 말해 보세요.

except for ~을 제외하고는	**fresh** a. 신선한, 날것의	**jar** n. 병
fridge n. 냉장고	**expire** v. 만료되다	**safety** n. 안전
rate v. 등급을 매기다	**remove** v. 치우다, 없애다	**shelf** n. 선반

3 Vocabulary Check 1

다음 빈칸에 들어갈 알맞은 단어를 2번 어휘에서 찾아 넣으세요.

1 지하실에 있는 모든 양동이를 제거해 줄래요?
Could you ______________ all the buckets from the basement?

2 그들은 안전 문제로 그 가게들을 폐쇄했다.
They shut down the stores for ______________ reasons.

3 언제 당신의 운전면허증이 만료되나요?
When does your driver's license ______________?

4 Vocabulary Check 2

다음 설명에 해당하는 단어를 2번 어휘에서 찾아 넣으세요.

1 ______________ : a large piece of electrical kitchen equipment, used for keeping food and drinks cool

2 ______________ : a long flat narrow board attached to a wall or in a frame or cupboard, used for putting things on

3 ______________ : to think that someone or something has a particular quality, value, or standard

5 Speak

다음 표현을 활용하여 말해 보세요.

1 as long as ~ **~하는 한**

You can come along as long as you keep quiet. 조용히 있는다면 너는 나를 따라와도 돼.

As long as the weather's nice, we'll go camping. 날씨가 좋다면 우리는 캠핑을 갈 거야.

The baby won't cry as long as he's well fed. 애기는 밥만 잘 먹인다면 울지 않을 거야.

2 tell the difference **분간하다, 구별하다**

I can't tell the difference between his car and mine. 나는 그의 차와 내 것의 차이를 모르겠어.

Can you tell the difference between Mandarin and Cantonese?
당신은 표준 중국어와 광둥어의 차이를 알 수 있나요?

He can tell the difference between Coke and Pepsi. 그는 코카콜라와 펩시콜라를 구분할 수 있다.

6 Speaking Check

위의 표현을 참고하고 다음 주어진 단어를 활용하여 문장을 말해 보세요.

1 내가 살아있는 한 너를 안전하게 보호해 줄게. (will, keep, safe, alive)

2 그들이 핵무기를 가지고 있는 한 우리는 결코 평화를 누리지 못할 것이다. (will, never, have peace, have, nuclear weapons)

3 네가 내 집에 살고 있는 한 내가 정한 규칙을 따라야 해. (are living, under my roof, have to, live by, rules)

4 나는 알루미늄과 스테인리스 강철을 구분 못하겠어. (can, between, aluminum, and, stainless steel)

5 그들을 구분하는 것은 쉽다. (it, easy, to, between)

6 감기와 코로나바이러스 감염증을 어떻게 구분하지? (how, you, between, a cold, and, COVID-19)

7 Write

다음 문법 사항을 활용하여 영작 연습을 해 보세요.

1 may/might + have + 과거분사 **~했을지도 모른다**

He may have been disappointed in me. 그는 나에게 실망했을지도 몰라.

They might have gotten lost. 그들은 길을 잃었을지도 몰라.

The welder might have hurt himself. 그 용접공은 다쳤을지도 몰라.

2 want/need/get + A + 과거분사 **A가 ~되도록 하다 / ~된 상태를 얻다**

I want mine cooked over easy. 제 것은 반숙으로 요리되길 원해요.

We need your report handed in this morning. 당신의 보고서가 오늘 아침에 제출되어야 해요.

Can I get my car repaired by tomorrow? 내일까지 제 차가 수리될 수 있나요?

8 Writing Check

위의 문법 사항을 활용해 다음 문장을 영작해 보세요.

1 그 환자는 심각한 상태에 빠져있었을지도 몰라. (patient, be, in a serious state)

2 그녀는 먹을 것을 가지고 왔을지도 몰라. (bright, something, to eat)

3 그 회계사는 실수를 했을지도 몰라. (accountant, make a mistake)

4 가능한 빨리 그것이 처리되길 원해요. (want, do, as quickly as possible)

5 Tim은 그 회의를 위해 자신의 셔츠가 다림질되어야 했다. (need, shirt, iron, for, meeting)

6 그 웹사이트에서 너의 사진들을 내려야 해. (should, get, photos, take down, from, the website)

Unit 12 SORES FROM SNORES

1 Listen & Read

먼저 음원을 듣고 나서 지문을 읽어 보세요.

Most people think that snoring is a minor thing, but actually it can cause serious health problems. It is dangerous because snorers suffer from obstructive sleep apnea (OSA). People with OSA frequently stop breathing during sleep. Their tongue and throat muscles relax and block the airway which is used to breathe. An OSA sufferer can stop breathing for up to a minute, and it can happen hundreds of times per night. OSA has also been linked to acid reflux, memory loss, depression, and heart disease. Fortunately, a simple solution is now available. It's a chin strap that supports the lower jaw and keeps the airway open. This strap will help lots of people to stop snoring, sleep better, and protect their health.

*obstructive sleep apnea 폐쇄성 수면 무호흡증(OSA)

대부분의 사람들은 코골이가 가벼운 일이라고 생각하지만, 사실 그것은 심각한 건강상의 문제를 야기한다. 코 고는 사람들은 폐쇄성 수면 무호흡증으로 고통받기 때문에 위험하다. 폐쇄성 수면 무호흡증이 있는 사람들은 종종 자는 동안 호흡이 멈춘다. 그들의 혀와 목구멍의 근육이 이완되어서 호흡하는 데 사용되는 기도를 막는 것이다. 폐쇄성 수면 무호흡증으로 고통받는 사람들은 1분까지 호흡이 멎을 수 있고, 이는 하룻밤에 수백 번씩 일어날 수 있다. 폐쇄성 수면 무호흡증은 또한 위산 역류, 기억력 감퇴, 우울증, 심장 질환과 관련되어 있다. 다행스럽게도 이제 간단한 해결책이 가능하게 되었다. 그것은 아래턱을 지지해 주고 기도를 열어 주는 턱 끈이다. 이 턱 끈은 코골이를 멈추고, 잠을 잘 자며 건강을 보호하도록 많은 사람을 도와줄 것이다.

2 Vocabulary & Pronunciation

다음 어휘를 발음에 유의하며 크게 말해 보세요.

snore v. 코를 골다	**minor** a. 작은, 가벼운	**frequently** ad. 자주, 흔히
breathe v. 호흡하다	**throat** n. 목구멍	**relax** v. (근육이) 이완되다
block v. 막다	**available** a. 이용할 수 있는	**support** v. 지지하다

3 Vocabulary Check 1

다음 빈칸에 들어갈 알맞은 단어를 2번 어휘에서 찾아 넣으세요.

1 우리의 척추는 우리가 체중을 지탱하도록 도와준다.
Our spine helps us to ______________ the weight of our body.

2 우리는 그 과정 동안 사소한 문제를 많이 겪었습니다.
We've had a lot of ______________ problems along the way.

3 강당은 지금은 사용할 수 없어요.
The auditorium is not ______________ for now.

4 Vocabulary Check 2

다음 설명에 해당하는 단어를 2번 어휘에서 찾아 넣으세요.

1 ______________ : very often or many times

2 ______________ : to become less tight and more comfortable

3 ______________ : to take air into your lungs and send it out again

5 Speak

다음 표현을 활용하여 말해 보세요.

1 suffer from ~ **~로 고통받다**

Why do we suffer from depression and anxiety? 왜 우리는 우울증과 불안감으로 고통받을까?

Most players suffer from injuries on a regular basis. 대부분의 운동선수들은 상시 부상으로 아프다.

I look after patients suffering from dementia. 저는 치매로 고통받는 환자들을 돌봅니다.

2 be used to ~ **~하기 위해 사용되다**

This test is used to diagnose cancer. 이 테스트는 암을 진단하기 위해 쓰인다.

All of these tools are used to make a chair. 의자 하나를 만들기 위해 이 모든 도구들이 쓰입니다.

A can of paint thinner was used to fuel the fire. 한 통의 페인트 시너가 불을 키우는 데 쓰였다.

6 Speaking Check

위의 표현을 참고하고 다음 주어진 단어를 활용하여 문장을 말해 보세요.

1 나는 불면증을 앓고 있어요. (insomnia)

2 아프리카의 많은 아이들은 굶주림에 시달립니다. (many, children, in Africa, hunger)

3 나의 남편은 매일 두통을 앓았어요. (husband, daily headaches)

4 페니실린은 세균성 감염을 치료하는 데 쓰인다. (penicillin, treat, bacterial infections)

5 그 바이러스를 퍼트리기 위해 서버 몇 대가 사용됐습니다. (several, servers, spread, virus)

6 암을 감지하는 데 혈액 검사가 사용될 수 있다. (blood tests, can, detect, cancer)

7 Write

다음 문법 사항을 활용하여 영작 연습을 해 보세요.

1 stop + 동명사 ~하는 것을 멈추다

Please stop sighing so much. 한숨 좀 그만 쉬어.

Meghan stopped typing on the keyboard. Meghan는 키보드 두드리는 것을 멈추었다.

The city will stop funding our research project. 시는 우리의 연구 사업의 재정 지원을 멈출 것이야.

2 help + A + (to) 동사원형 A가 ~하는 것을 돕다

Could you help me move the couch? 제가 소파 옮기는 것을 도와주실 수 있어요?

Classical music helps you to focus when studying. 클래식 음악은 공부할 때 집중하도록 도움을 준다.

I helped the tourists to find the restaurant. 나는 그 관광객들이 그 음식점을 찾는 것을 도와주었어.

8 Writing Check

위의 문법 사항을 활용해 다음 문장을 영작해 보세요.

1 나는 내 목숨 거는 것을 멈추고 싶어. (want to, risk, life)

2 너는 그녀에게 비싼 선물 사주는 것을 멈춰야 해. (should, buy, her, expensive, gifts)

3 그 커플은 그 당시에는 헤어졌었다. (couple, see, each other, during that time)

4 Jamie가 자신의 프로젝트를 끝내는 것을 도와주자. (let's, finish, her, project)

5 운동하는 것은 사람들이 자존감을 키우는 데 도움이 된다. (working out, people, build, self-esteem)

6 한 아이가 그 노부인이 키오스크에서 주문하는 것을 도와주었다. (kid, old lady, order, at the kiosk)

정답

Unit 1 p.5~7

3. Vocabulary Check 1

1 scatter 2 phenomenon 3 myth

4. Vocabulary Check 2

1 reflection 2 distance 3 detail

6. Speaking Check

1 The country is made up of nine small islands.
2 The judging panel was made up of famous singers.
3 Cans are made up of metals like aluminum and steel.
4 His secrets are revealed in detail in the documentary.
5 The manual describes the process in detail.
6 Experts will examine the artifacts in detail.

8. Writing Check

1 The goalkeeper was voted the most valuable player.
2 The most important thing to me is your happiness.
3 I am dealing with the biggest problem in my life.
4 This new material will last four times longer than traditional asphalt.
5 Your watch is five times more expensive than mine.
6 I trust Mark a hundred times more than Tim.

Unit 2 p.9~11

3. Vocabulary Check 1

1 strange 2 separately 3 copy

4. Vocabulary Check 2

1 extra 2 mineral 3 experience

6. Speaking Check

1 You have such pretty eyes.
2 Weekends are such a great antidote.
3 Flora plays such an important part on my team.
4 Drink plenty of water for your skin.
5 I installed large windows to get plenty of sunlight.
6 The operating system will cause plenty of problems.

8. Writing Check

1 Living in Seoul costs lots of money.
2 Traveling alone is quite dangerous.
3 Having no friends can lead to depression.
4 What makes me happy is their smile.
5 What is missing now is teamwork.
6 What broke my heart was her response.

Unit 3 p.13~15

3. Vocabulary Check 1

1 fashion 2 rare 3 similar

4. Vocabulary Check 2

1 consume 2 decay 3 wealthy

6. Speaking Check

1 My fingers swelled up and my nails fell out.
2 Why do eyebrows fall out?
3 Our eyelashes fall out regularly.
4 I look like a fool in this sweater.
5 It looks like a simple task.
6 We looked like a group of drunken people.

8. Writing Check

1 Read the map correctly so that you don't get lost.
2 Jane keeps her phone off so that she can concentrate on her project.
3 I got out of the room so that they could talk in private.
4 She must be at work.
5 They must be tired of your nagging.
6 Julie must own several luxury cars.

Unit 4 p.17~19

3. Vocabulary Check 1

1 possible 2 search for 3 nowadays

4. Vocabulary Check 2

1 equator 2 prove 3 fuel

6. Speaking Check

1 It is proven that he is incapable of leading the company.
2 It is proven that the most learning happens between peers.
3 It is proven that tomatoes provide health benefits.
4 It is possible for cats to climb up trees.
5 It is impossible for Koreans to lag behind.
6 It was impossible for the crowd to stay calm.

8. Writing Check

1 The water is too cold for me to dive into.
2 Your house is too expensive for us to purchase.
3 His problem was too serious for the teacher to ignore.
4 I will send Christmas cards to my relatives.
5 We have to send a strong message to the owner.
6 The politician sent some money to the orphanage.

Unit 5 p.21~23

3. Vocabulary Check 1

1 valuable 2 boredom 3 point of view

4. Vocabulary Check 2

1 gain 2 grade 3 remedy

6. Speaking Check

1 Don't waste your time watching YouTube videos.
2 They waste time arguing about little things.
3 Stacy wasted my time complaining about her life.
4 Mr. Potter is good at dealing with troublemakers.
5 We deal with all sorts of financial issues.
6 The president has to deal with the current political crisis.

8. Writing Check

1 The thief took all the valuable things she owned.
2 I like the clothes you wear to work.
3 The biggest concern I have is not about us.
4 Can we have pizza instead of pasta?
5 I want to go hiking instead of swimming at the beach.
6 My wife drove the kids to school instead of me.

Unit 6 p.25~27

3. Vocabulary Check 1

1 decorate 2 sponsor 3 welcome

4. Vocabulary Check 2

1 depict 2 mural 3 controversy

6. Speaking Check

1 The first lady's remark will create more controversy.
2 The politician often creates controversy on social media.
3 The referee's decision created much controversy.
4 My son got into Harvard at the age of 16.
5 They started their own company at the age of 21.
6 The old couple got divorced at the age of 80.

8. Writing Check

1 While you were having lunch, we had to finish the report.
2 Someone broke into the office while they were on a business trip.
3 I ran into an old friend while I was waiting for my flight.
4 He is not that bad once you get to know him.
5 Once I let go of them, they ran toward the woods.
6 The alarm went off once the prisoner opened the door.

Unit 7 p.29~31

3. Vocabulary Check 1

1 unpopular 2 vehicle 3 collapse

4. Vocabulary Check 2

1 adult 2 passenger 3 impact

6. Speaking Check

1 Do you happen to know who the guy is?
2 She happened to notice the slight change in my voice.
3 My parents happened to meet my ex-boyfriend.
4 This is because some journalists spread fake news.
5 That is because you eat unhealthy food.
6 That was because the firefighter couldn't find the exit.

8. Writing Check

1 Who spilled the water?
2 What fell down from the sky?
3 What scares you the most?
4 The proportion of immigrants in America is similar to that in Canada.
5 Tomatoes stored in the fridge last longer than those kept in the cupboard.
6 We offered them salaries equal to those at Google.

Unit 8 p.33~35

3. Vocabulary Check 1

1 fame 2 unknown 3 merely

4. Vocabulary Check 2

1 genius 2 employ 3 fortune

6. Speaking Check

1 My situation is complicated compared to yours.
2 Compared to Laos, Vietnam is a very densely populated country.
3 The unemployment rate increased in May compared to April.
4 You have to train harder to gain fame and fortune.
5 The movie made him gain fame and fortune.
6 The singer gained fame and fortune right after she made her debut.

8. Writing Check

1 You work too hard.
2 Light travels really fast.
3 Some people take jokes pretty personally.
4 I am so happy to see you.
5 We are excited to have him as our boss.
6 The players were disappointed to miss out on the finals.

Unit 9 p.37~39

3. Vocabulary Check 1

1 machine 2 extremely 3 Unlike

4. Vocabulary Check 2

1 surface 2 straight 3 fabric

6. Speaking Check

1 Have you ever heard of monkeypox?
2 Have you ever heard of a company called Nexus?
3 Have you ever heard of the term "xenophophia?"
4 My son made the garage into his music studio.
5 How does the freezer make water into ice?
6 The long drought made the city into a living hell.

8. Writing Check

1 I own several shirts made of pure cotton.
2 The chart shows the number of jobs created by tourism last year.
3 English is one of the languages spoken in India.
4 Singing along, they really enjoyed the concert.
5 I have worked hard, dreaming of this moment.
6 The lady walked down the street, talking to herself.

Unit 10 p.41~43

3. Vocabulary Check 1

1 numerous 2 endangered 3 conserve

4. Vocabulary Check 2

1 donation 2 contribute 3 habitat

6. Speaking Check

1 I will make a big effort to lose weight.
2 We made a little effort to keep this place clean.
3 The driver made an effort to slow down.
4 Flexible working will make a real difference.
5 Recycling makes a huge difference.
6 Small changes can make a difference to your lifestyle.

8. Writing Check

1 Illegally parked vehicles will be towed away.
2 What will be done about this issue?
3 The murderer will be sent back to prison.
4 The weaker we feel, the harder we lean on somebody.
5 The more energy we use, the more our planet suffers.
6 The higher you go up, the farther you can see.

Unit 11 p.45~47

3. Vocabulary Check 1

1 remove 2 safety 3 expire

4. Vocabulary Check 2

1 fridge 2 shelf 3 rate

6. Speaking Check

1 I will keep you safe as long as I am alive.
2 We will never have peace as long as they have nuclear weapons.
3 As long as you are living under my roof, you have to live by my rules.
4 I can't tell the difference between aluminum and stainless steel.
5 It's[It is] easy to tell the difference between them.
6 How do you tell the difference between a cold and COVID-19?

8. Writing Check

1 The patient may[might] have been in a serious state.
2 She may[might] have brought something to eat.
3 The accountant may[might] have made a mistake.
4 I want it done as quickly as possible.
5 Tim needed his shirt ironed for the meeting.
6 You should get your photos taken down from the website.

Unit 12 p.49~51

3. Vocabulary Check 1

1 support 2 minor 3 available

4. Vocabulary Check 2

1 frequently 2 relax 3 breathe

6. Speaking Check

1 I am suffering from insomnia.
2 Many children in Africa suffer from hunger.
3 My husband suffered from daily headaches.
4 Penicillin is used to treat bacterial infections.
5 Several servers were used to spread the virus.
6 Blood tests can be used to detect cancer.

8. Writing Check

1 I want to stop risking my life.
2 You should stop buying her expensive gifts.
3 The couple stopped seeing each other during that time.
4 Let's help Jamie (to) finish her project.
5 Working out helps people (to) build self-esteem.
6 A kid helped the old lady (to) order at the kiosk.

매일 영어 루틴
올인원(All-in-one)

지은이 넥서스콘텐츠개발팀
강의 김일승
펴낸이 임상진
펴낸곳 (주)넥서스

출판신고 1992년 4월 3일 제311-2002-2호
주소 10880 경기도 파주시 지목로 5
전화 (02)330-5500 팩스 (02)330-5555

ISBN 979-11-6683-424-0 13740

가격은 뒤표지에 있습니다.
잘못 만들어진 책은 구입처에서 바꾸어 드립니다.

www.nexusbook.com